职业教育汽车类专业活页式新形态创新教材

新能源汽车故障诊断与维修

主　编　刘　涛　谢望新　刘腾中
参　编　杨廷桦　梁培荣　黎佩珊
　　　　王　锋　李光界　林佳伟
　　　　景玉军　徐宗卡

机械工业出版社

本书首先讲述了新能源汽车维修准备工作与安全知识,然后介绍了六大模块:低压不能启动故障诊断与排除,高压启动系统故障诊断与排除,高压行驶系统故障诊断,充电系统故障诊断与排除,车辆控制系统故障诊断与排除,交直流充电桩装调与检修。全书配图尽量采用实物照片,图文并茂,直观显示,每个模块配套典型工作任务,构建了更加合理的故障诊断与排除思路。本书可供中、高等职业学校汽车类专业学生使用,也可以作为汽车行业从业者的学习参考用书。

图书在版编目(CIP)数据

新能源汽车故障诊断与维修 / 刘涛,谢望新,刘腾中主编. — 北京:机械工业出版社,2023.10(2025.1重印)
职业教育汽车类专业活页式新形态创新教材
ISBN 978-7-111-74130-5

Ⅰ.①新… Ⅱ.①刘… ②谢… ③刘… Ⅲ.①新能源-汽车-故障诊断-职业教育-教材 ②新能源-汽车-车辆修理-职业教育-教材 Ⅳ.①U469.707

中国国家版本馆CIP数据核字(2023)第192759号

机械工业出版社(北京市百万庄大街22号 邮政编码100037)
策划编辑:谢 元　　　　　　责任编辑:谢 元　何士娟
责任校对:贾海霞　李小宝　　封面设计:王 旭
责任印制:邸 敏
中煤(北京)印务有限公司印刷
2025年1月第1版第2次印刷
184mm×260mm・17.75印张・290千字
标准书号:ISBN 978-7-111-74130-5
定价:65.00元

电话服务　　　　　　　　　　网络服务
客服电话:010-88361066　　机 工 官 网:www.cmpbook.com
　　　　　010-88379833　　机 工 官 博:weibo.com/cmp1952
　　　　　010-68326294　　金 书 网:www.golden-book.com
封底无防伪标均为盗版　　　　机工教育服务网:www.cmpedu.com

前 言

为深入贯彻党的二十大精神，落实中共中央办公厅、国务院办公厅印发的《关于深化现代职业教育体系建设改革的意见》，加快构建央地互动、区域联动、政行企校协同的职业教育高质量发展新机制，有序有效推进现代职业教育体系建设改革，教育部办公厅发布了《关于加快推进现代职业教育体系建设改革重点任务的通知》，其中第八条任务明确指出，开展职业教育优质教材建设，优质教材建设将重点面向战略性新兴产业、先进制造业、现代服务业、现代农业等领域，深化产教融合、协同育人，科学严谨、内容丰富、形态多样、反映行业前沿技术，鼓励行业牵头或行业、企业、学校等共同开发。根据该文件精神，本书编者拜访联合了一批知名行业专家、资深职教名师、一线教师和一线从业者，得到了多方的支持与帮助，按照"专业与产业、职业岗位对接，专业课程内容与职业标准对接，教学过程与生产过程对接"的"三对接"要求，编写出版了本书。本书以"能力目标""知识准备""典型工作任务"的体例撰写，并按照汽车故障诊断的难易和位置对内容进行编排，解决了以知识点或汽车结构贯穿而导致的多车型交织、分割式讲解、实操项目一带而过等问题。本书的特色主要有：

1. 知识结构合理、层次清晰，每个能力模块包含典型工作任务，搭配任务计划清单，操作步骤清晰，易教易学。

2. 内容符合最新职业教育理念，注重新能源汽车后市场，对接行业企业职业标准，体现新知识、新技术、新工艺、新方法等。

3. 每个模块都设置了清晰可操作的任务目标与评价，使学生在学习时能明确目标与期望，从而让教师的教更加得心应手，也能更加合理评估学生学习效果。

4.新能源汽车技术的知识点融入多个实操项目中,每个项目都配套了工作页以及相关学习资源,让学生在学习和操作过程中去领悟,做到知识面全覆盖,实操任务、案例有侧重,同时培养学生在排除故障时一丝不苟、精益求精的职业素养。

在本书编写过程中,我们参考了大量的图书和资料,同时也得到多个企业的帮助和支持,在此表示感谢!

限于编者水平,书中难免会有错漏之处,还请广大读者批评指正。

编 者

目 录

前言

能力模块一　维修准备工作与安全知识

知识准备 /001

典型工作任务 /021

任务 01　触电急救 /021

任务 02　维修工具使用及注意事项 /029

能力模块二　低压不能启动故障诊断与排除

知识准备 /037

典型工作任务 /059

任务 01　低压无法启动故障诊断与排除 /059

任务 02　低压蓄电池故障诊断与排除 /067

任务 03　低压电源电路故障诊断与排除 /075

任务 04　CAN 总线故障诊断与排除 /083

能力模块三　高压启动系统故障诊断与排除

知识准备 /095

典型工作任务 /101

任务 01　高压绝缘故障诊断与排除 /101

任务 02　高压互锁故障诊断与排除 /111

任务 03　主继电器及其电路故障诊断与排除 /121

能力模块四　高压行驶系统故障诊断与排除

知识准备 /130

典型工作任务 /134

任务 01　变速器控制器及其电路故障诊断与排除 /134

任务 02　电动真空泵及其电路故障诊断与排除 /145

任务 03　驱动电机及其电路故障诊断与排除 /155

能力模块五　充电系统故障诊断与排除

知识准备 /166

典型工作任务 /182

任务 01　交流充电枪元件故障诊断与排除 /182

任务 02　OBC 及其电路故障诊断与排除 /193

任务 03　直流充电枪元件故障诊断与排除 /201

任务 04　直流充电电路故障诊断与排除 /209

能力模块六　车辆控制系统故障诊断与排除

知识准备 /217

典型工作任务 /230

任务 01　BCM 元件及其电路故障诊断与排除 /230

任务 02　VCU 元件及其电路故障诊断与排除 /239

能力模块七　交直流充电桩装调与检修

知识准备 /249

典型工作任务 /254

任务 01　交流充电桩装调与检修 /254

任务 02　直流充电桩装调与检修 /265

参考文献 /278

能力模块一
维修准备工作与安全知识

实施新能源汽车维修作业前，必须学习电学基本知识，了解高压电安全防护、工具设备的使用，从而在工作中面对危险时能够采取适当应对措施。本模块主要学习电学知识、心肺复苏以及维修安全防护工具的使用。

能力目标

- 能够严格执行新能源汽车相关标准和法规规定。
- 重视安全、环保，坚持文明生产。
- 会检查并使用防护用品进行高压电防护，防止受到伤害。
- 有安全意识，能够发现作业过程中的安全风险并加以防护。出现安全事故时，会实施急救措施。

知识准备

一、电气事故及原因

由于电气原因而造成的人身伤亡和设备损坏的事故，称为电气事故。它包括人身事故和设备事故。

人身事故：电流伤害、电磁伤害、静电伤害、雷电伤害、电气设备故障造成的人身伤害等。

设备事故：短路、漏电、操作事故等。

发生电气事故的原因如下:

1)违反安全操作规范。

2)施工不规范,主要包括:误将电源保护接地与中性线相接,且插座相线、中性线位置接反使机壳带电;插头接线不合理,造成电源线外露,进而导致触电;随意加大熔丝的规格,失去短路保护作用,导致电器损坏;电线接触不良或安装熔丝,造成中性线断开。电线敷设不合规范造成搭接物带电;施工中未对电气设备进行接地保护处理。

3)产品质量不合格。国家强制性产品认证即"中国强制认证"(China Compulsory Certification,CCC),简称"3C",标志如图 1-1 所示。

图 1-1 3C 标志

电气设备缺少保护设施会造成电器在正常情况下损坏和触电。

带电作业时,使用不合理的工具或绝缘设施会导致维修人员触电。

产品使用劣质材料,使绝缘等级、抗老化能力很低,容易造成触电。

生产工艺粗制滥造。

电热器具使用塑料电源线。

二、电流对人体的危害

人碰到带电的导线,电流通过人体就叫触电。触电后,会对于人体和内部组织造成不同程度的损伤:

电击:指电流通过人体,破坏人体心脏、肺及神经系统的正常功能。

电伤:指电流的热效应、化学效应和机械效应对人体的伤害,主要是指电弧烧伤、熔化金属溅出烫伤等。

电磁场生理伤害:指在高频磁场的作用下人会出现头晕、乏力、记忆力减退、失眠、多梦等神经系统的症状。

1. 电击

当人体触及带电导线、漏电设备的金属外壳和其他带电体或离高压电距离太近,以及遭遇雷击或电容器放电时,都可能导致电击,如图 1-2 所示。

图 1-2 电击

电流流过人体的时间较长,可引起呼吸肌抽缩,造成缺氧而使心脏停搏。

较大的电流流过呼吸中枢时，会使呼吸肌长时间麻痹痉挛，从而造成缺氧性心脏停搏。

低压触电会引起心室纤维颤动或严重心律失常，使心脏停止有节律的泵血活动，导致大脑缺氧而死亡，如图1-3所示。

图1-3 触电导致生命危险

（1）电击电流的大小及危害

电击是由于电流流过人体而造成的。电流流过人体时，对人体造成的伤害程度与很多因素有关，比如个体的体质、心情状况、电流的大小、持续时间等。当人体流过大约0.6mA的电流就会引起人体麻刺的感觉；流过50mA的电流就会有生命危险。一般人体流过不同的电流后，身体的反应见表1-1。

表1-1 不同电流下人体的反应

通过人体的电流 /mA	身体的反应
0.6~1.5	手指开始感觉发麻
2~3	手指感觉强烈发麻
5~7	手指肌肉感觉痉挛，手指感觉灼热和刺痛
8~10	手指关节与手掌感觉痛，手已难以脱离电源
20~25	手指感觉剧痛迅速麻痹，不能摆脱电源，呼吸困难
50~80	呼吸麻痹，心房开始震颤、强烈灼痛，呼吸困难
90~100	呼吸麻痹，持续3s或更长时间后，心脏停搏或心房停止跳动

（2）电流流过人体的路径

电流通过头部可使人昏迷；通过脊髓可能导致瘫痪；通过心脏会造成心跳停止，血液循环中断；通过呼吸系统会造成窒息。因此，从左手到胸部是最危险的电流路径；从一只手到另一只手、从手到脚也是很危险的电流路径；从一只脚到另一只脚是危险性较小的电流路径。电流由一手进入，另一手或一足通出，电流通过心脏，即可立即引起室颤。人体电阻如图1-4所示。

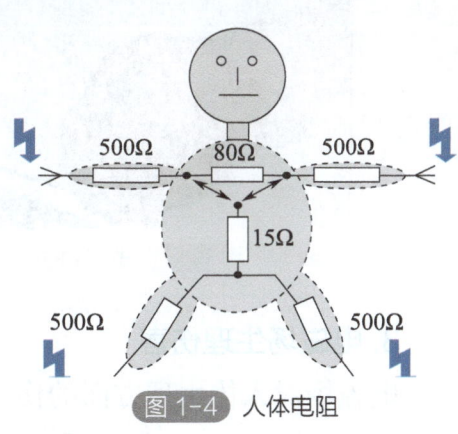

图1-4 人体电阻

（3）摆脱电流

人在触电后能够自行摆脱带电体的最大电流称为摆脱电流。成年男性平均摆脱电流约为 16mA；成年女性平均摆脱电流约为 10.5mA；儿童的摆脱电流较成人要小。摆脱电流是人体可以忍受而一般不会造成危险的电流。若通过人体的电流超过摆脱电流且时间过长，会造成昏迷、窒息，甚至死亡。

2. 电伤

电伤是指触电时电流的热效应、化学效应以及电刺激引起的生物效应对人体造成的伤害。电伤多见于肌体外部，往往在肌体上留下难以愈合的伤痕，如图 1-5 所示。

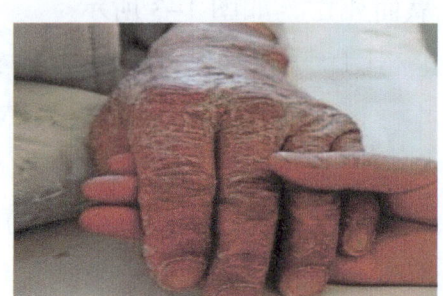

图 1-5 电伤导致的伤痕

常见的电伤有：

电弧灼伤是人体与带电体接触，电流通过人体由电能转换成热能造成的伤害，如图 1-6 所示。

电烙印是在人体与带电体接触的部位留下的永久性斑痕。

皮肤金属化是在电弧高温的作用下，金属熔化、汽化、金属微粒渗入皮肤表层所形成，如图 1-7 所示。

机械性损伤是电流作用于人体时，中枢神经反射和肌肉强烈收缩导致的肌体组织断裂、骨折等伤害。

电光眼是发生弧光放电时由红外线、可见光、紫外线对眼睛的伤害。

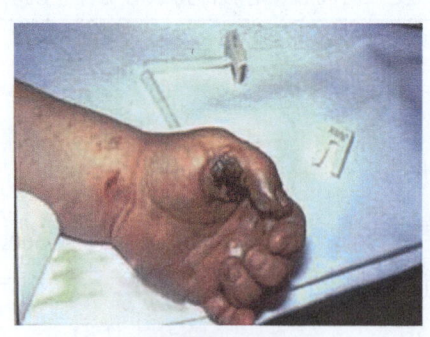

图 1-6 电弧灼伤

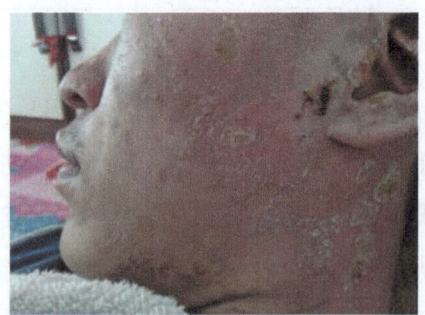

图 1-7 皮肤金属化

3. 电磁场生理伤害

电磁场对人体生理方面的伤害分为：

1）躯体效应：人体接受电磁辐射后，体内的水分子会随电磁场方向的转换快速运动。

2）群效应：不同频率的电磁场会对人体产生不同的影响，进而产生不同的后果。

三、人体的触电方式

直接触电：指人体直接接触或过分靠近电气设备及电路的带电导体而发生的触电现象，如图 1-8 所示。

间接触电：指人体触及了在正常运行时不带电而在意外情况下带电的金属部分。

其他触电方式：感应电压触电、剩余电荷触电、静电触电、雷电电击等。

图 1-8 直接触电

1. 单相触电

单相触电是人体某一部分触及一相电源或接触到漏电的电气设备，电流通过人体流入大地造成触电，分为电源中性点接地的单相触电（占多数）和电源中性点不接地的单相触电，如图 1-9 所示。

在人体与大地之间互不绝缘的情况下，人体的某一部位触及三相电源线中的任意一根导线，电流从带电导线经过人体流入大地而造成的触电伤害。

接触正常不带电的金属体：当电气设备内部绝缘损坏而与外壳接触，将使其外壳带电。当人触及带电设备的外壳时，相当于单相触电。大多数触电事故属于这一种。

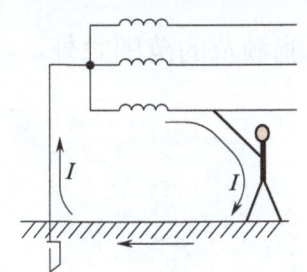 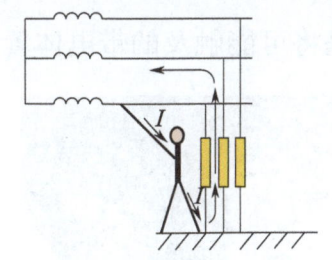

a) 中性点接地系统的单相触电　　b) 中性点不接地系统的单相触电

图 1-9 单相触电

2. 两相触电

人体同时接触带电设备或电路中的两相导体或在高压系统中，人体同时接近不同相的两相带电导体，而发生电弧放电，电流从一相导体通过人体流入另一相导体构成一个闭合回路，这种触电方式称为两相触电。发生两相触电时，作用于人体上的电压等于线电压，这种触电是最危险的，如图1-10所示。

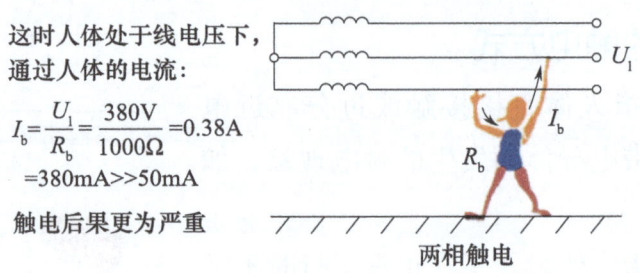

图1-10 两相触电

3. 跨步电压触电

跨步电压：人在不同电位的大地上两脚之间承受的电压。

跨步电压触电：是指高压电网接地点、防雷接地点及高压相线断落或绝缘损坏处，有电流流入地下时，强大的电流在接地点周围的土壤中产生电压降，如图1-11所示。

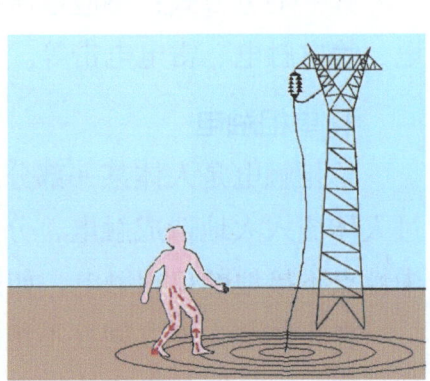

图1-11 跨步电压触电

直接触电预防措施如下：

1）绝缘是用绝缘物把带电体封闭起来。图1-12所示为电工绝缘胶带。

2）屏护是采用遮栏、护罩、护盖、箱闸等将带电体同外界隔绝开来，如图1-13所示。

3）间距是将可能触及的带电体置于可能触及的范围之外。

图1-12 电工绝缘胶带

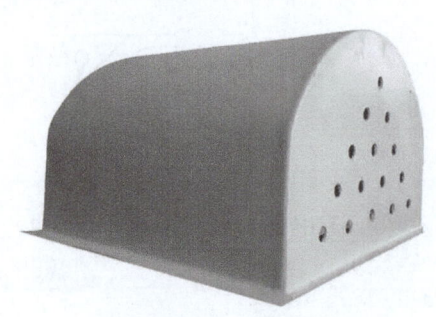

图1-13 电机遮雨防护罩

防护用具通常有：电击警示牌、皮手套、绝缘手套、绝缘鞋、工作服、防护眼镜、绝缘工具等，如图1-14所示。

  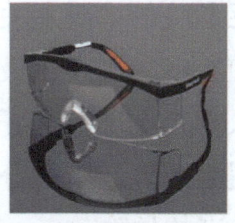 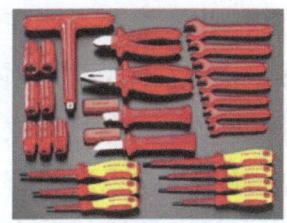

图 1-14 防护用具

四、高压电伤害后的急救

如果发生触电事故,最重要的是知道如何正确救助遭遇事故的人员。

1. 紧急措施

1)发生带电流的事故时,第一个紧急措施是断开事故电路,如图 1-15 所示。

2)救助时,自我保护具有最高优先等级。救助人不得未断开事故电路而直接抓住遇事故人,取而代之的是,必须借助专门预留的工具(装置)关闭电源。

a)将触电者拉离电源　　b)将触电者身上电线拨开　　c)用绝缘柄工具切断电线

图 1-15 触电救人的防护措施

电流流过人体时可能造成人体受伤,电流强度越大,电流持续时间越长,人体受伤越严重。因此,救助遇事故人的首要措施必须断开事故电路。每个救助人的自然反应是抓住遇事故人并将其从带电部件上拉下来,但是救助人会因此将自身置于危险中,此后,电流流过两个人的身体并造成救助人受伤。因此,开始时,救助人应正确估计当前情况并首先考虑自我保护,这非常重要。

可采用以下 3 种方式关闭新能源汽车上事故电路的电源:

1)拉起高电压安全插头。

2)断开 12V 供电。

3)拔下熔丝。

如果救助人不能在无危险的情况下关闭电源,则必须以其他方式断开事故电路。为此,救助人须使用绝缘用品,最好是绝缘防护手套,只有这样,才允许救助人尝试将遇事故人与带电部件分开。在特殊情况下,也可以用位于附近的塑料部件或干木材将遇事故人与电路分开。只有使用这类用品,才能减小或排除电气事故给救助人带来的危险。

2. 拨打急救电话

每次发生电流引起的事故时,都必须请专业医生实施救助,应立即拨打急救电话。即使发生其他类型的事故,也应拨打急救电话,尤其是触电者失去知觉或明显受重伤时。

我国的医疗急救电话是 120。

拨打急救电话时,必须向急救服务机构的接线员说明以下信息:事故发生在何处;发生了什么;多少人受伤;事故或受伤类型。

3. 现场急救措施

如果遇事故人失去知觉或已无呼吸,则在等待急救医护人员赶来时,需要采取现场急救措施。这些措施用于维持生死攸关的机能,直至急救服务机构到达事故现场,护理受伤的人也属于急救措施范畴。

> ⚠ **温馨提示**
>
> 须将失去知觉但还能呼吸的遇事故人置于侧卧状态。
>
> 若触电者失去知觉且已无呼吸和心跳,则必须立即开始心肺复活措施。
>
> 心肺复活措施包括人工呼吸和交替按压胸腔,必须持续执行措施,直至触电者恢复呼吸和心跳能力或救援服务人员到来。
>
> 人工呼吸:在正确建立了呼吸气道后,每 6~8s 进行一次通气,而不必在两次按压间才同步进行(即呼吸频率 8~10 次 / min)。交替按压胸腔:成人按压频率为至少 100 次 / min,按压深度为 4~5cm,按压时间与放松时间各占 50% 左右。

步骤如下:

(1)评估和现场安全

急救者在确认现场安全的情况下轻拍患者的肩膀,并大声呼喊"你还好吗"，检查患者是否有呼吸。如果没有呼吸或者没有正常呼吸（即只有喘息），立刻启动应急反应系统。《2010心肺复苏指南》强调对无反应且无呼吸或无正常呼吸的成人，立即启动应急救反应系统并开始胸外心脏按压。

（2）启动紧急医疗服务并获取自动体外除颤仪（AED）

1）如发现患者无反应无呼吸，急救者应拨打急救电话，取来AED（如果有条件），对患者实施心肺复苏（CPR），如需要时立即进行除颤。

2）如有多名急救者在现场，其中一名急救者按步骤进行CPR，另一名拨打急救电话，取来AED（如果有条件）。

3）在救助窒息性心脏骤停患者时，急救者应先进行5个周期（2min）的CPR，然后拨打急救电话。

（3）脉搏检查

对于非专业急救人员，不再强调训练其检查脉搏，只要发现无反应的患者没有自主呼吸就应按心脏骤停处理。一般以一手食指和中指触摸患者颈动脉以感觉有无搏动（搏动触点在甲状软骨旁胸锁乳突肌沟内）。检查脉搏的时间一般不能超过10s，如10s内仍不能确定有无脉搏，应立即实施胸外按压。

（4）胸外按压

确保患者仰卧于平地上或用胸外按压板垫于其肩背下，急救者可采用跪式或踏脚凳等不同体位，将一只手的掌根放在患者胸部的中央，胸骨下半部上，将另一只手的掌根置于第一只手上。手指不接触胸壁。按压时，双肘须伸直，垂直向下用力按压，成人按压频率为至少100次/min，下压深度至少为4~5cm，每次按压之后应让胸廓完全回复。按压时间与放松时间各占50%左右，放松时掌根部不能离开胸壁，以免按压点移位。

对于儿童患者，用单手或双手置于乳头连线处水平按压胸骨。对于婴儿，用两手指于紧贴乳头连线下方水平按压胸骨。为了尽量减少因通气而中断胸外按压，对于未建立人工气道的成人，一般按压通气比为30∶2。对于婴儿和儿童，双人CPR时可采用15∶2的比率。

如双人或多人施救，应每2min或5个周期CPR（每个周期包括30次按压和2次人工呼吸）更换按压者，并在5s内完成转换。因为研究表明，在按压开始1~2min后，操作者按压的质量就开始下降（表现为频率和幅度以及胸壁复位情况均不理想）。

（5）开放气道

在通气前就要开始胸外按压。胸外按压能产生血流，在整个复苏过程中，都应该尽量减少延迟和中断胸外按压。而调整头部位置，实现密封以进行口对口呼吸，拿取球囊面罩进行人工呼吸等都要花费时间。采用30：2的按压通气比开始CPR能使首次按压延迟的时间缩短。

（6）人工呼吸

给予人工呼吸前，正常吸气即可，无须深吸气；所有人工呼吸（无论是口对口、口对面罩、球囊－面罩或球囊对高级气道）均应该持续吹气1s以上，保证有足够量的气体进入并使胸廓起伏；如第一次人工呼吸未能使胸廓起伏，可再次用仰头抬颌法开放气道，给予第二次通气；过度通气（多次吹气或吹入气量过大）可能有害，应避免。

（7）AED除颤

室颤是成人心脏骤停初发生的较为常见且较容易治疗的心律。对于心室纤维性颤动（VF）患者，如果能在意识丧失的3~5min内立即实施CPR及除颤，存活率是高的。对于院外心脏骤停患者或在监护心律的住院患者，迅速除颤是治疗短时间VF的好方法。

4. 医疗救援措施

采取急救措施后应立即进行救援服务工作。通过继续执行心肺复活措施、使用除颤器或药品进一步稳定或改善遇事故人的健康状态。每次发生带电流的事故时，都必须到医院检查。

五、维修车间安全作业

1. 维修工位配置

新能源汽车涉及高压电系统，对维修工位有特殊要求，在对新能源汽车进行高压作业时需要有专用的维修工位，并保持清洁、干燥、通风良好。维修作业前，应设置安全隔离警示，避免无关人员靠近，如图1-16所示。

维修工位上必须配有绝缘工具和防护用品，如图1-17~图1-19所示。

图1-16 工位要求

如果需要打开动力蓄电池组更换电池包，同样也需要设置安全隔离警示，避免无关人员靠近。

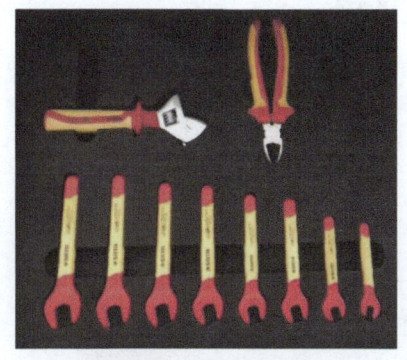

图 1-17　绝缘通用工具

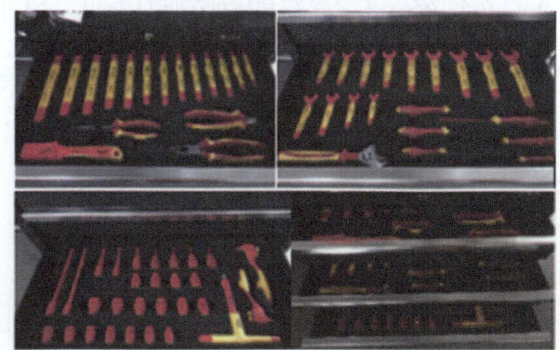

图 1-18　绝缘专用工具

    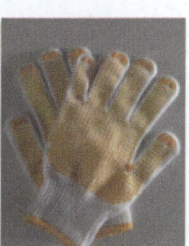

绝缘帽　　　　　绝缘鞋　　　　绝缘防护手套　　　　护目镜　　　　劳保手套

图 1-19　防护用品

> ⚠ **温馨提示**
>
> 1）维修前，必须进行高电压禁用操作，维修完毕在上电前，确认车辆无人操作。
> 2）维修时，禁止对车辆进行充电。
> 3）更换高压部件后，测量搭铁是否良好。
> 4）电缆接口必须按照标准力矩拧紧。

2. 维修人员资质要求

从事高电压组件相关工作的员工必须经过专业的培训认证，并获得证书。这些人员具备判断高电压系统带来的电气危害且能够确定针对高电压系统的保护措施，能够断开车辆上的高电压并在工作期间保持断开状态。培训认证范围主要取决于员工的前期培训情况和实际经验。一方面，必须通过理论和实际培训认证证明员工具备工作能力和知识；另一方面，他们还必须经过相关车型的具体车辆认证，如图 1-20 和图 1-21 所示。在我国，每个厂家对于资质认证主要包括两方面：

1）具备应急管理部颁发的《特种作业操作证（低压电工证）》。

2）必须经过厂家新能源车型培训，并通过考核。

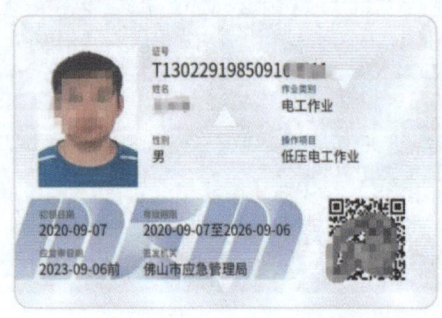

图 1-20　低压电工证

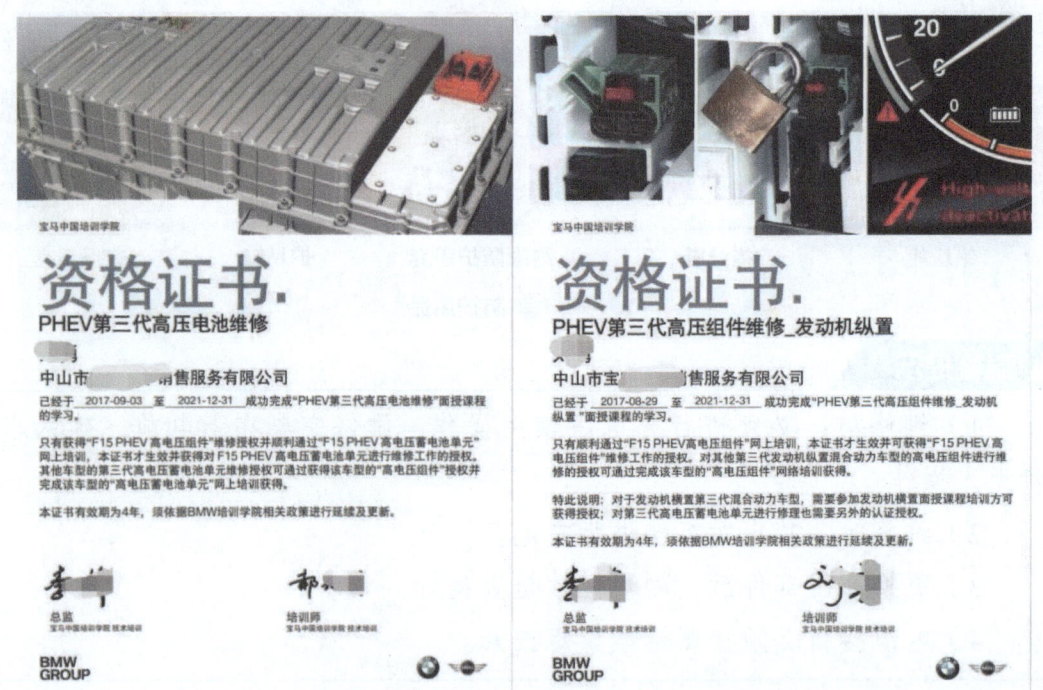

图 1-21　厂家对维修师傅的资质认证

如果必须进行高电压组件本身的工作，则必须确保整个设备完全断电，且只允许由经过专门培训的人员进行这些工作。

上述操作权限仅指在断电状态下的高电压系统上作业。

经销商或受其委托的管理人员必须为企业劳动保护负责，安排工作时，必须避免危及员工生命和健康隐患，这一点也适用于在带有高电压组件的车辆上进行作业，负责人必须确保只有满足上述前提条件的员工才能在带有高电压组件的混合动力汽车和纯电动汽车上进行作业。如果需要对高电压组件本身进行作业，必须确保整个系统断电，只允许经过专门培训的人员（经过具体车辆"高电压组件"认证的人员）进行相关作业。因此，只有满足所有前提条件，相应证书持有者才能够对相应高电压组件或动力蓄电池进行修理作业。

> ⚠️ **温馨提示**
>
> 只有满足以下所有前提条件的售后服务人员才允许对带标记高电压组件进行作业——具备资质、遵守安全规定、严格按照维修说明操作。

3. 新能源汽车维修作业安全防护

对新能源汽车的非高压部件（如制动系统、悬架系统和车身系统）进行维修时，不需要专业的安全防护措施。对高压系统的组件进行维护时，必须采取特别的防护措施。在劳动保护方面，售后服务人员有责任完成以下工作：

1）必须遵守有关安装和健康保护的说明和规定。
2）必须使用现有防护装备。
3）必须按规定使用装备（工具、车辆）。
4）如果发现装备损坏，则必须按专业要求排除故障。如果不能排除故障，则必须向上级通报，以便按专业要求排除故障。

（1）人员健康预防措施

新能源汽车的某些零部件可能有非常强的磁性。如果技术人员或非工作人员身上有植入体内或便携式的医疗电子设备，如心脏起搏器或心律转复除颤器，则必须向该医疗设备的制造商了解可能会有哪些不利影响，方能对新能源汽车进行维护作业。可能对医疗设备形成干扰的汽车设备包括但不限于：

1）汽车充电桩。
2）车载充电机。
3）远程发射机。
4）无线钥匙的信号天线。
5）永磁电机。

为了避免对便携式医疗设备的干扰，技术人员应参考汽车厂家的维修信息，找出所有能发射强电磁波的零部件，并了解与这些需要进行维修处理的零部件之间所需保持的最小距离。

有些新能源汽车厂家建议身上携带了植入体内或便携式的医疗电子设备的

技术人员不要参与此类车辆的维修工作。

（2）个人防护用品

个人防护用品是在劳动过程中为防御物理、化学、生物等有害因素伤害人体而穿戴和配备的各种物品的总称。需要使用到个人防护用品区域均会张贴指令标志。指令标志是强制人们必须做出某种动作或采用防范措施的图形标志，指令标志的基本形式是圆形边框。

个人防护用品可以分为一般劳动保护用品和特种劳动防护用品。对于特定的诊断或维修作业，技术人员可能需要在暴露的高压零部件附近进行操作。如果有导电物体落到暴露的高压电路上，则可能会造成危险的短路事故。

在对新能源汽车进行维修作业之前，技术人员应取下所有首饰和金属物体，如：戒指、手表、项链或工作徽章，并从衬衫和裤子口袋里取出金属物体，如口袋中的自动铅笔或工具，因为它们可能会滑落出来造成弧闪隐患。另外，将衣物上的金属物体移除或遮盖住可以避免意外触电。

在开始工作之前，技术人员需要阅读、查看汽车厂家所有相关的维修信息。维修信息包括但不限于：解码仪数据，诊断程序，拆除和更换程序，电气布线图，技术服务公告和技术诀窍。如果不提前阅读维修信息，就会错过准备过程中的重要注意事项。

（3）避免人员高压触电的防护

1）绝缘手套。

新能源汽车涉及高压组件，在维护作业时可能会触摸高压部件，必须佩戴绝缘手套。手套在使用过程中，技术人员必须对手套进行检查、测试，然后才能在车辆上进行维修作业。

2）眼部的安全防护。

护目镜是最常见的护目用具，例如：带塑料侧护板的护目镜，可防止眼部受到撞击。当在混合动力或纯电动汽车上进行高压作业时，技术人员都必须佩戴符合标准要求的带侧护板的护目镜。

护目镜主要是用于保护眼睛和面部免受紫外线、红外线和微波等电磁波的辐射，以及粉尘、烟尘、金属和砂石碎屑以及化学溶液溅射的损伤。GB 14866—2006《个人用眼护具技术要求》规定了眼面护具的分类结构、规格、材料、技术要求、试验方法、检验规则包装和运输。

标准要求主要包括以下几方面：

①透光性。防护眼镜应该具有足够的透光性,以保证使用者在佩戴眼镜时能够清晰地看到周围环境,并避免眼睛疲劳。

②抗冲击性。防护眼镜应该具备一定的抗冲击性能,能够防止外部物体对眼睛的直接冲击造成伤害。

③防护性能。防护眼镜应该具备良好的防护性能,能够有效阻挡有害物质和颗粒进入眼睛,避免眼睛受到化学品、溅射物等的伤害。

④舒适性。防护眼镜应该具有良好的舒适性,能使佩戴者在使用过程中感觉舒适,并能适应不同头部大小和形状。

3)头部的安全防护。

为防止头部触电,最常见的安全防护用具是电绝缘安全帽。当在混合动力汽车或纯电动汽车举升工位下方进行作业时,技术人员必须佩戴相应标准的电绝缘安全帽。

4)足部的安全防护。

足部常见的危害因素有物体砸伤或刺伤、高低温伤害、化学性伤害、触电伤害与静电伤害等。当在混合动力或纯电动汽车上进行作业时,技术人员必须穿符合标准要求的绝缘鞋。应根据工作环境或设备的电压选择相应等级的绝缘鞋。

5)人体的安全防护。

防静电的衣服也可以提供额外的安全防护。因为触电通常都是和燃烧联系在一起的,因此,在维修高压电系统时建议穿防静电的衣服。

防静电服由专用的防静电洁净面料制成。此面料采用专用涤纶长丝,经向或纬向嵌织导电纤维,具有高效、永久防静电、防尘性能,具备材料薄滑、织纹清晰的特点。在制作成衣过程中采用专用的包缝机械,有效减少微粒的产生,无尘的粘扣带可避免因掉毛污染环境。根据级别要求提供不同款式,并采用导电纤维缝制,使服装各部分保持电气连续性。高压防护服袖管、裤管为特有的双层结构,内层使用导电或防静电螺纹,从而满足高级别无尘环境的要求,如图1-22所示。

棉布材料都是非合成纤维的,适合在维修高压电

图1-22 高压防护服

时穿着。合成纤维的衣服可能导致烧伤皮肤，因为这类材料在高温时会熔化。地面潮湿、附近散落的碎片及照明条件不好都有潜在的触电危险。在维修高压电系统或零件时千万不能单独作业，且必须提醒其他技术人员你正在维修高压电，一定要切断高压源，在无人照看时，绝不能让高压电线裸露在外。

（4）安全防护用品的检查及使用

1）绝缘手套。

高压绝缘手套通常由天然或合成橡胶制成，其形状为立体手模分指式。每只手套上必须有明显且持久的标记，内容包括：标记符号，使用电压等级/类别，制造单位或商标，制造年份、月份，规格型号尺寸，周期试验日期栏，检验合格印章，贴有经试验单位定期试验的合格证。例如：0级手套的袖标红色。额定工作电压达到1000V交流电的0级手套，即适用于标准的混合动力汽车或纯电动汽车的服务和维修。有些绝缘手套会有内外层对比色（例如：橙色和蓝色）。这些对比色可以使手套的磨损部分更容易被发现。

绝缘手套不可用于触电防护之外的其他任何类型的防护，并且高压绝缘手套易受割伤、磨损、高温和化学劣变的影响。这些损害将导致手套永久无法使用。技术人员应在每次使用高压绝缘手套前检查手套是否受损。

目视检查：在使用高压手套之前，技术人员应对每副手套进行仔细检查，查看手套是否存在裂纹、裂缝或褪色等物理损坏，并且应将手套内侧也彻底翻出以便于可以清楚观察到手套的全部表面。绝缘手套表面必须平滑，内外面应无针孔、疵点、裂纹、砂眼、杂质、修剪损伤、夹紧痕迹等各种明显的缺陷、波纹及铸模痕迹，绝缘手套不允许有染料污染痕迹。

充气检查：完成一次彻底的外观检测后，技术人员应对绝缘手套进行充气检查，将每副手套从手套袖口处开始快速卷起，使其手套的手指和手掌部分充气鼓起，为完成充气测验，技术人员应做到以下6点：

①捏紧手套的袖口处以锁住空气。

②将手套的袖口紧密地向手套指尖方向卷起，仍然捏紧卷起的部分。

③确保手套的手掌区域和指尖区域因为空气挤压充入而鼓起。

④确保手套在鼓起后保持充气压力且不漏气，掰开手套指缝间观察细听有无漏气。

⑤若手套未膨胀鼓起，定位漏气来源。

⑥对下一副手套重复本检查。

若手套无法充气或充气后漏气，技术人员必须找到漏气位置。每次使用后技术人员都应对手套进行检查和测验。一经发现绝缘手套在最近一次使用中受到损坏，技术人员应立即更换新手套。

绝缘检查：对手套的绝缘性检查可更加精确地查出手套的绝缘性。具体检查方法，将装有水的手套放到水槽中（注意裸露在水面以上的部分要保持干燥），用绝缘测试仪测量水槽与手套内的水之间的绝缘电阻，测量过程中绝缘测试仪需要施加500V电压。测量正常值应在1MΩ以上，否则视为不合格产品，有漏电危险。

2）护目镜。

目视检查：在使用护目镜前应检查镜面有没有刮花，镜架是否牢固，佩戴是否合适等相关内容。

3）安全帽。

目视检查：安全帽在使用前主要检查外观有无破损，卡带有无松动脱落，安全帽的安全防护标志否齐全有效，佩戴是否合适等相关内容。

4）绝缘鞋。

目视检查：

①检查生产许可证、产品合格证、安全鉴定证这"三证"。

②与安全帽一样，安全鞋属于国家规定的特种劳动防护用品，应该有"安全防护标识"。

③鞋型：鞋身的宽紧度是否与足部相适应。

④鞋面：以皮料为首选。

⑤鞋帮：整个鞋帮能否合脚而不打脚、宽松而不脱、富有弹性。

⑥内垫：是否有缓冲功能、吸汗功能、按摩功能、保健功能等。

⑦内里：是否选用透气、防水、保暖、环保等材料制作。

⑧鞋底：鞋底的选用应针对地区性，及各种环境下使用不同程度配置底材及防滑要求。例如：良好环境采用相对防滑、轻便型底材，缓震功能突出。户外环境采用加强防滑、耐磨底材，能在较恶劣环境下使用。

（5）钳形数字万用表的检查及使用

钳形数字万用表是维护作业中必备的测试工具之一，主要用于测试电压、电流、频率等相关参数，要求其具有较高的测试分辨率、测试精度以及较多的测试功能。

钳形数字万用表在使用前检查：

1）应仔细阅读说明书，确定是交流还是交直流两用。

2）被测电路电压不能超过钳形表上所标明的数值，否则容易造成接地事故，或者引起触电危险。

3）每次只能测量一相导线的电流，被测导线应置于钳形窗口中央，不可以将多相导线都夹入窗口测量。

4）测量前应先估计被测电流的大小，再决定用钳形表哪个量程。若无法估计，可先用最大量程档然后适当换小些，以准确读数。不能使用小电流档去测量大电流，以防损坏仪表。

5）钳口在测量时闭合要紧密，闭合后如有杂音，则可打开钳口重闭一次。若杂音仍不能消除，则应检查磁路上各接合面是否光洁，有尘污时要擦拭干净。

6）由于钳形电流表本身精度较低，在测量小电流时，可采用下述方法：先将被测电路的导线绕几圈，再放到钳形表的钳口内进行测量。此时钳形表所指示的电流值并非被测量的实际值，实际电流应当为钳形表的读数除以导线缠绕的圈数。

7）维修时不要带电操作，以防触电。

（6）绝缘测试仪

数字绝缘电阻测试仪由中大规模集成电路组成。输出功率大、短路电流值高、输出电压等级多。绝缘测试仪在使用前需对外观、表针线束进行目视检查，同时也要对其进行开路和短路性能检查。图1-23所示为一种产品示例。

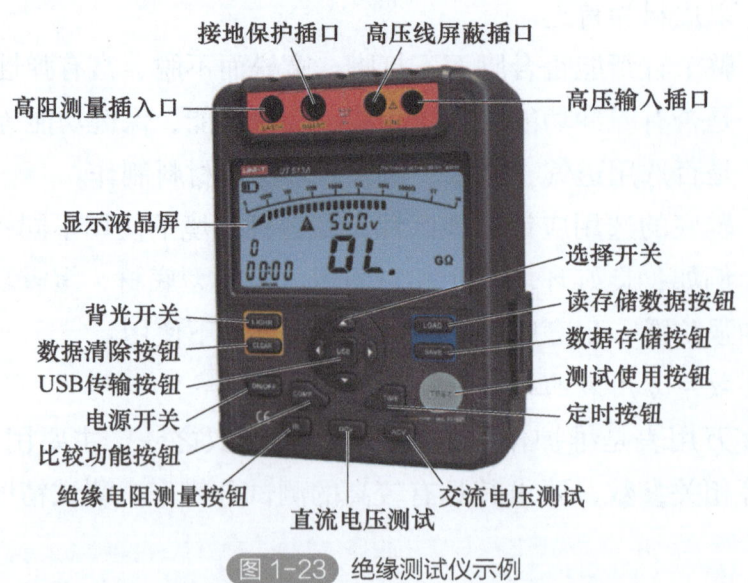

图1-23 绝缘测试仪示例

> ⚠ 温馨提示
> 使用绝缘测试仪必须佩戴绝缘手套。

（7）接地电阻仪

接地电阻仪是检验测量接地电阻的常用仪表，图1-24所示为一种产品示例。它能测试的阻抗从0.01Ω到2000Ω，测试的接地电压能达到100V。它主要可以精确测量大型接地网接地阻抗、接地电阻、接地电抗。

图 1-24 接地电阻仪示例

（8）诊断仪

诊断仪（又称解码器）是用于检测汽车故障的便携式智能汽车故障自检仪，它可以迅速地读取汽车电控系统中的故障，并通过液晶显示故障信息及参数，迅速查明发生故障的部位及原因。图1-25所示为一种产品示例。

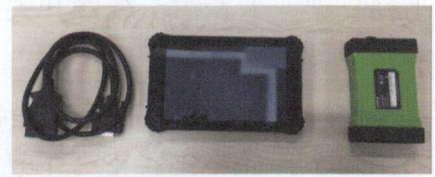

图 1-25 诊断仪示例

诊断仪在使用前除了对外观、连接线束及OBD端口拆解器检查外，还需实车连接检查，确认与车辆通信正常。

（9）减速器油液加注机

减速器油液加注机可实现车辆减速器油的定量加注、循环更换油液等功能。使用前，应检查内部储液罐油液量、连接管路有无松动泄漏、机器外表面有无破损、供电线束及鳄鱼夹是否完好以及与车辆配套的加注连接器是否配套等相关内容。图1-26所示为一种产品示例。

（10）冷却液加注机

冷却液加注机可实现车辆冷却液的定量加注、冷却液的回收等功能。使用前，应检查内部储液罐冷却液量、连接管路有无松动泄漏、机器外表面有无破损、供电线束及鳄鱼夹是否完好等相关内容。图1-27所示为一种产品示例。

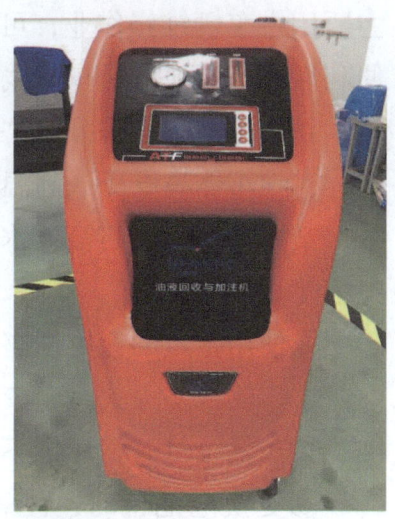

图 1-26 减速器油液加注机示例

（11）其他配套设备、工具的使用

1）一体化工具套装。

一体化工具套装主要配套车辆组件和管路拆卸的常用及专用工具，同时，配套轮胎胎压检查、胎磨损量检查的仪表量具。一体化集成工具套装主要包含7抽屉柜形多功能零件手推车、150件综合组套、手电筒、指针式力矩扳手、冰点测试仪、胎纹笔、预置式力矩扳手、水管拆装工具、水管堵头、拉拔器、橡皮锤、绝缘开口扳手、绝缘一字批、绝缘十字批、充电电批、压线钳、油封安装工具、轴承安装工具、电工胶布、铲刀、箱体平稳支架、卡簧钳、维修开关放置盒，如图1-28所示。

图 1-27　冷却液加注机示例

使用前，必须检查工具箱各层工具是否齐全、专用扳手性能是否正常、工具滚轮锁止装置是否安全有效等。

2）万用接线盒。

图 1-28　一体化工具套装

用接线盒配套多型号测量插接线束和插接针，主要用在车辆维修作业，可给维修人员对车辆模块、组件线束检查测量时提供便利性，有效地保护车辆线束插接件。

新能源汽车维修操作"十诫"：

①在车体高电压或高温处均有"警告标示"，严格按标示要求操作。

②洗车时，勿将高压水枪向充电口部位喷射，以避免充电口进水，发生触电危险。

③使用指定的充电插座及充电线，切勿自行选择充电设备。

④车辆消防灭火时，禁止使用"水浇法"，应该使用"干粉"灭火器。

⑤车辆维修时，车体不可湿润，禁止带水操作。

⑥更换电池包时，注意防酸碱，应使用工业"防碱手套"，并佩戴防护目镜。

⑦拆装车辆时，不可同时操作正负极。

⑧禁止正负对接，避免正极或负极经人体对地。

⑨拆开的高压线接口要绝缘处理。
⑩双人操作，一人监护，一人操作。

典型工作任务

任务 01 触电急救

一、任务导入

1. 任务描述

假设有一天，你的同事在新能源汽车维修车间作业时发生了触电事故，你该怎么处理？

2. 任务分析

要实现该任务，需要按照以下步骤进行分析：

1）发现人员触电时的首要任务是什么。
2）人员触电后的急救流程。
3）发生带电流的事故时，必须到医院检查。

二、任务资讯

心肺复苏操作是对心跳、呼吸停止患者所采取的一种抢救措施，其目的在于尽可能挽救患者生命，同时尽可能降低因心跳、呼吸停止所导致的相关后遗症和并发症。在流程上应该对患者心跳、呼吸停止进行有效的判断，对于成人患者而言，一旦患者没有应答反应且没有呼吸，或者不能够正常呼吸，应立即启动心肺复苏：

首先，对患者进行胸外按压操作，当完成 30 次的胸外按压操作后，便可以采用仰头抬颌法和托颌法开放气道。

其次，对患者采用口对口或口对鼻的方式进行人工呼吸两次。

流程中需要注意的是，在按压操作过程中应该按压部位明确，操作动作标准，尽可能减少按压的中断次数，保证按压的连续性。在开放气道后进行人工呼吸的过程中，应该尽量避免过度通气，避免患者因过度通气导致相关不良后果。同时，对于适宜电除颤的患者，在条件允许的情况下应该尽早进行电除颤治疗。

三、任务组织

1. 实施准备

1）所需的各种防护用品准备：工位、隔离带、安全警告标志牌、车轮挡块、灭火器、绝缘杆、绝缘垫、绝缘工作台、棉线手套、绝缘手套、防静电手套、护目镜、安全帽、车外三件套、车内四件套、吸油纸、洗手液、急救包、除颤仪。

2）常用工具：模拟人、除颤仪等。

3）资料准备：急救指南。

2. 制订计划

依据任务要求、人物分析，结合实施准备，小组内相互讨论，制订工作计划，将工作计划步骤、选择该步骤的理由写在表 1-2 相应位置，并选派代表进行汇报展示。

表 1-2 计划表（一）

1. 作业计划			
序号	作业项目	操作要点	注意事项
1			
2			
3			
4			
5			
6			
7			
2. 设备清单			
序号	设备名称	用途	规格型号	数量
1				
2				
3				
4				

（续）

序号	设备名称	用途	规格型号	数量
5				
6				
7				

3. 其他材料清单

序号	材料名称	用途	规格型号	数量
1				
2				
3				
4				

审核	小组审核意见： 教师审核意见：	组长签字： 年 月 日 教师签字： 年 月 日

四、任务实施

在做好个人安全防护、维修场地安全检查后，按照急救流程进行处理。

1. 按压前评估

1）断开电源，确保安全，判断现场环境是否安全（看上、下、左、右四个方向），如图 1-29 和图 1-30 所示。

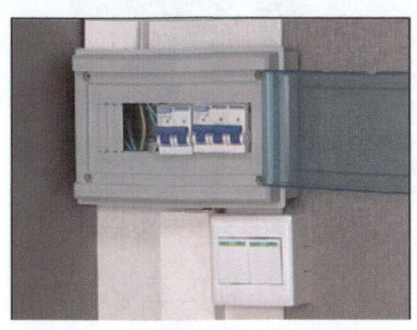

图 1-29 电源开关

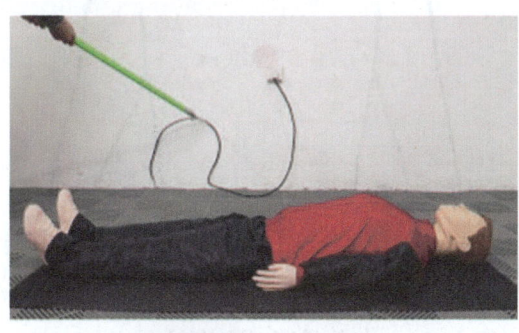

图 1-30 挑开电源线

2）判断意识：轻拍、重呼、看反应，如图 1-31 所示。

3）大声呼救，请周围的人帮忙拨打急救电话 120。

4）翻转体位：仰卧、平坦、坚实的平面、判断有无呼吸、摸同侧颈动脉检查脉搏时间不超过 10s，如图 1-32、图 1-33 所示。

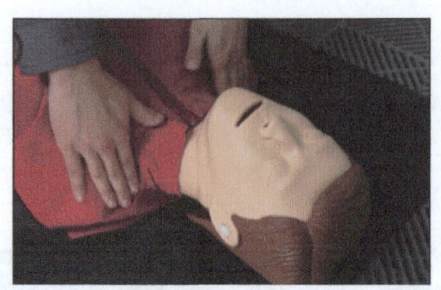

图 1-31　判断意识

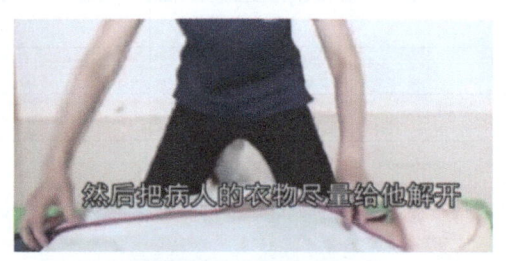

图 1-32　解开衣物

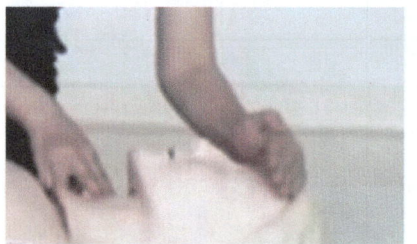

图 1-33　摸同侧颈动脉检查脉搏

2. 心肺复苏（CPR）急救步骤

（1）心脏按压

按压部位：①胸骨中下段 1/3 处；②两乳头连线的中点处；③剑突上两横指处，如图 1-34 所示。

按压姿势手法：一只手掌根部放在胸部正中两乳头之间的胸骨上，另一只手平行重叠压在其手背上，肘部伸直，掌根用力，手指抬离胸壁，实施规律的按压，如图 1-35 所示。

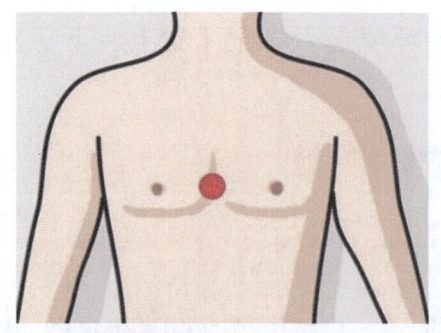

图 1-34　按压部位

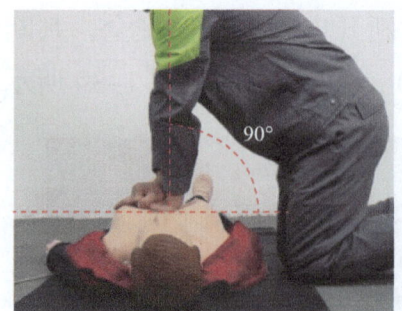

图 1-35　按压姿势手法

技术指标：按压频率为 100~120 次 /min，成人按压幅度至少为 5cm，但不宜超过 6cm。儿童和婴儿的按压幅度至少为胸部前后径的 1/3（儿童约 5cm，婴儿约 4cm）。用力并有节奏地按压患者两乳头连线与胸骨交界处 30 次。

（2）口对口人工呼吸

清除患者口腔中的异物，捏住患者鼻子，操作者深呼吸新鲜空气后，迅速用嘴包住患者的嘴快速将气体吹入，进行2次人工呼吸，每次持续吹气的时间不少于1s，如图1-36所示。

（3）人工呼吸要领

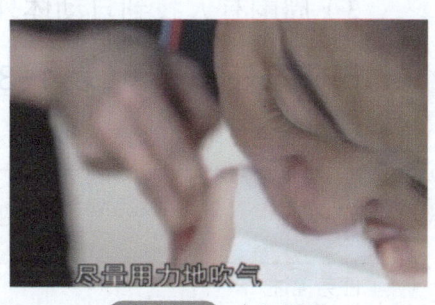

图1-36 人工呼吸

吹气2次后，继续胸外心脏按压，按压胸外心脏30次和人工呼吸2次为一个循环，一般进行5个循环，再判断生命体征，看心肺复苏是否成功。如果不成功，要使用除颤仪除颤。如果心肺复苏成功，则将病人翻转为复原体位。

3. 评估疗效

按压5个循环后，评估脉搏、呼吸判断心肺复苏是否有效。心肺复苏有效指标：影响复苏后果，主要有发生心脏停搏地点、原因、时间、初始动脉的血气分析、必要的气管插入。

复苏有效指标：

1）颈动脉搏动：按压有效时，每按压一次可摸到一次搏动。若按压停止搏动消失，则应继续按压；若按压停止，脉搏仍跳动，则说明心跳已恢复。

2）面色、口唇：由紫色变红润，则说明复苏有效；若变为灰白，则说明无效。

3）瞳孔：瞳孔由大变小，有效；若散大固定，膜混浊，无效。

4）神志：有效时，眼球活动，睫毛反射与对光反射出现，甚至手脚开始抽动，肌张力增加。

5）自主呼吸出现：此时并不意味着可以停止人工呼吸，如果自主呼吸微弱，仍应坚持口对口呼吸，应注意与病人保持同步。

4. 终止心肺复苏的指标

进行人工急救，直到出现以下3种情况，可以停止心肺复苏流程。

1）心肺复苏生效：患者恢复了心跳、自主呼吸与脉搏搏动，患者有反应或呻吟等。

2）心肺复苏无效：持续超过30min的心肺复苏后，患者的呼吸与脉搏都没有恢复正常，患者瞳孔散大固定。

3）周围有人找到自动体外除颤器或有专业的医护人员赶到。

5.记录任务工单（表1-3）

表1-3 任务工单（一）

任务工单	专业能力知识	班级：
		姓名：

（1）任务描述

（2）急救步骤

步骤	项目	技术要点	结果
①			
②			
③			
④			
⑤			
⑥			
⑦			

（3）急救结论

任 务 评 价

	触电急救		姓名：	
日期：		班级：	学号：	教师签名：
自我评价：□熟练 □不熟练		组长评价：□熟练　□不熟练		
教师评价：□优秀　□良好　□合格　□不合格				

触电急救【评分细则】

序号	评分项	得分条件	分值	评分要求	自我评价	组长评价	教师评价
1	安全/7S/态度	□1. 能接受任务并完成任务 □2. 能进行设备和工具安全检查 □3. 能对触电人员进行急救 □4. 能进行人员高压安全防护操作 □5. 能进行团队合作作业 □6. 能进行工位 7S 操作 □7. 能进行有效沟通	20	未完成1项扣3分，扣分不得超过20分	□能做到 □做不到	□能做到 □做不到	□优秀 □良好 □合格 □不合格
2	专业技能	□1. 能正确处理触电事故 □2. 能熟练进行心肺复苏急救	60	未完成1项扣5分，扣分不得超过60分	□熟练 □不熟练	□熟练 □不熟练	□优秀 □良好 □合格 □不合格
3	表单填写及撰写能力	□1. 字迹清晰 □2. 语句通顺 □3. 无错别字 □4. 无涂改 □5. 无抄袭	10	未完成1项扣1分，扣分不得超过5分	□熟练 □不熟练	□熟练 □不熟练	□优秀 □良好 □合格 □不合格
4	素养	□1. 注重团队合作 □2. 注意安全防护 □3. 注意保护实训设备 □4. 做到三不伤害 □5. 保护环境	10	未完成1项扣2分，扣分不得超过10分	□能做到 □做不到	□能做到 □做不到	□优秀 □良好 □合格 □不合格

任务 02　维修工具使用及注意事项

一、任务导入

1. 任务描述

在维修新能源汽车的工作场所，为了保障工作人员的人身安全，安全有效地完成工作任务，必须使用相应的安全工具和设备。由于新能源汽车技术先进、结构复杂，出现故障时，必须通过读取故障码、查看数据流、主动测试等方法对其进行检修。

2. 任务分析

要实现该任务，需要按照以下步骤进行分析：

1）能熟练完成个人和车辆的高压防护以及使用专用检测工具和设备。

2）在进行高压相关操作前，必须穿戴好劳保用品，检查工具以及校对仪器，拉好警戒线，并放置高压警示牌。

二、任务资讯

1）安全用具要加强日常保养，防止受潮、损坏和脏污。

2）使用绝缘手套前，要仔细检查，不能有破损和漏气现象。

3）辅助安全用具不能直接接触 1kV 以上的电气设备，在高压工作中使用时，需要与其他安全用具配合使用。

4）使用验电器时，应将验电器慢慢地靠近电气设备，如氖光灯发亮表示有电。验电器必须按其额定电压使用，不得将低压验电器在高压上使用，也不得将高压验电器在低压上使用。

5）在高压设备上的检修工作需要停电时，将检修设备停电，必须把各方面的电源完全断开，禁止在只给点火开关断开电源的设备上工作，工作地点各方必须有明显的断开点。

三、任务组织

1. 实施准备

1）所需的各种防护用品准备：工位、隔离带、安全警告标志牌、车轮挡块、灭火器、绝缘杆、绝缘垫、绝缘工作台、棉线手套、绝缘手套、防静电手套、护目镜、安全帽、车外三件套、车内四件套、吸油纸、洗手液、急救包。

2）常用工具：模拟人、除颤仪等。

3）资料准备：维修手册。

2. 制订计划

依据任务要求、人物分析，结合实施准备，小组内相互讨论，制订工作计划，将工作计划步骤、选择该步骤的理由写在表 1-4 相应位置，并选派代表进行汇报展示。

表 1-4 计划表（二）

1. 作业计划			
序号	作业项目	操作要点	注意事项
1			
2			
3			
4			
5			
6			
7			
2. 设备清单			
序号	设备名称	用途	规格型号	数量
1				
2				
3				
4				
5				
6				
7				
3. 其他材料清单				
序号	材料名称	用途	规格型号	数量
1				
2				
3				

（续）

序号	材料名称	用途	规格型号	数量
4				
审核	小组审核意见： 教师审核意见：		组长签字： 年 月 日 教师签字： 年 月 日	

四、任务实施

1. 检查维修工具

在做好个人安全防护、维修场地安全检查后，对维修工具进行检查。具体步骤如下：

1）绝缘手套检查及使用（外观、耐压标识、气密性检查），如图 1-37 所示。

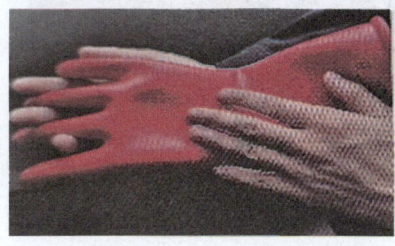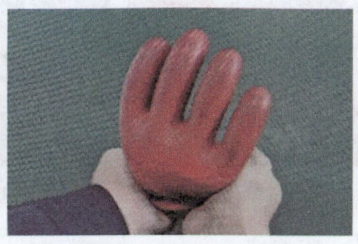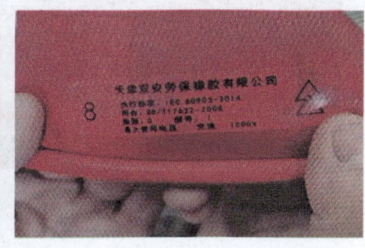

图 1-37 绝缘手套检查

2）安全帽检查及使用（外观、合格证、帽带及调整装置检查），如图 1-38 所示。

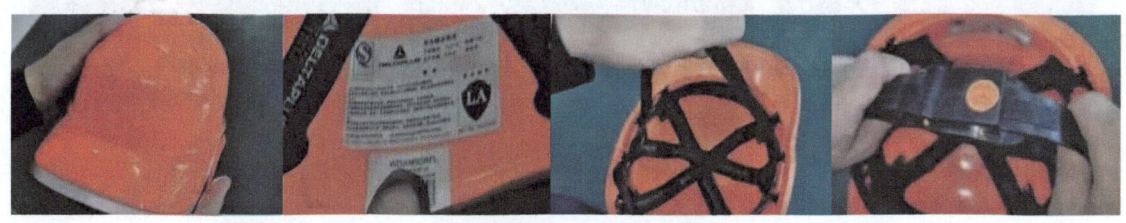

图 1-38 安全帽检查

3）护目镜检查及使用（镜面和镜架检查），如图 1-39 所示。

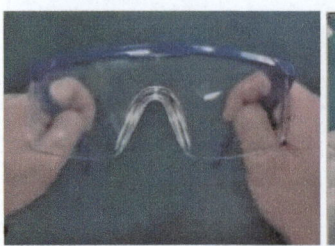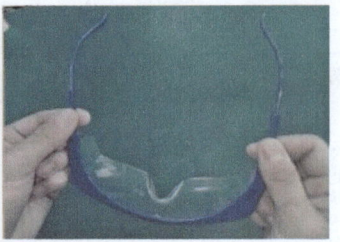

图 1-39　护目镜检查

4）绝缘鞋检查及使用（外观和合格证检查），如图 1-40 所示。

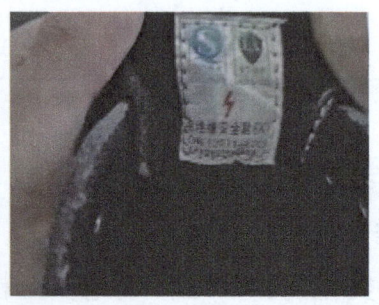

图 1-40　绝缘鞋检查

5）钳形数字万用表检查使用（外观和校表检查），如图 1-41 所示。

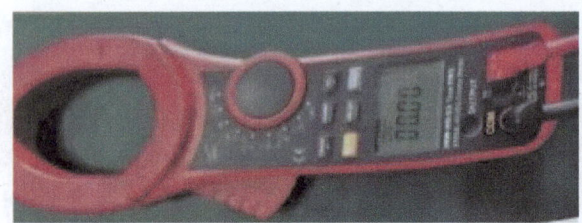

图 1-41　钳形数字万用表检查

6）接地电阻仪检查及使用（外观、开机检查、开路检查、短路检查、电阻测试），如图 1-42 所示。

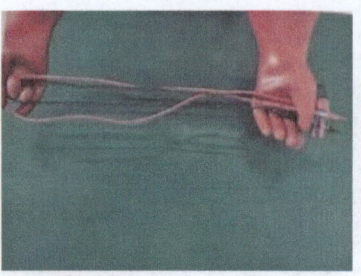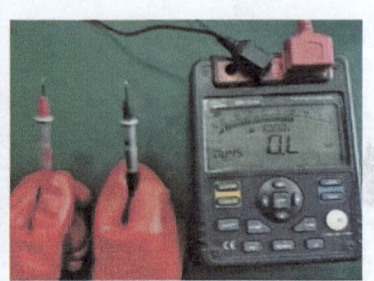

图 1-42　接地电阻仪检查

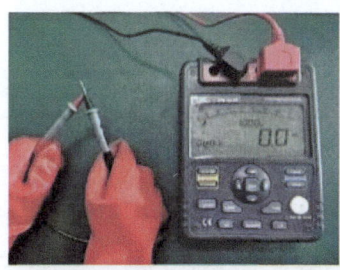 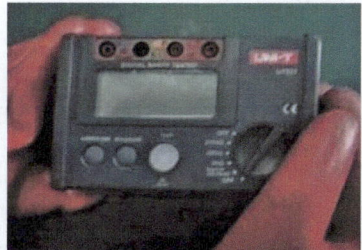 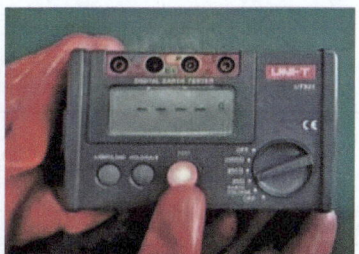
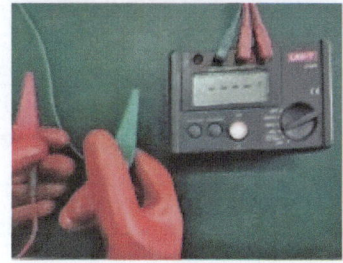 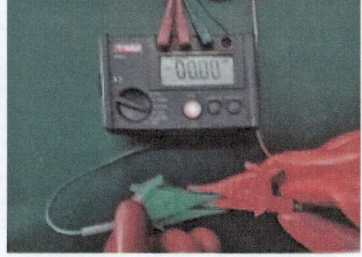 

图 1-42 接地电阻仪检查（续）

7）冷却液加注机检查及使用（外观检查、功能选择、加注），如图 1-43 所示。

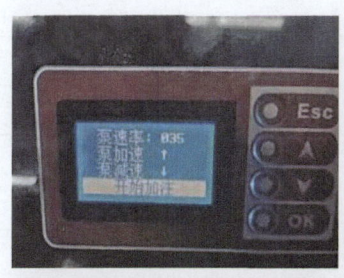 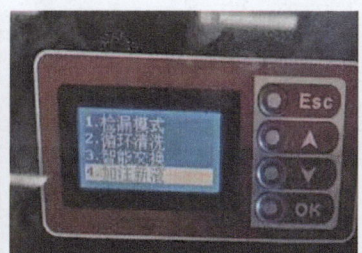 
  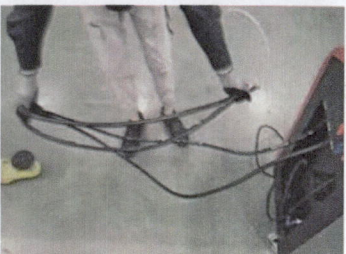
 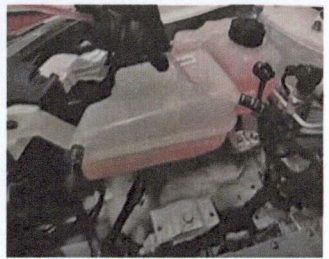

图 1-43 冷却液加注机检查及使用

2. 记录任务工单（表 1-5）

表 1-5　任务工单（二）

任务工单	维修工具使用及注意事项		班级：
			姓名：

工具设备检查及使用

步骤	检测项目	测量结果	结果分析
①			
②			
③			
④			
⑤			
⑥			
⑦			

结论	

处理方法

维修建议	□维修　□更换

任 务 评 价

维修工具使用及注意事项		姓名：	
日期：	班级：	学号：	
自我评价：□熟练 □不熟练	组长评价：□熟练 □不熟练	教师签名：	
教师评价：□优秀 □良好 □合格 □不合格			

维修工具使用及注意事项【评分细则】

序号	评分项	得分条件	分值	评分要求	自我评价	组长评价	教师评价
1	安全/7S/态度	□1.能接受任务并完成任务 □2.能进行设备和工具安全检查 □3.能进行车辆安全防护操作 □4.能进行人员高压安全防护操作 □5.能进行三不落地操作 □6.能进行团队合作作业 □7.能进行工位7S操作 □8.能进行有效沟通	20	未完成1项扣3分，扣分不得超过20分	□能做到 □做不到	□能做到 □做不到	□优秀 □良好 □合格 □不合格
2	专业技能	□1.能正确检查仪器设备状态 □2.能正确使用检测设备	40	未完成1项扣5分，扣分不得超过40分	□熟练 □不熟练	□熟练 □不熟练	□优秀 □良好 □合格 □不合格
3	工具及设备使用能力	□1.能正确使用维修工具 □2.能正确使用充电装置 □3.能正确使用万用表、诊断仪、示波器等诊断设备 □4.能正确使用专用工具	15	未完成1项扣3分，扣分不得超过5分	□熟练 □不熟练	□熟练 □不熟练	□优秀 □良好 □合格 □不合格
4	表单填写及撰写能力	□1.字迹清晰 □2.语句通顺 □3.无错别字 □4.无涂改 □5.无抄袭	15	未完成1项扣1分，扣分不得超过5分	□熟练 □不熟练	□熟练 □不熟练	□优秀 □良好 □合格 □不合格
5	素养	□1.注重团队合作 □2.注意安全防护 □3.注意保护实训设备 □4.做到三不伤害 □5.保护环境	10	未完成1项扣2分，扣分不得超过10分	□能做到 □做不到	□能做到 □做不到	□优秀 □良好 □合格 □不合格

能力模块二
低压不能启动故障诊断与排除

新能源汽车低压控制部分由传统汽车的各个控制单元转化而来,因此其车身控制、空调控制、娱乐系统和底盘控制等模块基本没有太大变化。

本模块主要介绍新能源汽车低压控制系统的组成、功能、对车辆性能的影响以及工作原理。

能力目标

- 了解低压控制系统的组成及功能。
- 掌握低压启动系统的原理。
- 能通过维修手册及电路图查找低压系统故障原因,使用检测工具进行故障排除。
- 能够对由低压系统造成的故障进行诊断与排除。

知识准备

一、无钥匙进入和启动系统

无钥匙进入和启动(Passive Entry Passive Start,PEPS)系统的工作过程是,车辆通过车外标定好的低频天线对驾驶人是否携带符合身份认证的智能钥匙(UID)进行检测,再通过高频信号的身份认证来防止非法入侵,并且通过车内标定好的低频天线检测智能钥匙,然后通过高频认证为新能源汽车启动做好准备。

1. 无钥匙进入和启动系统的组成

无钥匙进入和启动系统主要由主控制器、电子转向锁、启停按钮、门把手（电容传感器或触点传感器）、低频天线和智能钥匙等组成，如图2-1~图2-4所示。

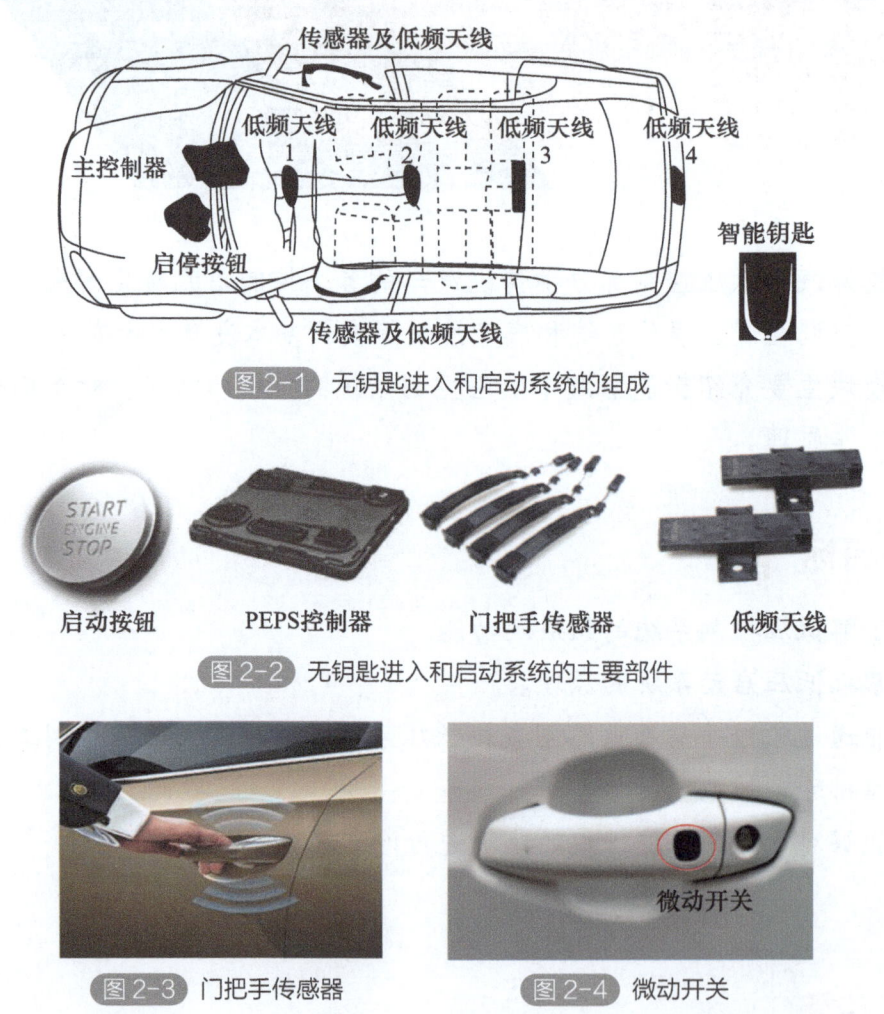

图2-1 无钥匙进入和启动系统的组成

图2-2 无钥匙进入和启动系统的主要部件

图2-3 门把手传感器　　图2-4 微动开关

（1）智能钥匙

智能钥匙内安装三向125kHz的低频接收天线，保证智能钥匙在任意角度均能接收到良好的低频信号，如图2-5所示。智能钥匙接收到合法低频信号后向外发送433.92MHz的高频认证信号。智能钥匙通过3个功能按键实现遥控中控门锁功能。其具体功能包括：

1）安全的射频连接：智能钥匙将在用户携带的发射器和接收器之间提供

一个安全的射频连接，这种射频连接对每个智能钥匙是唯一的。

2）安全的低频连接：已匹配过的智能钥匙可以接收低频信号和发射射频响应信号。

3）智能钥匙电池低电压检测功能：通过低频场强测试实现智能钥匙定位功能。

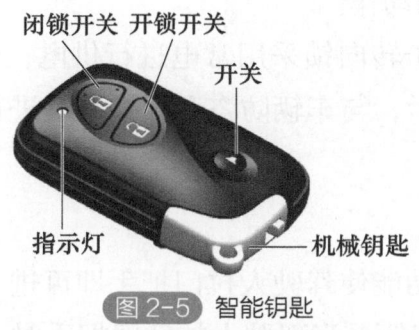

图 2-5　智能钥匙

（2）主控制器

无钥匙进入和启动系统系统主控制器包括必要的电子元器件，用以产生和发送低频征询信号及接收射频响应信号，实现 CAN 总线通信、车辆防盗认证、电源模块启停和其他功能。无钥匙进入、启动系统主控制器的主要功能如下：

1）从车辆向钥匙提供低频连接用以通信。

2）读取启动/停止按钮信号来开始无钥匙启动。

3）在钥匙验证有效后，控制电源模块和电源继电器的输出，实现与车辆防盗和报警系统的防盗认证。

4）识别从驾驶人/前排乘客侧门手柄传感器上传来的信号，实现无钥匙进入。

5）识别从驾驶人/前排乘客侧门手柄传感器上传来的信号，实现无钥匙自动锁车。

6）在钥匙进入和退出过程中，当钥匙验证有效后，车身控制模块（Body Control Module，BCM）会驱动门锁电动机控制门的锁止和解锁。

7）主控制器还包括射频接收功能，通过 CAN 与 BCM 及其他控制器实现通信、诊断功能等。

①启停开关：为预防智能钥匙在亏电情况下无法与主控制器进行通信，采用带 IMMO（车辆防盗）线圈、IMMO 基站芯片功能的启动/停止开关。为预防启动/停止开关损坏或线束故障导致整车无法起动或停止，启动/停止开关

采用了两路联动开关与控制器连接,当某一开关或线束出现故障时,控制器可利用另一路开关信号通过故障模式处理方法对整车进行控制。

②低频天线:由控制器驱动低频天线向外发送125kHz的低频信号。

③门把手:门把手内封装低频天线及触感传感器或电容传感器,门把手天线用于在门把手周围特定区域内发射征询信号,触感传感器或电容传感器用于监测被动进入/退出车内动作。

④电子转向锁:电子转向锁采用常电进行供电,通过CAN总线与各ECU通信。在钥匙验证有效后,与车辆防盗和报警系统进行防盗认证后,电子转向锁进行解锁。

2. 工作原理

无钥匙进入和启动功能使驾驶人拉门把手即可进入车辆,并可以使用一键式启动/停止开关启动车辆。当驾驶人拉动门把手时,无钥匙进入模块检测周围遥控器(FOB)的有效性,遥控器发出信号回应车辆,并使BCM解锁所有车门。当驾驶人按下启动开关时,BCM检测周围遥控器(UID)的有效性,遥控器发出信号回应车辆,以解锁转向柱电子锁(ESCL),BCM通过CAN总线与动力系统进行信息认证。若所有信息有效,BCM将控制电源继电器以启动车辆,如图2-6所示。

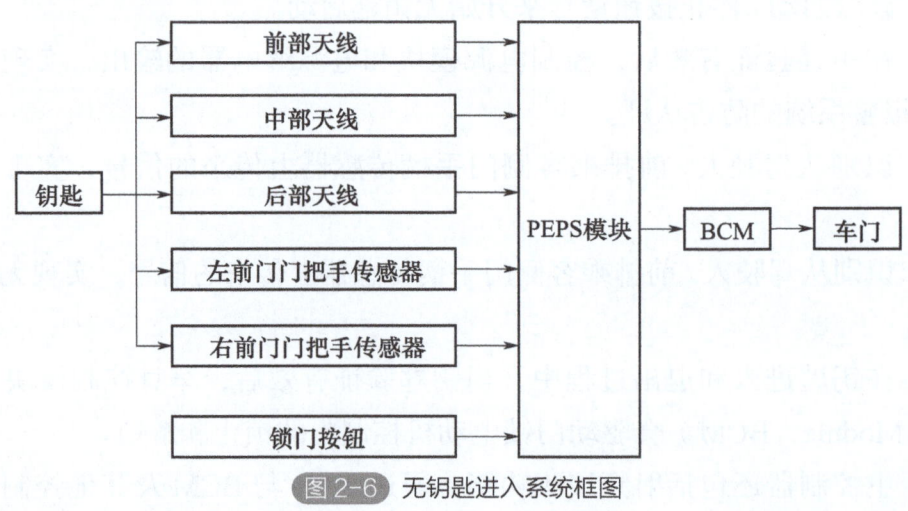

图2-6 无钥匙进入系统框图

通过调整天线驱动电压的大小来确定覆盖范围(以天线为圆心的圆),这样通过一定的设置来划分出不同的区域。比如车内的区域来作为一键启动使用,行李舱区域来作为行李舱检测使用,后保险杠天线被用来作为行李舱开启探测使用，两边门把手天线覆盖的区域可以用作两边车辆解锁使用。当用户携带合法钥匙，触发相应的功能后（比如门把手上的按钮或者门把手内侧的电容传感器或者车内的一键启动按钮或者行李舱的开启按钮等触发设备），相应的天线便开始被驱动来搜索其覆盖范围内是否有合法钥匙存在。当钥匙收到低频触发命令后，通过射频返回给车辆控制器认证信息，控制器对认证信息进行解码解密，密码正确后执行相应的功能。

（1）开门过程

驾驶人手握门把手时，门把手内传感器检测到此信息即向控制器提供触发信号，控制器驱动门把手内低频天线发出 125kHz 低频编码信号。智能钥匙将接收到的低频信号与保存的身份信息对比，识别通过后，智能钥匙再根据低频信号强度识别智能钥匙与门把手的距离。当智能钥匙与门把手的距离在 1.2m 范围内时，智能钥匙发射 433.92MHz 高频加密信号。控制器将接收到的高频加密信号进行解密和认证，认证通过后通知 BCM 进行解锁。BCM 解锁成功后，驾驶人拉门把手即可打开车门。

（2）锁门过程

驾驶人将车门关闭后，控制器通过室内低频天线发出 125kHz 低频编码信号，查询车内是否存在智能钥匙。控制器通过门把手内低频天线发送 125kHz 低频编码信号，查寻车外是否存在合法的智能钥匙。当车外检测到无合法的智能钥匙时，控制器无动作；当车外、车内均检测到有合法智能钥匙时，控制器通过声光警告提醒驾驶人，车内有智能钥匙；当车外检测到有合法智能钥匙、车内无合法智能钥匙时，控制器通知 BCM 进行闭锁操作。BCM 闭锁操作成功后，车门闭锁完成。

（3）车辆启动过程

车辆未启动时，驾驶人按下启动/停止开关，无钥匙启动控制器通过室内低频天线向外发送编码的低频报文。智能钥匙将接收到的低频信号与保存的身份信息进行对比，识别通过后，智能钥匙再根据低频信号强度识别智能钥匙在车内还是在车外。当智能钥匙识别为在车内时，智能钥匙发射 433.92MHz 高频加密信号；当智能钥匙识别为在车外时，不响应此低频信号。控制器将接收到的高频加密信号进行解密和认证，若智能钥匙认证通过，则控制器接通 IG 电源，并通过 CAN 总线与电子转向锁、防盗和报警系统进行通信，进行认证和解锁操作。当电子转向锁、防盗和报警系统认证未通过或解锁失败时，控制器通过CAN总线在仪表上显示"认证失败或解锁失败，请重试"的声光信息。当认证通过且解锁成功时，控制器断开电子转向锁电源，完成电子转向锁解锁过程，BCM将控制电源继电器以启动车辆。

在帝豪EV450汽车上，ACC档位由BCM通过IR03（ACC）继电器控制，负责音响系统、行车记录仪、后视镜调节等模块的供电。ON档位控制IR02（IG1）和IR05（IG2）继电器，负责剩余用电设备的供电和激活电源。START档位通过BCM中的启动信号线将START信号传输至整车控制器（VCU），再由VCU通过动力CAN总线控制电池管理系统（BMS）完成高压接触器控制，实现车辆启动。

如图2-7所示，车辆在停止状态下，不踩制动踏板，按下启动/停止开关一次，可将车辆ACC供电接通；再次按下启动按钮，可将ON档供电接通；第三次按下启动开关，车辆低压断电，进入OFF档位。在上述过程的任何状态下，踩下制动踏板的同时按下启动按钮，车辆即进入启动状态。只要车辆满足启动状态，仪表内READY指示灯将亮起，车辆即可以正常行驶。

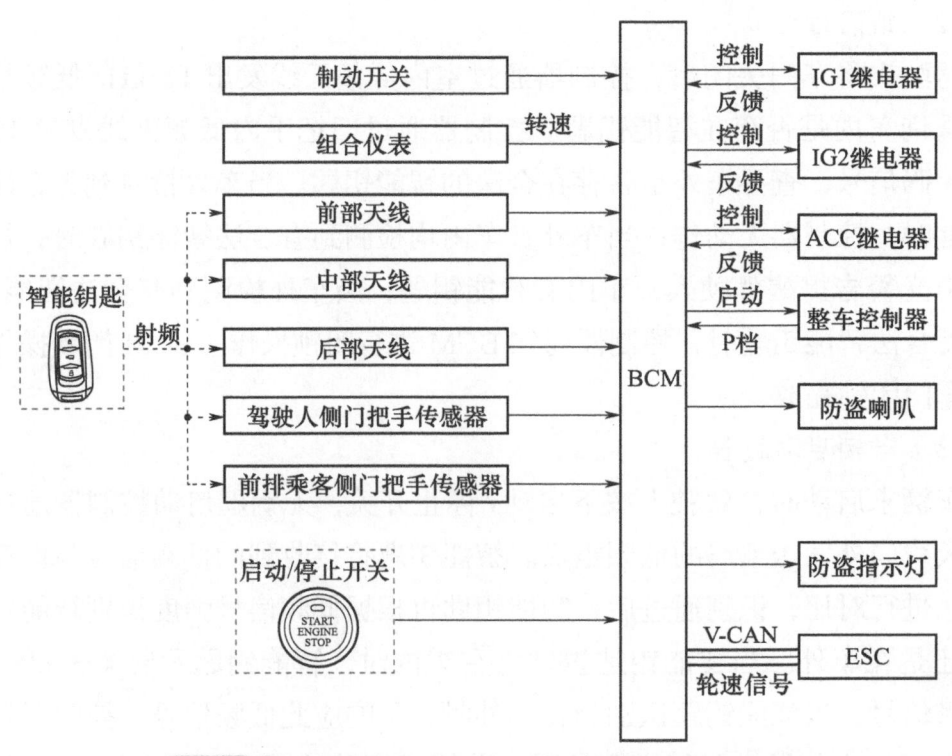

图2-7 吉利帝豪EV450无钥匙进入和启动系统工作原理

PEPS（无钥匙启动系统，该系统集成在 BCM 模块内）模块需接受 6 个输入信号，分别为：启动开关被按下（启动信号）；制动踏板被踩下（制动信号）；档位在 P/N 档（档位信号）；有效钥匙（防盗验证）；防盗认证通过 ESCL 转向轴锁解锁有效（防盗解锁）；轮速小于 2km/h（轮速信号）。在以上条件得以满足的前提下，BCM 可以控制 IG1、IG2、ACC 继电器接通供电并完成 BCM 和 ESCL（转向柱轴锁）解锁。

智能遥控钥匙用于向汽车中的接收器发送一个已编码的无线电信号：

1）按锁止键可激活报警系统。

2）按解锁键可关闭报警系统。

注意：在车辆退出防盗报警状态时，汽车解锁，但是如果在约 30s 内没有打开车门，那么车辆防盗报警器会自动恢复到防盗报警状态，汽车重新闭锁。

使用无钥匙进入系统的方式解锁车门，同时也可激活和关闭报警系统。

在通过遥控钥匙和门把手传感器进行锁车时，整车进入设防状态，所有的车门和前舱盖及行李舱盖都处于被监控的状态。如果车门、行李舱盖或者前舱盖被非法打开，例如有人强行打开汽车车门，则警报会被激发。

若想激活车辆防盗报警功能，则所有的车门、行李舱盖或者前舱盖都必须处于关闭状态；否则在用遥控钥匙锁车时，车辆会用鸣笛和转向灯闪烁的方式提醒驾驶人现在未处于防盗报警状态，此时防盗报警器会鸣笛，转向灯闪烁。

供电的继电器在完成供电后，继电器输出电压会同步反馈到 BCM，以便完成继电器动作情况监测。PEPS 控制 ACC、IG1、IG2 继电器吸合，当 IG1、IG2 继电器吸合后，IG1 继电器唤醒 EPB（电子驻车制动系统）、GSM（变速器换档开关）、IPC（组合仪表）；IG2 继电器唤醒 VCU（整车控制器）、BMS（电池管理系统）、MCU（电机控制器）、ESC（电子稳定控制系统）；VCU（整车控制器）通过硬线唤醒 TCU（变速器控制器），如图 2-8 所示。

至此，与整车运行相关的控制模块都完成自检并进入正常工作状态。如果自检过程中有影响到启动的故障或状态，则可以记录故障并通过车载网络传输相应的信号至其他模块。如果各模块的状态都正常，则 VCU 可以控制车辆进行高压上电。

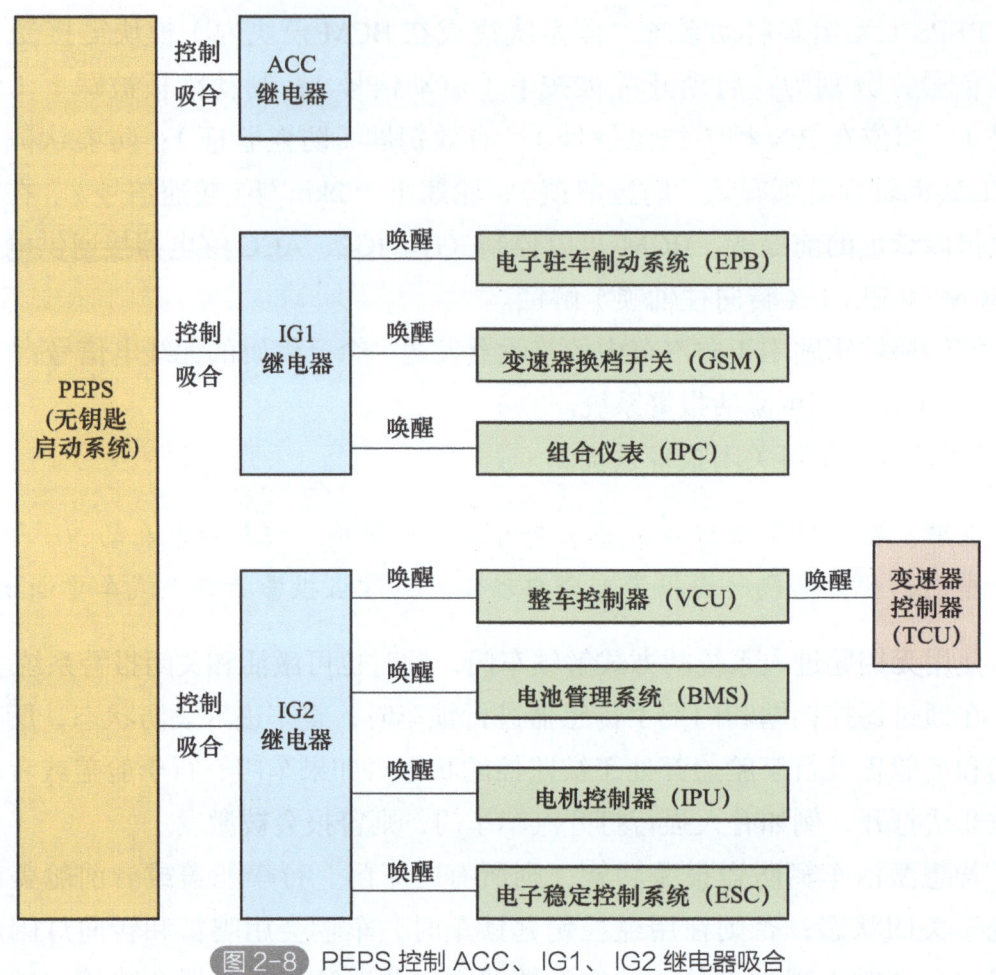

图 2-8 PEPS 控制 ACC、IG1、IG2 继电器吸合

二、帝豪 EV450 汽车低压配电

纯电动汽车低压系统的 12V 电源主要由蓄电池提供，蓄电池通过 DC/DC 变换器将高压 72V/64V 变换为 12V 电源。低压系统主要包括点火开关和接地、BCM、灯光系统、空调控制系统等。通常把从 12V 的低压电源出来的电通过导线、熔丝、继电器等配送到各个低压电器的过程称为低压配电。

帝豪 EV450 汽车低压配电包括前舱熔丝、继电器盒电源分布（图 2-9~图 2-15）和室内熔丝、继电器盒电源分布两部分（图 2-16~图 2-20）。

能力模块二 低压不能启动故障诊断与排除

前舱熔丝、继电器盒电源分布图

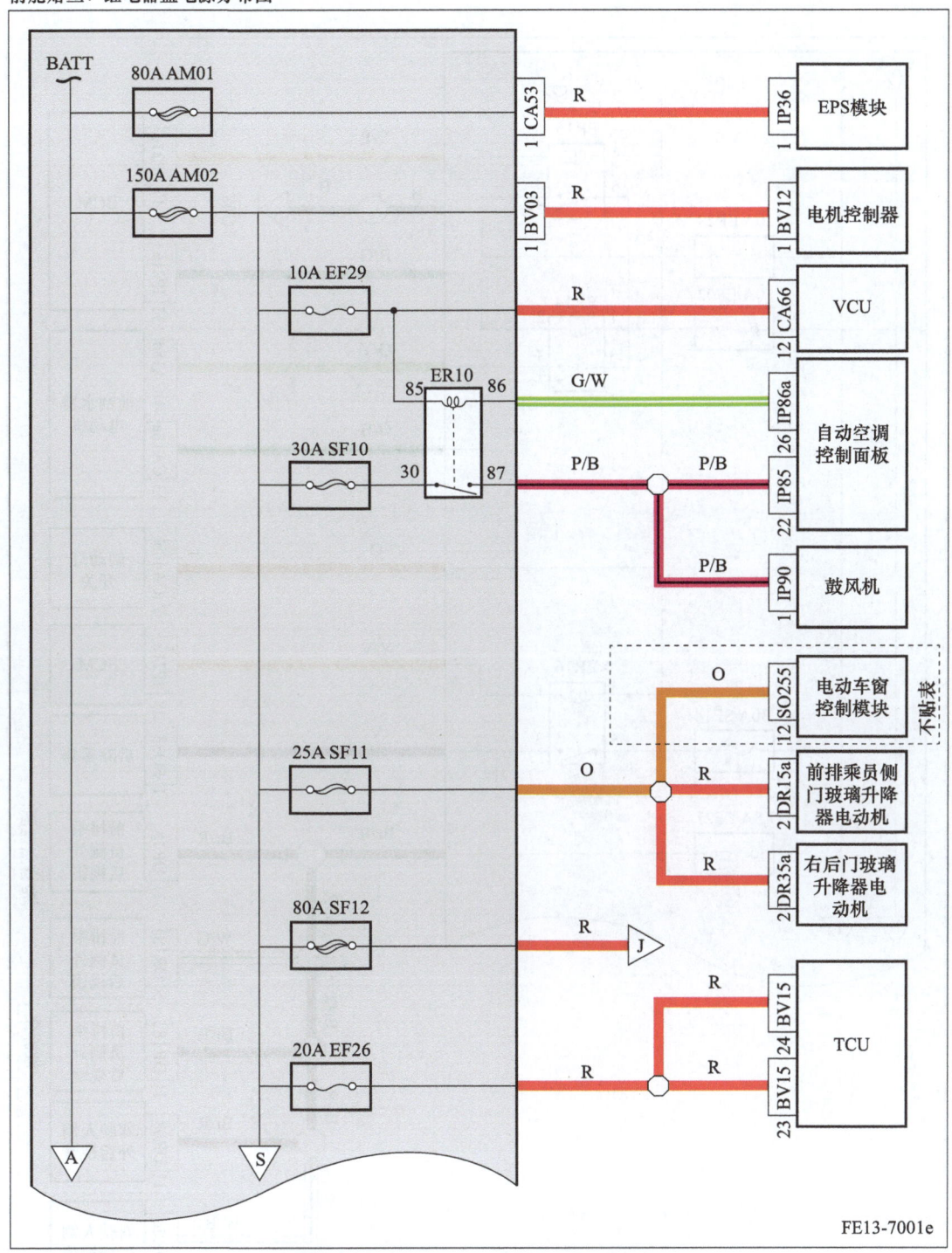

图 2-9 前舱熔丝、继电器盒电源分布图 1

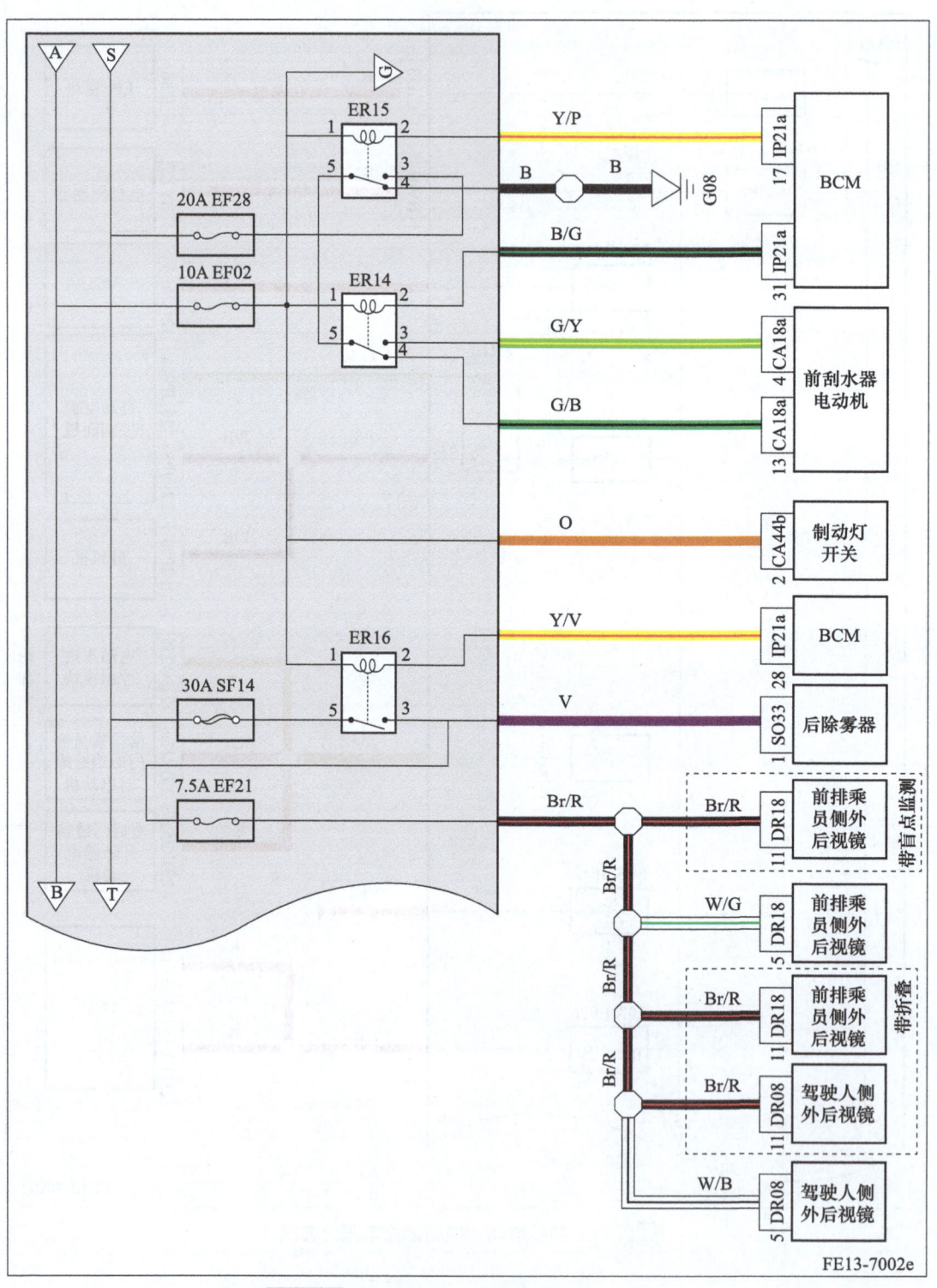

图 2-10 前舱熔丝、继电器盒电源分布图 2

能力模块二 低压不能启动故障诊断与排除

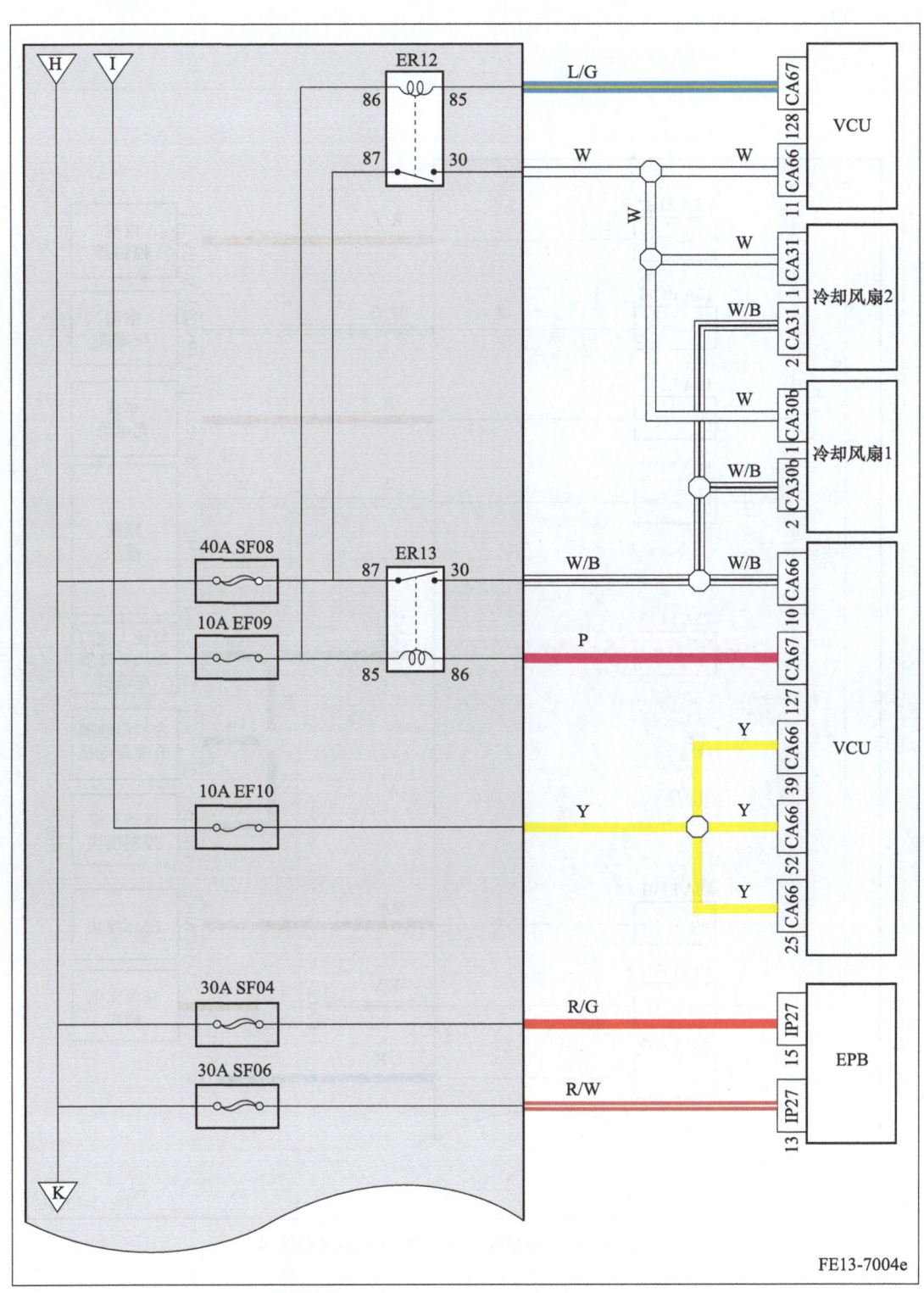

图 2-11 前舱熔丝、继电器盒电源分布图 3

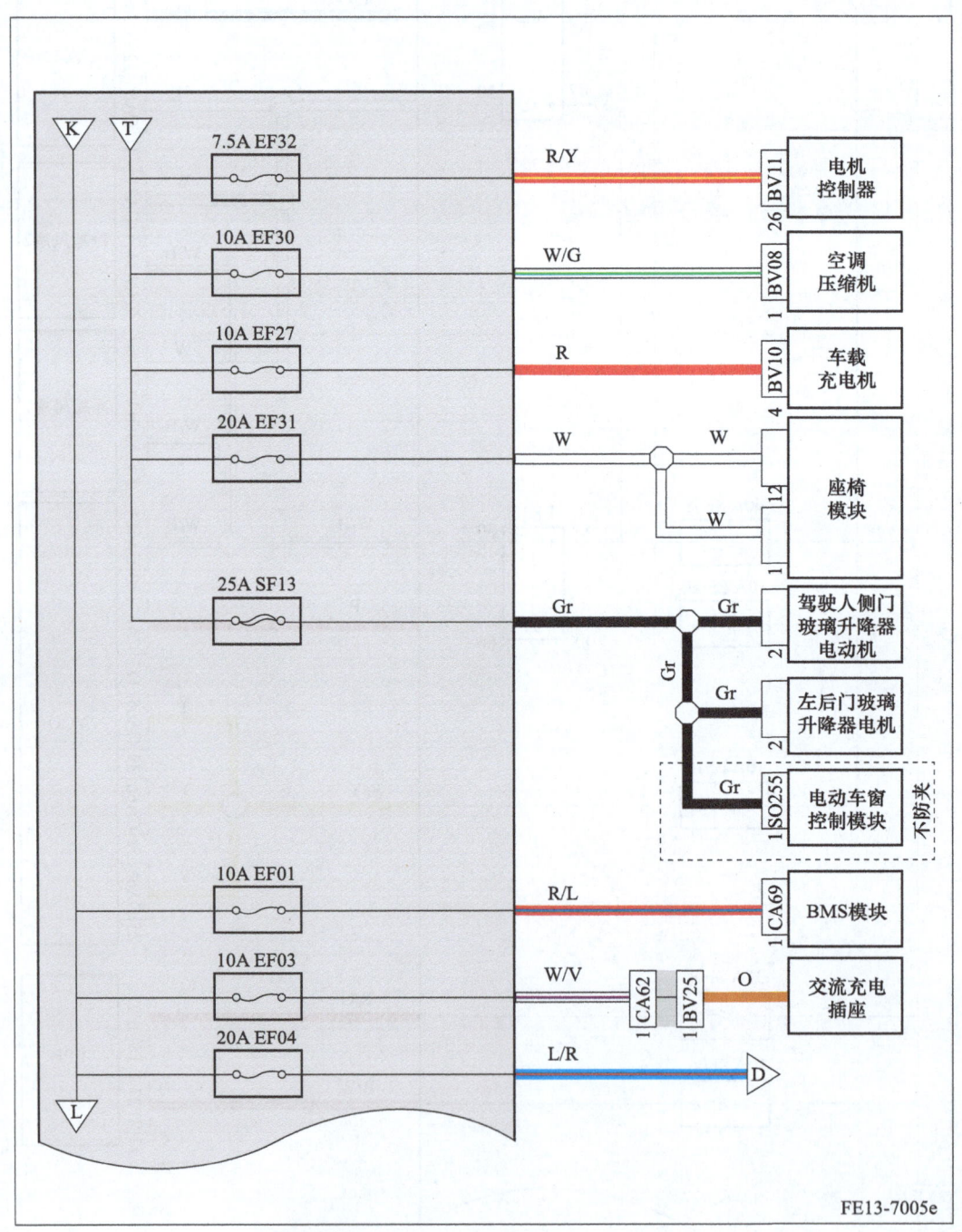

图 2-12 前舱熔丝、继电器盒电源分布图 4

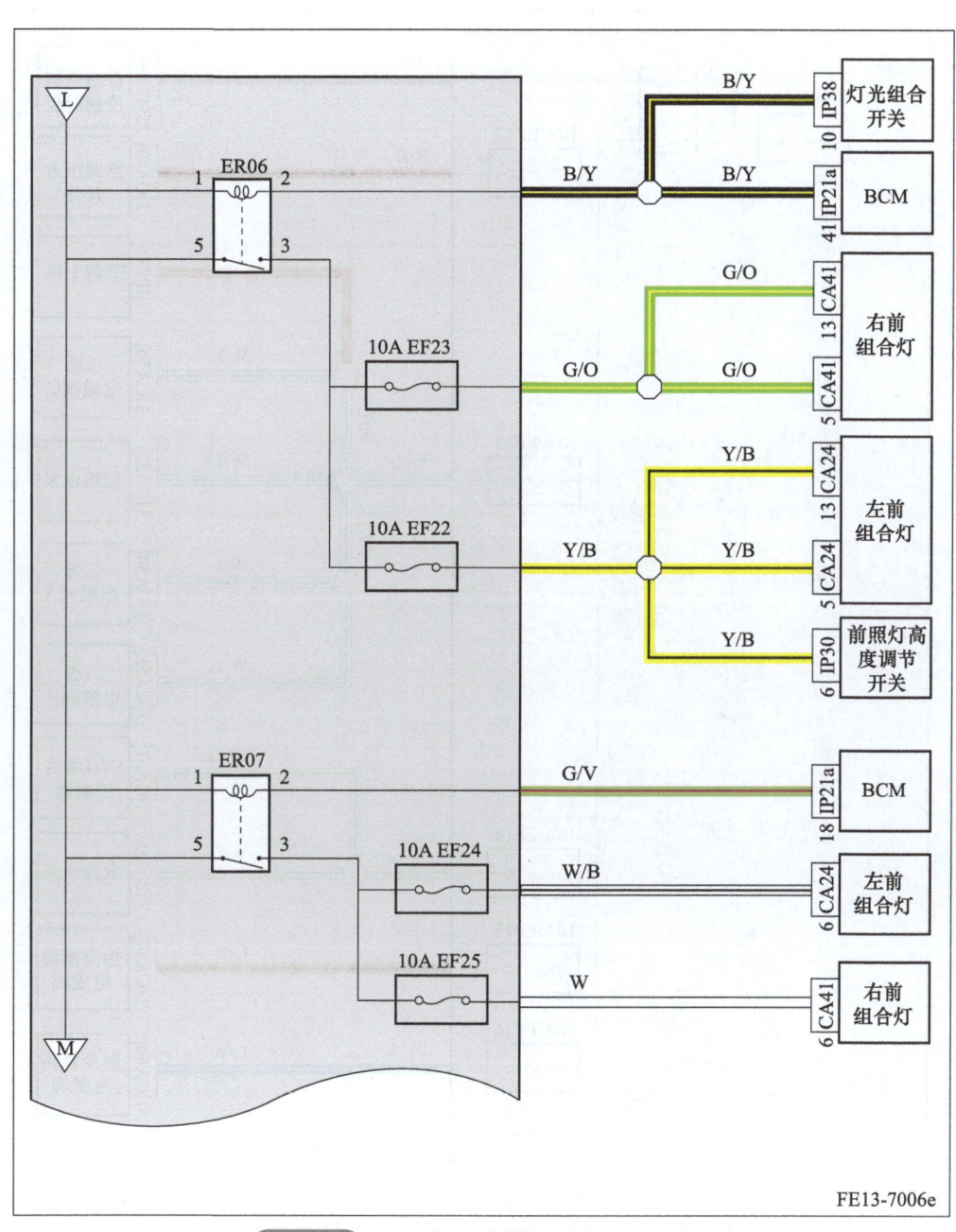

图2-13 前舱熔丝、继电器盒电源分布图5

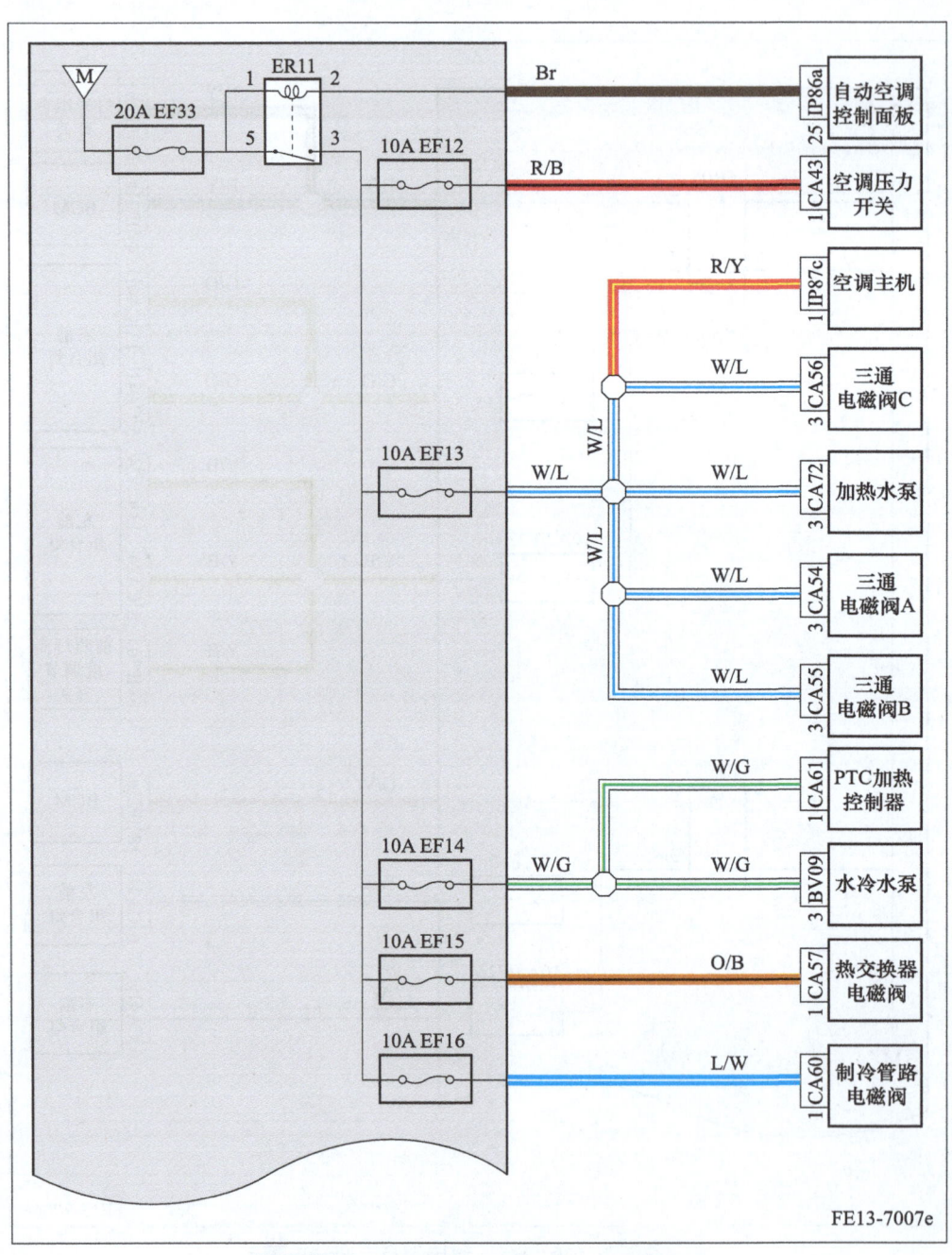

图 2-14 前舱熔丝、继电器盒电源分布图 6

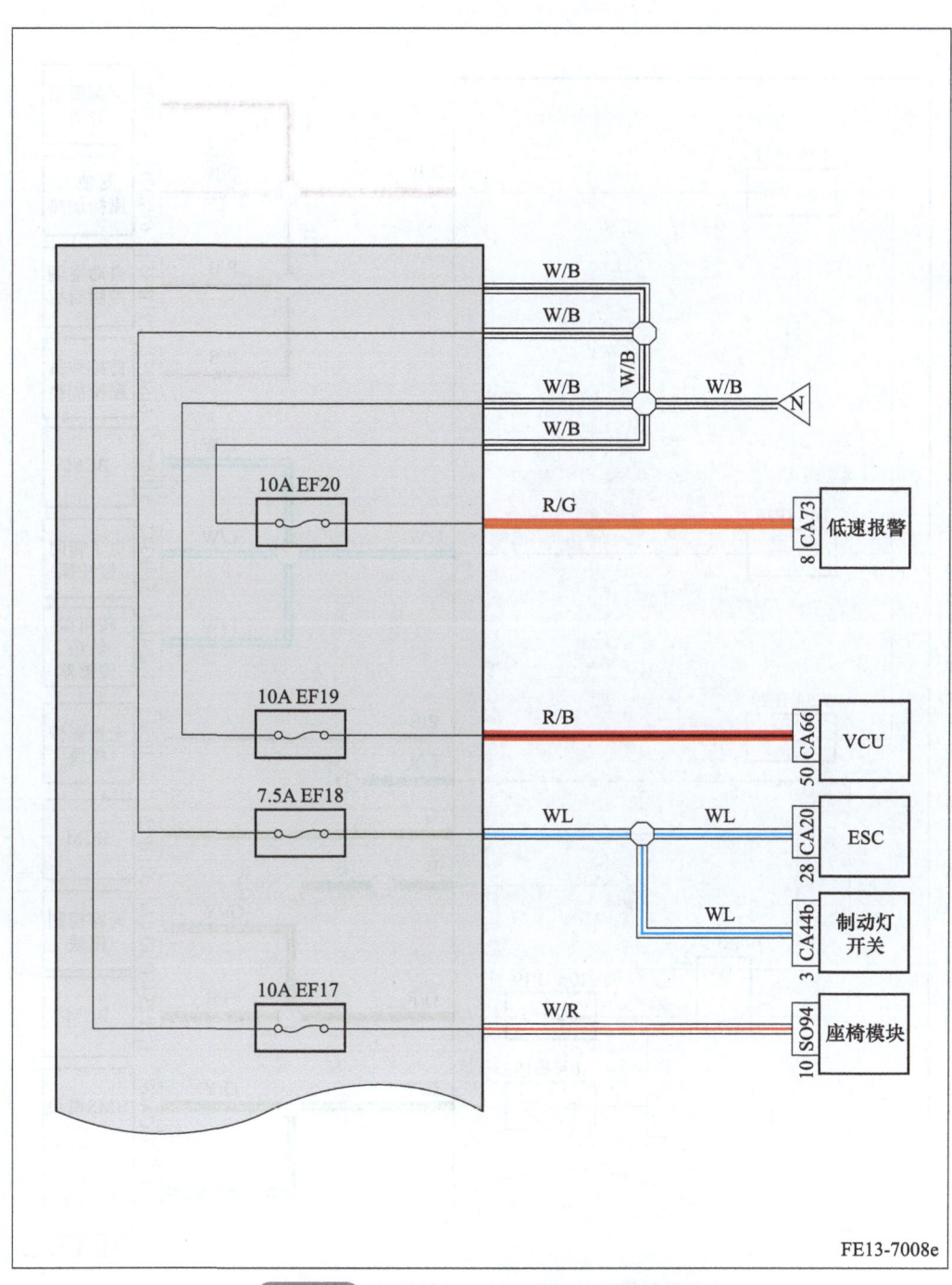

图 2-15 前舱熔丝、继电器盒电源分布图 7

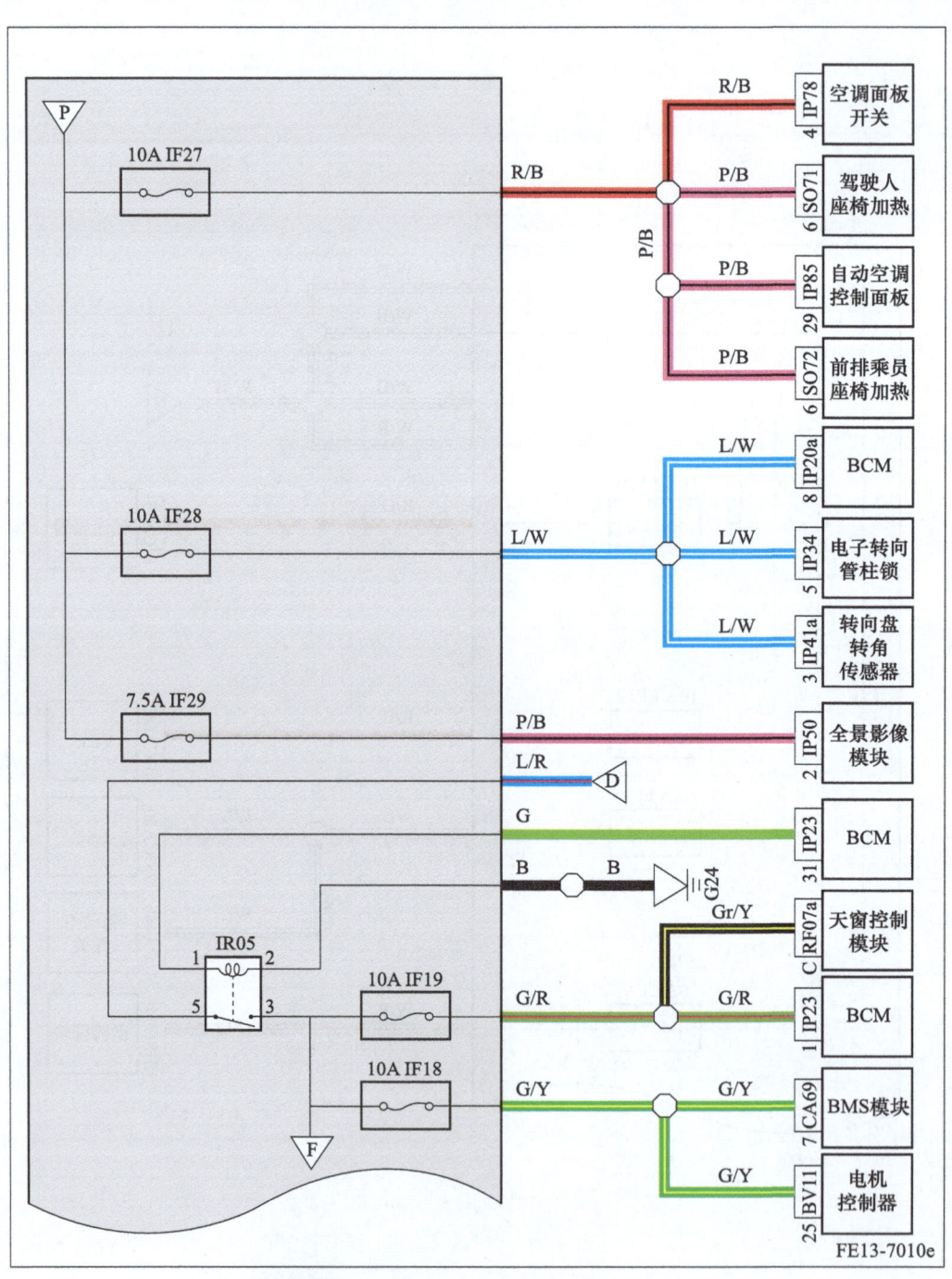

图 2-16 室内熔丝、继电器盒电源分布图 1

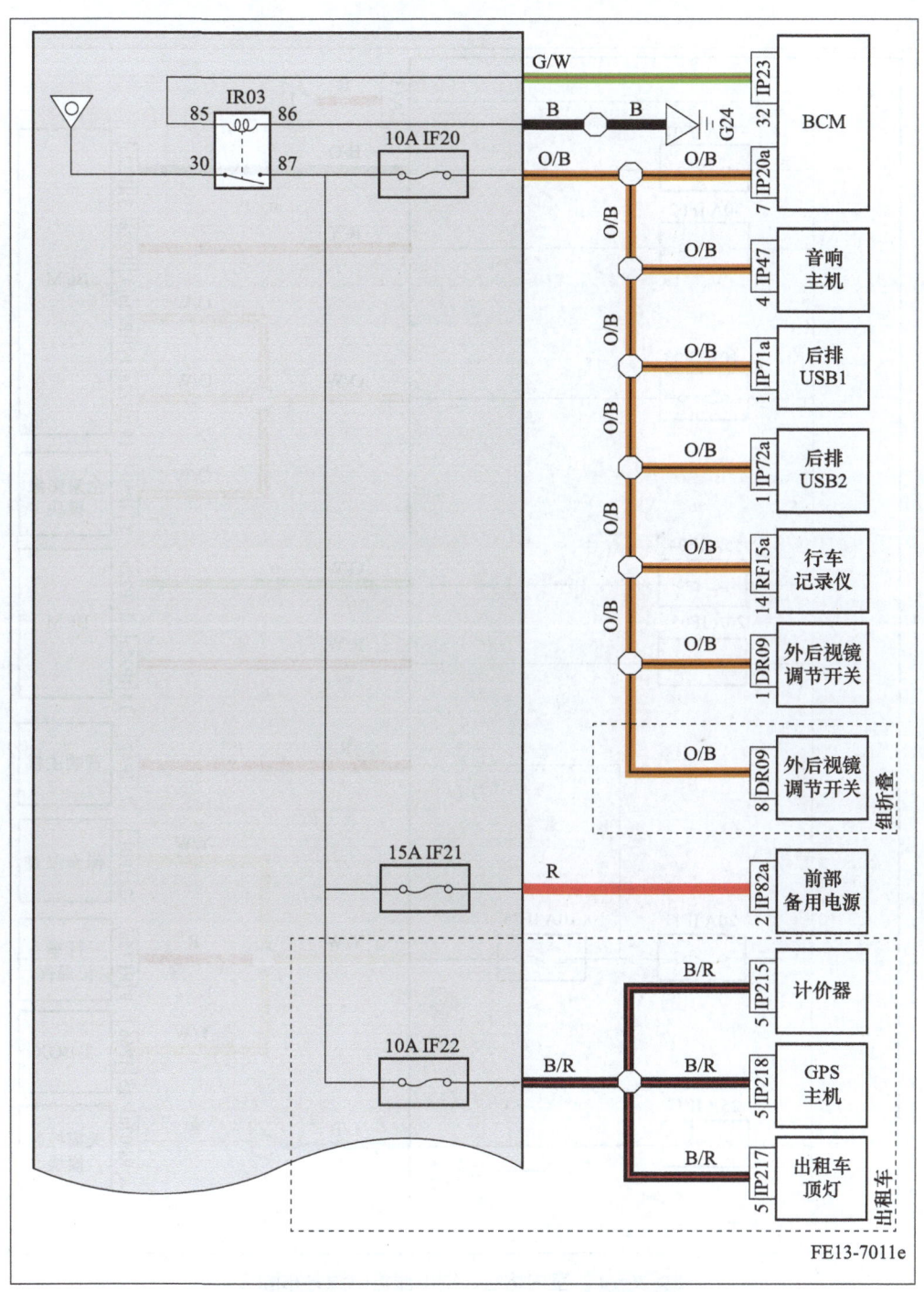

图 2-17 室内熔丝、继电器盒电源分布图 2

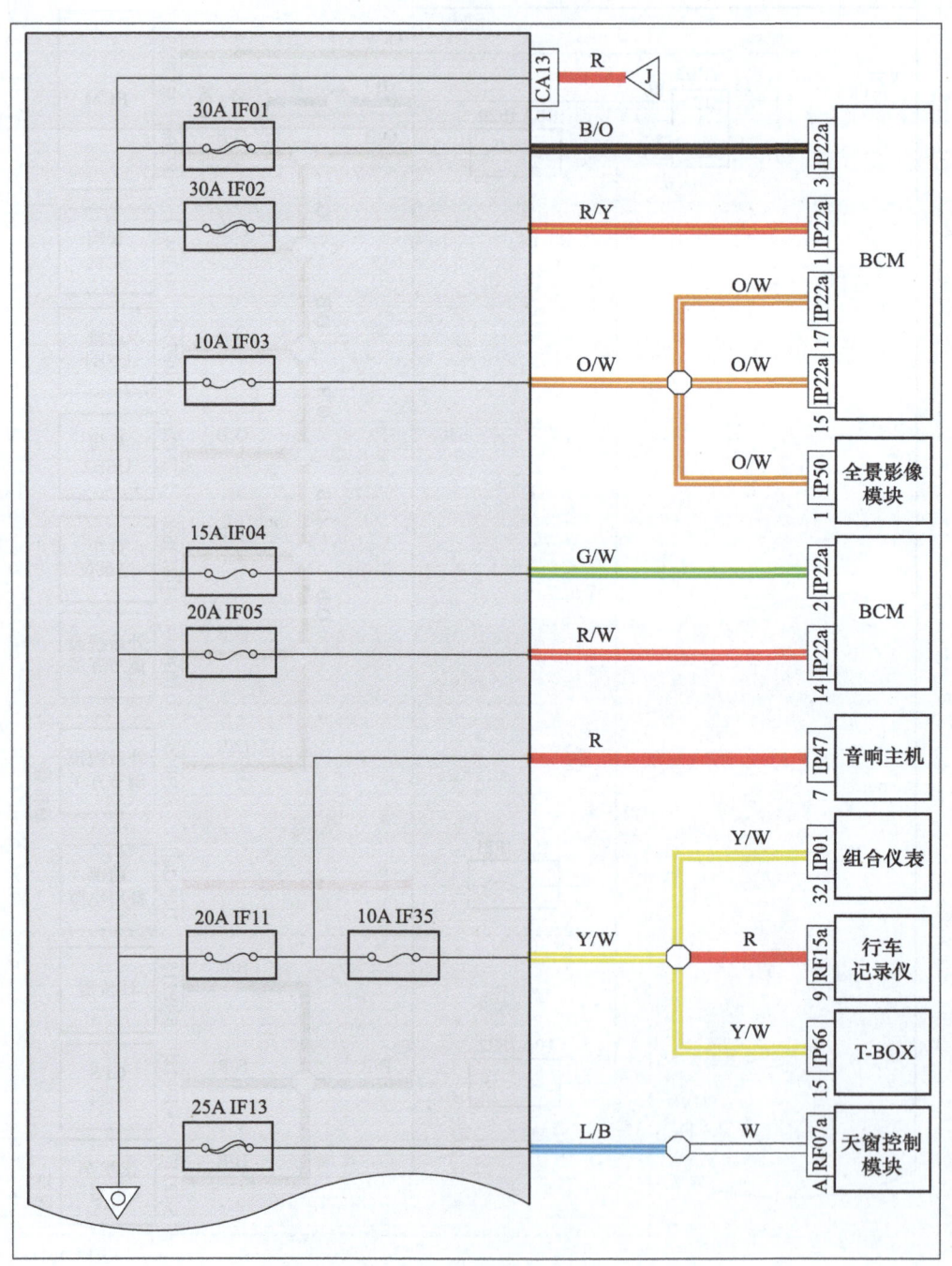

图 2-18 室内熔丝、继电器盒电源分布图 3

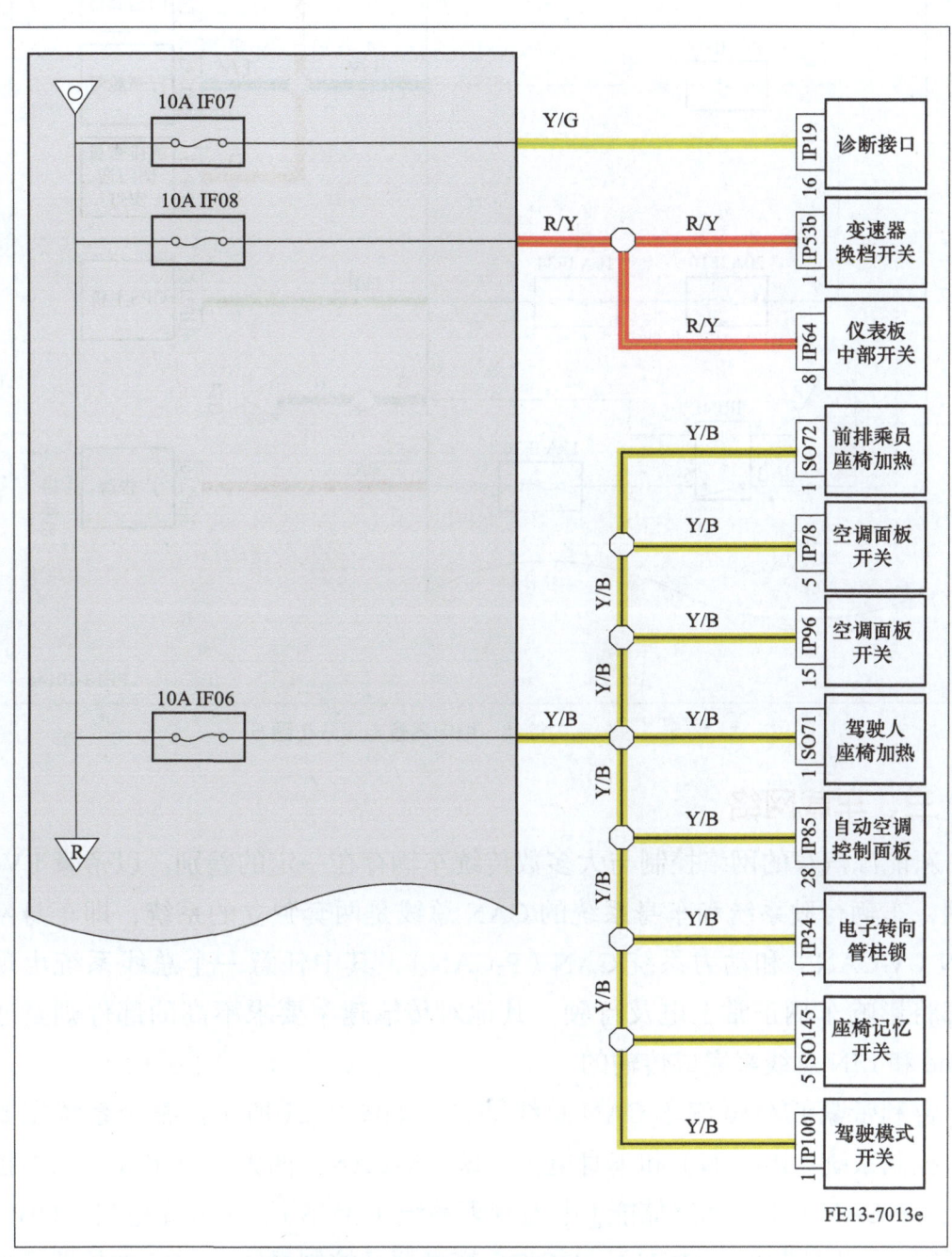

图 2-19 室内熔丝、继电器盒电源分布图 4

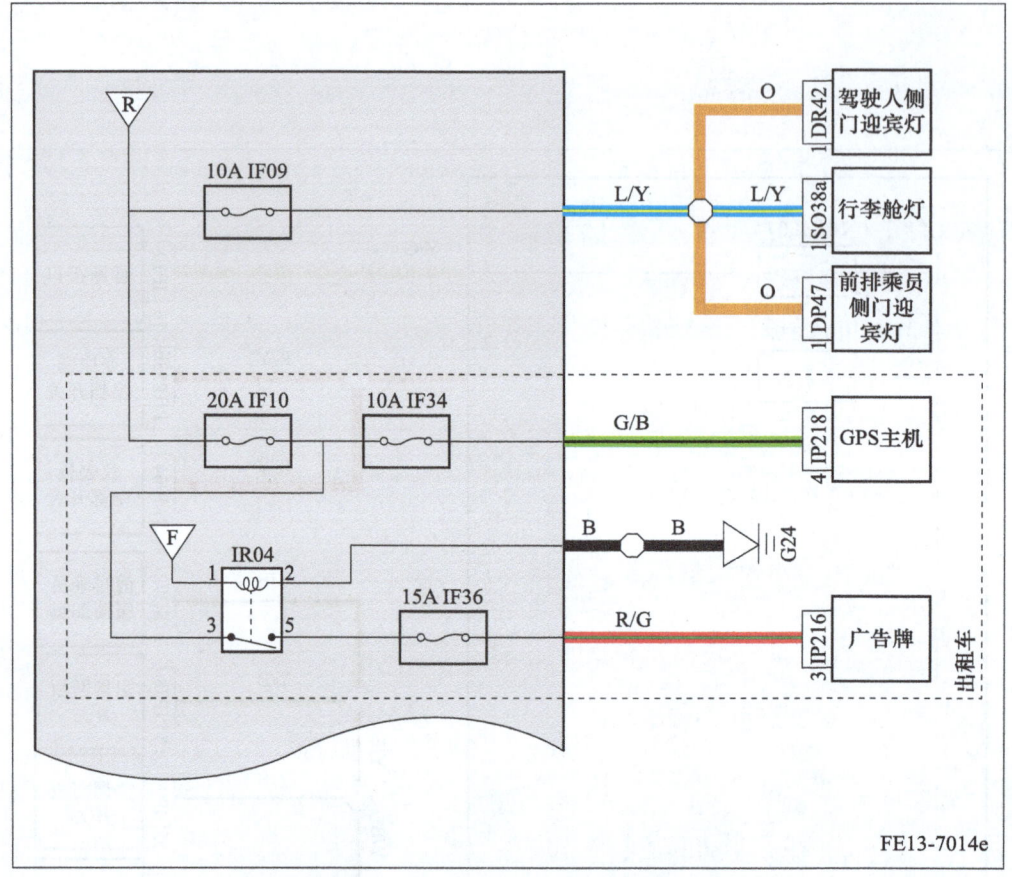

图 2-20 室内熔丝、继电器盒电源分布图 5

三、车载网络

新能源汽车的网络控制与大多数传统车辆存在一定的差别。以帝豪 EV450 为例，车辆行驶系统和车身系统的 CAN 总线是两套独立的系统，即车身网络 CAN（V-CAN）和动力系统 CAN（P-CAN），其中任意一个总线系统出现故障都将影响车辆正常上电及行驶。其他对传输速率要求不高的部件则是通过 K-line 和 LIN 总线来完成传输的。

吉利帝豪 EV450 汽车 CAN 总线结构，如图 2-21 所示。整个系统主要由动力控制系统（P-CAN）和车身电控系统（V-CAN）两大部分组成。动力控制系统（P-CAN）主要围绕储能 [电池管理系统（BMS）、车载充电机（OBC）] 和耗能 [电机控制器（MCU）、DC/DC 变换器及控制系统、PTC 加热器及控制系统、空调压缩机及控制系统] 展开，在 BMS 和电机控制器上各有一个 120Ω 的终端电阻；车身电控系统（V-CAN）主要围绕空调、制动、仪表、电子转向、车辆防盗、导航、座椅、天窗、安全气囊、电子稳定控制系统（ESC）、电子驻车（EPB）等系统展开，在ESC和BCM上各有一个120Ω的终端电阻。在整个在电动汽车整车的网络管理中，VCU是信号控制的中心，负责信号的组织与传输、网络状态的监控与管理，信号优先权的动态分配以及网络故障的诊断与处理等功能。通过CAN总线协调与其他单元以及车身V-CAN之间相互通信。其他对传输速率要求不高的部件则是通过K-line和LIN总线来完成传输的。诊断接口也同时具有两组CAN总线的通信接口，方便诊断仪接入对系统进行诊断和调试。

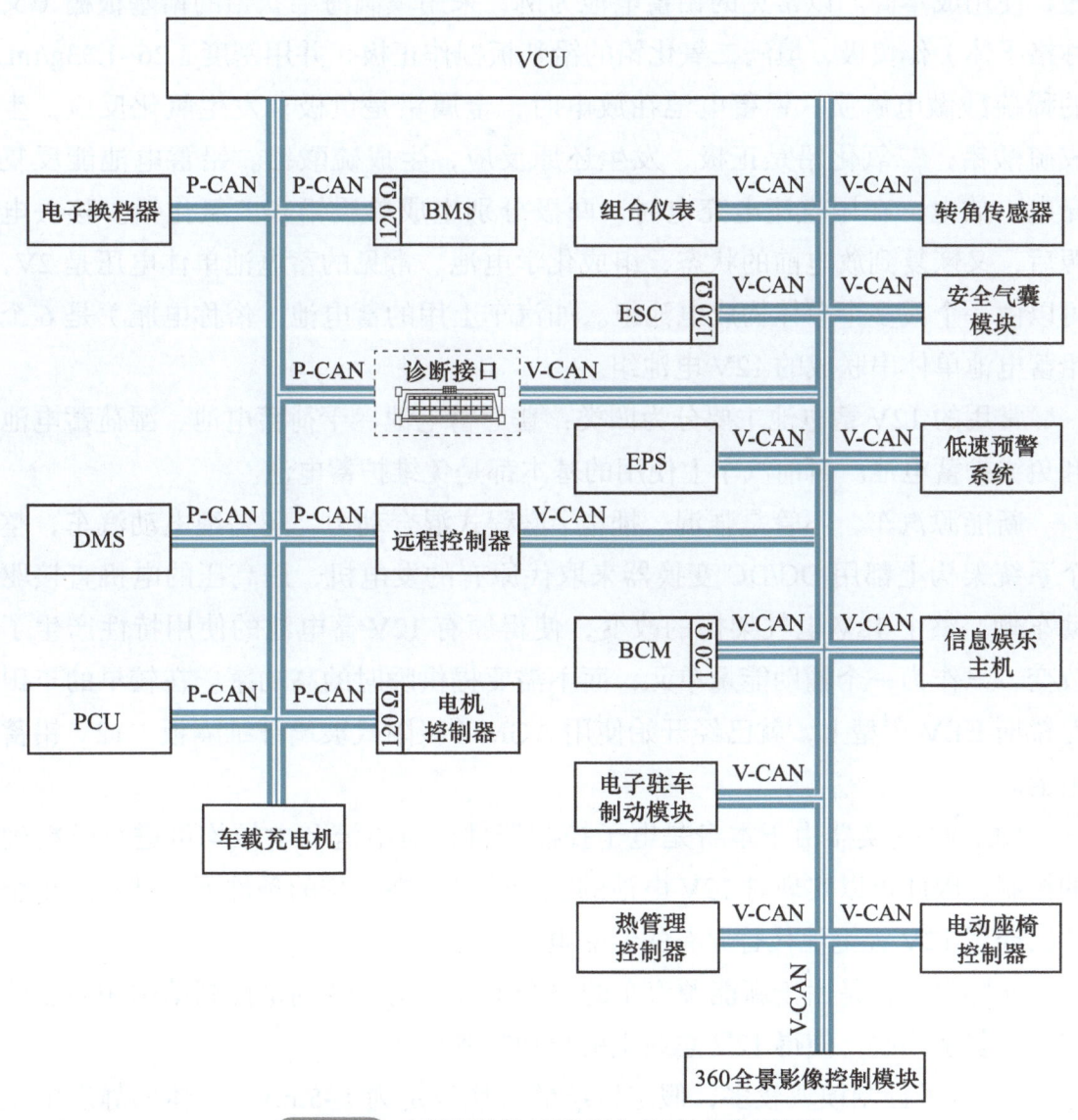

图2-21　吉利帝豪EV450汽车CAN总线结构图

四、新能源汽车 12V 蓄电池

无论是传统汽车、混合动力电动汽车，还是纯电动汽车，都离不开低压蓄电池。蓄电池是将化学能直接转化成电能的一种装置，并且可以通过可逆的化学反应实现再充电。蓄电池已有 100 多年的历史，广泛用作燃油汽车的起动动力电源。蓄电池也是成熟的电动汽车动力电源，它可靠性好、原材料易得、价格便宜；比功率也基本上能满足电动汽车的动力性要求。但蓄电池有两大缺点：一是比能量低，质量和体积太大，且一次充电行驶里程较短；二是使用寿命短，使用成本高。以常见的铅蓄电池为例，采用填满海绵状铅的铅基板栅（又称格子体）作负极，填满二氧化铅的铅基板栅作正极，并用密度 1.26~1.33g/mL 的稀硫酸做电解质。铅蓄电池在放电时，金属铅是负极，发生氧化反应，生成硫酸铅；二氧化铅是正极，发生还原反应，生成硫酸铅。铅蓄电池能反复充电、放电，在用直流电充电时，两极分别生成单质铅和二氧化铅。移去电源后，又恢复到放电前的状态，组成化学电池。常见的蓄电池单体电压是 2V，可以由一个或多个单体构成电池组。如汽车上用的蓄电池（俗称电瓶）是 6 个铅蓄电池单体串联成的 12V 电池组。

常用的 12V 蓄电池主要分为四类：普通蓄电池、干荷蓄电池、湿荷蓄电池和免维护蓄电池。目前汽车上使用的基本都是免维护蓄电池。

新能源汽车，不管是强混、插电/增程式混合动力，还是纯电动汽车，整个系统架构上都用 DC/DC 变换器来取代原有的发电机，用高压的电机直接驱动车辆。整个 12V 电气架构的改变，使得原有 12V 蓄电池的使用特性产生了改变，只作为一个辅助能量单元，而不需要提供瞬时的高功率。在较早的丰田普锐斯 HEV 车型上，就已经开始使用 AGM（吸附式玻璃纤维隔板）12V 铅蓄电池。

DC/DC 变换器由于本身是电子控制器件，对电流和电压均可进行较精确的控制，因此可以实现对 12V 电池的能量管理。在这样的条件下，某些整车企业已经用 12V 锂电池代替原有的铅酸电池。

实际上，正是由于新能源汽车的整个系统结构，特别是控制结构相对燃油汽车要复杂一些，使得 12V 总线上的模块较多。

1）电子控制模块较多，假定传统的模块设定为 1~5mA，总体的静态电流较大。

2）通信模块较多，CAN 总线的睡眠唤醒机制较为复杂，特别是充电（快充和慢充）的时候，导致 12V 的蓄电池在停置的时候，需要给电较多。

3）模块的控制逻辑，特别是因为接入车联网的监控需求，使得车辆电子系统的逻辑跳转变得相对脆弱，可能在某些状态下没办法完全让车辆"休眠"。

根据这些判断以及国外车辆在使用过程中出现的问题，有些故障出现的可能性较大，如车辆一段时间不使用（几天或者一周以上），即使在动力电池满电的情况下，车辆却无法起动。

究其原因，主要是因为控制模块正常工作电压通常是9~16V，亏电的铅酸/AGM 电池一旦输出电流，电压就会持续下降，而 DC/DC 变换器给电池补电的通路本身就需要 12V 电池来吸合控制继电器的线圈来维持触点闭合。因此按照以往的经验，可用外接蓄电池实现"跨接起动"，但待车辆起动、蓄电池移走以后，车辆控制系统又会全部掉电关闭。这是因为高压蓄电池维持输出需要保证接触器有足够的保持电压和电流供给，一旦蓄电池供电继续不足，这个系统还是无法正常工作。

典型工作任务

任务 01 低压无法启动故障诊断与排除

一、任务导入

1. 任务描述

一辆吉利帝豪 EV450 纯电动汽车，车主反映启动车辆时，仪表没有显示，车辆无反应。作为维修技师，请你分析该车型 12V 低压系统的特点、组成、电路图，并对故障进行系统检测，依据检测结果确认故障点，按照维修手册中的标准与规范对故障进行维修。

2. 任务分析

要实现对该故障的检测，需要按照以下步骤进行分析：

1）确认该车的故障现象是否与用户所述故障现象一致。

2）根据故障现象分析可能的诊断策略，通过诊断仪进一步确定可能的故障原因。

3）依据读取到的故障码或者数据流，进一步分析可能存在问题的模块并查阅对应的电路图。

4）分析电路图，进一步分析可能的故障原因，比如模块的供电、搭铁、通信、自身损坏等。

5）实施检测与诊断，确定故障范围。

6）实现对上述故障的修复，并验证诊断结果。

二、任务资讯

汽车仪表由各种仪表、指示器，特别是驾驶人用警示灯、报警器等组成，为驾驶人提供所需的汽车运行参数信息。其具体功能实现装置由 MCU 系统、步进电动机驱动 LED 显示、LCD 显示、报警功能、记忆功能、按键处理、LIN 总线通信、CAN 总线通信以及电源供给等构成。

三、任务组织

1. 实施准备

1）所需的各种防护用品准备：工位、隔离带、安全警告标志牌、车轮挡块、灭火器、绝缘杆、绝缘垫、绝缘工作台、棉线手套、绝缘手套、防静电手套、护目镜、安全帽、车外三件套、车内四件套、吸油纸、洗手液、急救包、除颤仪。

2）常用工具：万用表、故障诊断仪、万用接线盒、绝缘工具套装。

3）资料准备：维修手册、电路图、其他资料。

2. 制订计划

依据任务要求、人物分析，结合实施准备，小组内相互讨论，制订工作计划，将工作计划步骤、选择该步骤的理由写在表 2-1 相应位置，并选派代表进行汇报展示。

表2-1 计划表(一)

1. 作业计划			
序号	作业项目	操作要点	注意事项
1			
2			
3			
4			
5			
6			
7			

2. 设备清单				
序号	设备名称	用途	规格型号	数量
1				
2				
3				
4				
5				
6				
7				

3. 其他材料清单				
序号	材料名称	用途	规格型号	数量
1				
2				
3				
4				

审核	小组审核意见： 　　　　　　　　　　　　　　　组长签字：　　　年　月　日 教师审核意见： 　　　　　　　　　　　　　　　教师签字：　　　年　月　日

四、任务实施

在做好个人安全防护、维修场地安全检查后，按照维修诊断的准备流程，做好诊断前的各项准备工作。

1. 故障诊断流程

（1）车辆故障现象确认

打开车门，仪表上的开门提醒正常显示，将点火开关在 ACC-ON-READY 档切换，仪表无其他反应。换档开关与驾驶模式开关可以正常激活，如图 2-22 所示。

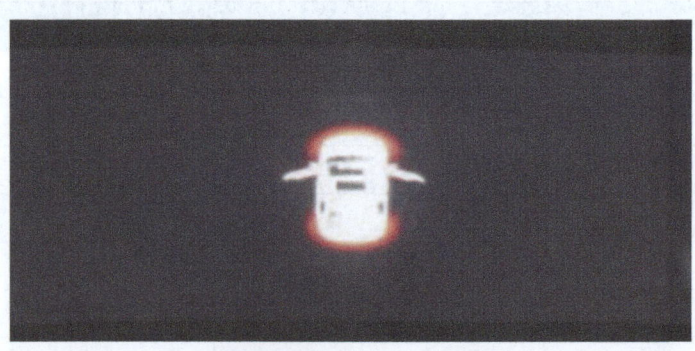

图 2-22 故障仪表状态

（2）故障分析

吉利帝豪 EV450 汽车仪表供电分为两路：一路电源通过常用熔丝 IF11 和 IF35 接入 B+，负责仪表系统的常供电，提供开门提醒、迎宾功能等车辆不启动情况下的仪表工作电源，并负责待机状态下仪表激活信号的检测，而仪表整体进入工作状态，并显示相关的工作信息；另一路为仪表激活电源通过 IG1 供电经 IF25 熔丝提供，而 IG1 信号则是点火开关模块通过 BCM 进行控制的。此外，仪表显示的信息内容通过 V-CAN 进行传输。

开闭车门，车辆仪表能够正常显示开门信息，说明仪表常电供电正常，仪表网络信号传输正常，但是在点火开关控制 ON 档电源接通时，仪表无法正常激活，说明仪表的 IG1 供电不能正常工作，本故障需要从仪表 IG1 供电角度进行故障分析。

（3）故障诊断

1）怀疑仪表 IG1 供电无输入，点火开关 ON 位，测量仪表供电熔丝电压，如图 2-23 和表 2-2 所示。

图 2-23 测量 IF25 熔丝

表 2-2 测量仪表供电熔丝电压

测量位置	测量值	结果判断
IF25/1—搭铁	12V	正常
IF25/2—搭铁	0	不正常

2）断开点火开关，拔下 IF25 熔丝并测试其电阻值，IF25/1—IF25/2 电阻值为无穷大，异常。

（4）故障排除

测试发现，IF25 熔丝断路，导致无法为仪表激活电源供电，导致仪表板无法进入正常工作状态。更换同型号正常熔丝，车辆能够正常启动，如图 2-24 所示。

图 2-24 系统正常时仪表显示

2. 记录任务工单（表2-3）

表2-3　任务工单（一）

任务工单	低压无法启动故障诊断与排除	班级：
		姓名：

（1）车辆信息记录

品牌		整车型号		生产年月	
车辆识别代码					

（2）车辆基本检查

检查项目	检查情况		
安全防护		□是	□否
辅助蓄电池电压		□正常	□异常
高低压部件安装及插接器连接情况		□正常	□异常
储液罐液位		□正常	□异常

（3）故障现象

诊断项目	诊断内容
确认故障现象	

（4）读取相关故障码

诊断项目	诊断内容
相关故障码描述	

（5）记录相关主要数据流

诊断项目	诊断内容
相关数据流描述	

（6）故障范围分析

诊断项目	诊断内容
初步诊断故障范围	

（7）故障诊断过程

步骤	检测项目	测量结果	结果分析
①			
②			
③			
④			
⑤			
⑥			
⑦			

（8）故障诊断结论

确认故障部位	
故障机理描述	

（9）维修处理方法

维修建议	元件/线束　　□维修　　□更换
维修工时	

任 务 评 价

低压无法启动故障诊断与排除实例		姓名：	
日期：	班级：	学号：	
自我评价：□熟练 □不熟练	组长评价：□熟练　□不熟练	教师签名：	
教师评价：□优秀　□良好　□合格　□不合格			

低压无法启动故障诊断与排除实例【评分细则】

序号	评分项	得分条件	分值	评分要求	自我评价	组长评价	教师评价
1	安全／7S／态度	□1. 能接受任务并完成任务 □2. 能进行设备和工具安全检查 □3. 能进行车辆安全防护操作 □4. 能进行人员高压安全防护操作 □5. 能进行三不落地操作 □6. 能进行团队合作作业 □7. 能进行工位 7S 操作 □8. 能进行有效沟通	20	未完成1项扣3分，扣分不得超过20分	□能做到 □做不到	□能做到 □做不到	□优秀 □良好 □合格 □不合格
2	专业技能	□1. 能正确检查车辆基本状态 □2. 能正确检查低压启动系统及其电路故障现象 □3. 能正确读取故障码及数据流信息 □4. 能正确分析故障原因 □5. 能正确制订诊断检测流程 □6. 能正确使用检测设备 □7. 能正确找到故障点 □8. 能正确分析故障机理 □9. 能合理提出维修建议	40	未完成1项扣5分，扣分不得超过40分	□熟练 □不熟练	□熟练 □不熟练	□优秀 □良好 □合格 □不合格
3	工具及设备使用能力	□1. 能正确使用维修工具 □2. 能正确使用充电装置 □3. 能正确使用万用表、诊断仪、示波器等诊断设备 □4. 能正确使用专用工具	5	未完成1项扣3分，扣分不得超过5分	□熟练 □不熟练	□熟练 □不熟练	□优秀 □良好 □合格 □不合格

（续）

序号	评分项	得分条件	分值	评分要求	自我评价	组长评价	教师评价
4	资料、信息查询能力	☐ 1. 能正确查询车辆信息 ☐ 2. 能正确使用维修手册查询资料 ☐ 3. 能正确记录所查询资料的章节及页码 ☐ 4. 能正确记录检查状态信息	10	未完成1项扣3分，扣分不得超过10分	☐熟练 ☐不熟练	☐熟练 ☐不熟练	☐优秀 ☐良好 ☐合格 ☐不合格
5	数据判断和分析能力	☐ 1. 能判断故障仪表状态 ☐ 2. 能判断仪表指示灯状态 ☐ 3. 能判断故障码 ☐ 4. 能判断数据流 ☐ 5. 能分析诊断仪器检测结果	10	未完成1项扣2分，扣分不得超过10分	☐能做到 ☐做不到	☐能做到 ☐做不到	☐优秀 ☐良好 ☐合格 ☐不合格
6	表单填写及撰写能力	☐ 1. 字迹清晰 ☐ 2. 语句通顺 ☐ 3. 无错别字 ☐ 4. 无涂改 ☐ 5. 无抄袭	5	未完成1项扣1分，扣分不得超过5分	☐熟练 ☐不熟练	☐熟练 ☐不熟练	☐优秀 ☐良好 ☐合格 ☐不合格
7	素养	☐ 1. 注重团队合作 ☐ 2. 注意安全防护 ☐ 3. 注意保护实训设备 ☐ 4. 做到三不伤害 ☐ 5. 保护环境	10	未完成1项扣2分，扣分不得超过10分	☐能做到 ☐做不到	☐能做到 ☐做不到	☐优秀 ☐良好 ☐合格 ☐不合格

任务 02 低压蓄电池故障诊断与排除

一、任务导入

1. 任务描述

一辆吉利帝豪 EV450 纯电动汽车，车主反映无法通过遥控解锁车门，通过机械钥匙进入车内后无法启动车辆。作为维修技师，请你分析该车型 12V 低压系统的特点、组成、电路图，并对故障进行系统检测，依据检测结果确认故障点，按照维修手册中的标准与规范对故障进行维修。

2. 任务分析

要实现该故障的检测，需要按照以下步骤进行分析：

1）确认该车辆的故障现象是否与用户所述故障现象一致。

2）根据故障现象分析可能的诊断策略，通过诊断仪进一步确定可能的故障原因。

3）依据读取到的故障码或者数据流，进一步分析可能存在问题的模块并查阅对应的电路图。

4）分析电路图，进一步分析可能的故障原因，比如模块的供电、搭铁、通信、自身损坏等。

5）实施检测与诊断，确定故障范围。

6）实现对上述故障的修复，并验证诊断结果。

二、任务资讯

汽车蓄电池存储电力，为启动发动机提供能源，并为车辆的电子设备提供电力。然而，由于各种原因，蓄电池可能会失效、寿命缩短甚至完全报废。新能源汽车的电源系统发生故障时，主要现象为：在启动过程中出现问题，导致启动不成功。在启动时，仪表板没有任何反应或提示。出现这种状况的原因可能是蓄电池与连接线路之间存在接触不良、蓄电池损坏等，从而导致启动时没有电源供应，指示灯不亮，无电源供应。

三、任务组织

1. 实施准备

1）所需的各种防护用品准备：工位、隔离带、安全警告标志牌、车轮挡块、灭火器、绝缘杆、绝缘垫、绝缘工作台、棉线手套、绝缘手套、防静电手套、护目镜、安全帽、车外三件套、车内四件套、吸油纸、洗手液、急救包、除颤仪。

2）常用工具：万用表、故障诊断仪、万用接线盒、绝缘工具套装。

3）资料准备：维修手册、电路图、其他资料。

2. 制订计划

依据任务要求、人物分析，结合实施准备，小组内相互讨论，制订工作计划，将工作计划步骤、选择该步骤的理由写在表2-4相应位置，并选派代表进行汇报展示。

表2-4 计划表（二）

1. 作业计划			
序号	作业项目	操作要点	注意事项
1			
2			
3			
4			
5			
6			
7			

2. 设备清单			
序号	设备名称	用途	规格型号	数量
1				
2				
3				
4				
5				
6				
7				

（续）

3. 其他材料清单

序号	材料名称	用途	规格型号	数量
1				
2				
3				
4				

审核	小组审核意见：		组长签字：	年 月 日
	教师审核意见：		教师签字：	年 月 日

四、任务实施

在做好个人安全防护、维修场地安全检查后，按照维修诊断的准备流程，做好诊断前的各项准备工作。

1. 故障诊断流程

（1）车辆故障现象确认

通过机械钥匙打开车门，车辆无灯光报警，车内仪表无显示，喇叭、车内阅读灯等常电模块无法正常工作，按下点火钥匙后车辆无任何反应，如图2-25所示。

图2-25 故障时仪表状态

（2）故障分析

车辆无法通过遥控钥匙或感应解锁，首先考虑钥匙本身电池是否需要更换，但是在采用机械钥匙进入故障车辆时，车辆没有正常启动防盗警报，而且车内仪表没有显示，这是常电模块无法工作的现象，基本可以判断应该是车辆低压供电出现故障。

（3）故障诊断

怀疑低压总电源故障，首先检查低压蓄电池电压，0V，为异常，如图2-26所示。

图2-26 测量12V蓄电池电压

（4）故障确认

使用专用充电机对蓄电池进行补充充电仍然无法修复，判断蓄电池本身损坏。

（5）故障排除及验证

拆下蓄电池，更换新蓄电池后，按下启停开关，车辆可以正常启动，仪表显示正常（图2-24）。

2. 记录任务工单（表2-5）

表2-5 任务工单（二）

任务工单	低压蓄电池故障诊断与排除	班级：	
		姓名：	

（1）车辆信息记录

品牌		整车型号		生产年月	
车辆识别代码					

（2）车辆基本检查

检查项目	检查情况		
安全防护		□是	□否
辅助蓄电池电压		□正常	□异常
高低压部件安装及插接器连接情况		□正常	□异常
储液罐液位		□正常	□异常

（3）故障现象

诊断项目	诊断内容
确认故障现象	

（4）读取相关故障码

诊断项目	诊断内容
相关故障码描述	

（5）记录相关主要数据流

诊断项目	诊断内容
相关数据流描述	

（6）故障范围分析

诊断项目	诊断内容
初步诊断故障范围	

（7）故障诊断过程

步骤	检测项目	测量结果	结果分析
①			
②			
③			
④			
⑤			
⑥			
⑦			

（8）故障诊断结论

确认故障部位	
故障机理描述	

（9）维修处理方法

维修建议	元件/线束　□维修　□更换
维修工时	

任 务 评 价

低压蓄电池故障诊断与排除		姓名：	
日期：	班级：	学号：	
自我评价：□熟练 □不熟练	组长评价：□熟练　□不熟练		教师签名：
教师评价：□优秀　□良好　□合格　□不合格			

低压蓄电池故障诊断与排除【评分细则】

序号	评分项	得分条件	分值	评分要求	自我评价	组长评价	教师评价
1	安全/7S/态度	□1.能接受任务并完成任务 □2.能进行设备和工具安全检查 □3.能进行车辆安全防护操作 □4.能进行人员高压安全防护操作 □5.能进行三不落地操作 □6.能进行团队合作作业 □7.能进行工位7S操作 □8.能进行有效沟通	20	未完成1项扣3分，扣分不得超过20分	□能做到 □做不到	□能做到 □做不到	□优秀 □良好 □合格 □不合格
2	专业技能	□1.能正确检查车辆基本状态 □2.能正确检查蓄电池及其线路故障现象 □3.能正确读取故障码及数据流信息 □4.能正确分析故障原因 □5.能正确制订诊断检测流程 □6.能正确使用检测设备 □7.能正确找到故障点 □8.能正确分析故障机理 □9.能合理提出维修建议	40	未完成1项扣5分，扣分不得超过40分	□熟练 □不熟练	□熟练 □不熟练	□优秀 □良好 □合格 □不合格
3	工具及设备使用能力	□1.能正确使用维修工具 □2.能正确使用充电装置 □3.能正确使用万用表、诊断仪、示波器等诊断设备 □4.能正确使用专用工具	5	未完成1项扣3分，扣分不得超过5分	□熟练 □不熟练	□熟练 □不熟练	□优秀 □良好 □合格 □不合格

（续）

序号	评分项	得分条件	分值	评分要求	自我评价	组长评价	教师评价
4	资料、信息查询能力	☐1.能正确查询车辆信息 ☐2.能正确使用维修手册查询资料 ☐3.能正确记录所查询资料的章节及页码 ☐4.能正确记录检查状态信息	10	未完成1项扣3分，扣分不得超过10分	☐熟练 ☐不熟练	☐熟练 ☐不熟练	☐优秀 ☐良好 ☐合格 ☐不合格
5	数据判断和分析能力	☐1.能判低压蓄电池及其电路故障仪表状态 ☐2.能判断仪表指示灯状态 ☐3.能判断故障码 ☐4.能判断数据流 ☐5.能分析诊断仪器检测结果	10	未完成1项扣2分，扣分不得超过10分	☐能做到 ☐做不到	☐能做到 ☐做不到	☐优秀 ☐良好 ☐合格 ☐不合格
6	表单填写及撰写能力	☐1.字迹清晰 ☐2.语句通顺 ☐3.无错别字 ☐4.无涂改 ☐5.无抄袭	5	未完成1项扣1分，扣分不得超过5分	☐熟练 ☐不熟练	☐熟练 ☐不熟练	☐优秀 ☐良好 ☐合格 ☐不合格
7	素养	☐1.注重团队合作 ☐2.注意安全防护 ☐3.注意保护实训设备 ☐4.做到三不伤害 ☐5.保护环境	10	未完成1项扣2分，扣分不得超过10分	☐能做到 ☐做不到	☐能做到 ☐做不到	☐优秀 ☐良好 ☐合格 ☐不合格

任务 03　低压电源电路故障诊断与排除

一、任务导入

1. 任务描述

一辆吉利帝豪 EV450 纯电动汽车，车主反映车辆可以正常解锁，但是无法启动。作为维修技师，请你分析该车型 12V 低压控制系统的特点、组成、电路图，并对故障进行系统检测，依据检测结果确认故障点，按照维修手册中的标准与规范对故障进行维修。

2. 任务分析

要实现该故障的检测，需要按照以下步骤进行分析：

1）确认该车辆的故障现象是否与用户所述故障现象一致。

2）根据故障现象分析可能的诊断策略，通过诊断仪进一步确定可能的故障原因。

3）依据读取到的故障码或者数据流，进一步分析可能存在问题的模块并查阅对应的电路图。

4）分析电路图，进一步分析可能的故障原因，比如模块的供电、搭铁、通信、自身损坏等。

5）实施检测与诊断，确定故障范围。

6）实现对上述故障的修复，并验证诊断结果。

二、任务资讯

无钥匙进入和启动系统简称 PEPS（Passive Entry Passive Start）系统，车辆通过车外标定好的低频天线对驾驶人是否携带符合身份认证的智能钥匙（UID）进行检测。再通过高频信号的身份认证来防止非法入侵。另外，通过车内标定好的低频天线检测智能钥匙，再通过高频的认证，为新能源汽车启动做好准备。

由于新能源汽车整个系统结构，特别是控制结构相对传统燃油车要复杂一些，因此 12V 总线上的模块较多。一旦这些模块供电电源出现问题，就会导致对应模块无法工作进而影响车辆的正常运行。

三、任务组织

1. 实施准备

1）所需的各种防护用品准备：工位、隔离带、安全警告标志牌、车轮挡块、灭火器、绝缘杆、绝缘垫、绝缘工作台、棉线手套、绝缘手套、防静电手套、护目镜、安全帽、车外三件套、车内四件套、吸油纸、洗手液、急救包、除颤仪。

2）常用工具：万用表、故障诊断仪、万用接线盒、绝缘工具套装。

3）资料准备：维修手册、电路图、其他资料。

2. 制订计划

依据任务要求、人物分析，结合实施准备，小组内相互讨论，制订工作计划，将工作计划步骤、选择该步骤的理由写在表2-6相应位置，并选派代表进行汇报展示。

表2-6 计划表（三）

1. 作业计划			
序号	作业项目	操作要点	注意事项
1			
2			
3			
4			
5			
6			
7			
2. 设备清单			
序号	设备名称	用途	规格型号	数量
1				
2				
3				
4				
5				
6				
7				

（续）

3.其他材料清单				
序号	材料名称	用途	规格型号	数量
1				
2				
3				
4				

审核	小组审核意见：		
		组长签字：	年　月　日
	教师审核意见：		
		教师签字：	年　月　日

四、任务实施

在做好个人安全防护、维修场地安全检查后，按照维修诊断的准备流程，做好诊断前的各项准备工作。

1. 故障诊断流程

（1）车辆故障现象确认

车辆遥控钥匙可以正常解锁车辆，将点火开关从 ACC-ON-ST 档逐个切换，仪表无任何显示，车辆不能正常工作，电动车窗等模块无法正常工作。

（2）故障分析

如图 2-27 所示，由于车辆可以正常解锁，说明低压蓄电池工作正常。车辆 BCM 中的中控锁模块能够正常工作，但是进入车内之后按下起动开关没有任何反应，并且仪表板无任何显示，怀疑仪表板供电不正常，因此从仪表板供电入手检查相关电路。除了电池本身的问题，供电一般通过几个不同的熔丝和继电器后分布到车辆的各个模块和系统并负责某一部分的供电，一旦熔丝或者继电器出现故障，下游所有的模块或系统就会因失去供电无法工作。判断这样的故障需要对电路图进行分析，如果发现无法工作的系统来自同一个上游供电部件，则基本可以判断是此供电元器件故障导致的。

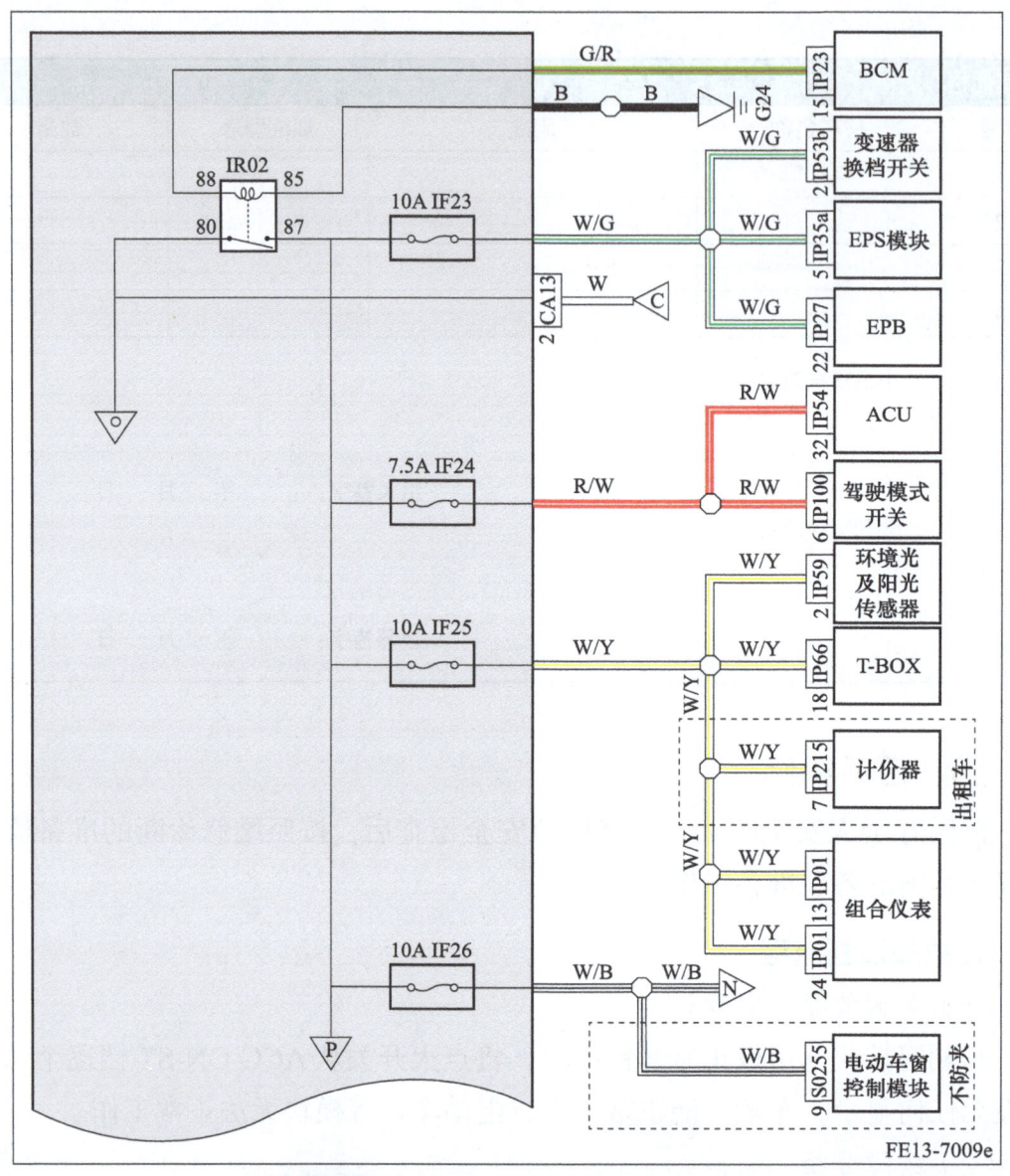

图 2-27 室内熔丝、继电器盒电源分布图

（3）故障诊断

1）分析电路图，发现仪表供电来自 IF25 熔丝，上游与电动车窗等共享 IR02 继电器，在上游与多模块共享来自图中的 C 端口供电。C 端口供电来自上游的 SF01 熔丝。

2）测量供电电路熔丝电压（万用表电压档），如图 2-28 所示，记录在表 2-7 中。

3）拔出 IR02 继电器，测试底座，见表 2-8。

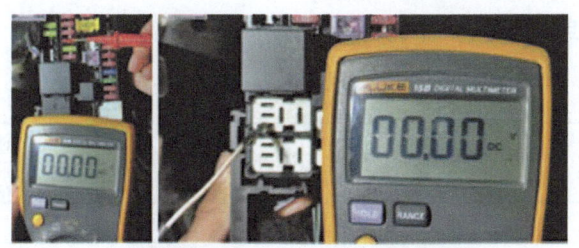

图 2-28 供电电路熔丝电压

表 2-7 测试电压值

测量位置	测试值	结果判断
IF25/1—搭铁	0	异常
IF25/2—搭铁	0	异常

图 2-29 SF01 熔丝测量

表 2-8 测试底座

测量位置	测试值	结果判断
IR02-30—搭铁	0	异常

4）拔出 SF01 熔丝，测量电阻（表 2-9），如图 2-30 所示。

表 2-9 测量电阻

测量位置	测试值	结果判断
SF01-1—SF01-2	无穷大	异常

5）测量 SF01 熔丝底座（表 2-10），确保无短路。

表 2-10 测量 SF01 熔丝底座

测量位置	测试值	结果判断
SF01-1—搭铁（测电压）	12V	正常
SF01-2—搭铁（测电阻）	无穷大	正常

（4）故障排除

该故障是由 SF01 熔丝短路所导致，更换正常的熔丝，车辆能正常显示"READY"。（图 2-24）。

2. 记录任务工单（表2-11）

表2-11　任务工单（三）

任务工单	低压电源电路故障诊断与排除		班级：	
			姓名：	

（1）车辆信息记录

品牌		整车型号		生产年月	
车辆识别码					

（2）车辆基本检查

检查项目	检查情况		
安全防护		□是	□否
辅助蓄电池电压		□正常	□异常
高低压部件安装及插接器连接情况		□正常	□异常
储液罐液位		□正常	□异常

（3）故障现象

诊断项目	诊断内容
确认故障现象	

（4）读取相关故障码

诊断项目	诊断内容
相关故障码描述	

（5）记录相关主要数据流

诊断项目	诊断内容
相关数据流描述	

（6）故障范围分析

诊断项目	诊断内容
初步诊断故障范围	

（7）故障诊断过程

步骤	检测项目	测量结果	结果分析
①			
②			
③			
④			
⑤			
⑥			
⑦			

（8）故障诊断结论

确认故障部位	
故障机理描述	

（9）维修处理方法

维修建议	元件/线束　　□维修　　□更换
维修工时	

任 务 评 价

低压电源电路故障诊断与排除		姓名：	
日期：	班级：	学号：	
自我评价：□熟练　□不熟练	组长评价：□熟练　□不熟练		教师签名：
教师评价：□优秀　□良好　□合格　□不合格			

低压电源电路故障诊断与排除【评分细则】

序号	评分项	得分条件	分值	评分要求	自我评价	组长评价	教师评价
1	安全／7S／态度	□1. 能接受任务并完成任务 □2. 能进行设备和工具安全检查 □3. 能进行车辆安全防护操作 □4. 能进行人员高压安全防护操作 □5. 能进行三不落地操作 □6. 能进行团队合作作业 □7. 能进行工位 7S 操作 □8. 能进行有效沟通	20	未完成1项扣3分，扣分不得超过20分	□能做到 □做不到	□能做到 □做不到	□优秀 □良好 □合格 □不合格
2	专业技能	□1. 能正确检查车辆基本状态 □2. 能正确检查低压电源及其线路故障现象 □3. 能正确读取故障码及数据流信息 □4. 能正确分析故障原因 □5. 能正确制订诊断检测流程 □6. 能正确使用检测设备 □7. 能正确找到故障点 □8. 能正确分析故障机理 □9. 能合理提出维修建议	40	未完成1项扣5分，扣分不得超过40分	□熟练 □不熟练	□熟练 □不熟练	□优秀 □良好 □合格 □不合格
3	工具及设备使用能力	□1. 能正确使用维修工具 □2. 能正确使用充电装置 □3. 能正确使用万用表、诊断仪、示波器等诊断设备 □4. 能正确使用专用工具	5	未完成1项扣3分，扣分不得超过5分	□熟练 □不熟练	□熟练 □不熟练	□优秀 □良好 □合格 □不合格

（续）

序号	评分项	得分条件	分值	评分要求	自我评价	组长评价	教师评价
4	资料、信息查询能力	□1. 能正确查询车辆信息 □2. 能正确使用维修手册查询资料 □3. 能正确记录所查询资料的章节及页码 □4. 能正确记录检查状态信息	10	未完成1项扣3分，扣分不得超过10分	□熟练 □不熟练	□熟练 □不熟练	□优秀 □良好 □合格 □不合格
5	数据判断和分析能力	□1. 能判断低压电源电路及其电路故障仪表状态 □2. 能判断仪表指示灯状态 □3. 能判断故障码 □4. 能判断数据流 □5. 能分析诊断仪器检测结果	10	未完成1项扣2分，扣分不得超过10分	□能做到 □做不到	□能做到 □做不到	□优秀 □良好 □合格 □不合格
6	表单填写及撰写能力	□1. 字迹清晰 □2. 语句通顺 □3. 无错别字 □4. 无涂改 □5. 无抄袭	5	未完成1项扣1分，扣分不得超过5分	□熟练 □不熟练	□熟练 □不熟练	□优秀 □良好 □合格 □不合格
7	素养	□1. 注重团队合作 □2. 注意安全防护 □3. 注意保护实训设备 □4. 做到三不伤害 □5. 保护环境	10	未完成1项扣2分，扣分不得超过10分	□能做到 □做不到	□能做到 □做不到	□优秀 □良好 □合格 □不合格

任务 04　CAN 总线故障诊断与排除

一、任务导入

1. 任务描述

一辆吉利帝豪 EV450 纯电动汽车，车主反映仪表板上电池管理系统故障指示灯、动力系统故障指示灯、充电系统故障指示灯、电子驻车故障指示灯、系统故障指示灯、传动系统故障指示灯、侧滑故障指示灯亮起。作为维修技师，请你分析该车型控制系统的特点、组成、电路图，并对故障进行系统检测，依据检测结果确认故障点，按照维修手册中的标准与规范对故障进行维修。

2. 任务分析

要实现该故障的检测，需要按照以下步骤进行分析：

1）确认该车辆的故障现象是否与用户所述故障现象一致。

2）根据故障现象分析可能的诊断策略，通过诊断仪进一步确定可能的故障原因。

3）依据读取到的故障码或者数据流，进一步分析可能存在问题的模块并查阅对应的电路图。

4）分析电路图，进一步分析可能的故障原因，比如模块的供电、搭铁、通信、自身损坏等。

5）实施检测与诊断，确定故障范围。

6）实现对上述故障的修复，并验证诊断结果。

二、任务资讯

CAN 总线是一种多主方式的串行通信总线，基本设计规范要求有：高位速率、高抗电子干扰性，并且能够检测出产生的任何错误。CAN 总线技术在汽车上的应用，减少了汽车车体内线束和控制器的接口数量，避免了过多线束存在的互相干涉、磨损等隐患，降低了汽车电气系统的故障发生率，各种传感器的信息可以实现共享。另外，在 CAN 总线技术的帮助下，汽车的防盗安全性都得到了较大幅度的提升。

三、任务组织

1. 实施准备

1）所需的各种防护用品准备：工位、隔离带、安全警告标志牌、车轮挡块、灭火器、绝缘杆、绝缘垫、绝缘工作台、棉线手套、绝缘手套、防静电手套、护目镜、安全帽、车外三件套、车内四件套、吸油纸、洗手液、急救包、除颤仪。

2）常用工具：万用表、故障诊断仪、万用接线盒、绝缘工具套装。

3）资料准备：维修手册、电路图、其他资料。

2. 制订计划

依据任务要求、人物分析，结合实施准备，小组内相互讨论，制订工作计划，将工作计划步骤、选择该步骤的理由写在表2-12相应位置，并选派代表进行汇报展示。

表2-12 计划表（四）

1. 作业计划			
序号	作业项目	操作要点	注意事项
1			
2			
3			
4			
5			
6			
7			

2. 设备清单			
序号	设备名称	用途	规格型号	数量
1				
2				
3				
4				
5				
6				
7				

(续)

3. 其他材料清单				
序号	材料名称	用途	规格型号	数量
1				
2				
3				
4				
审核	小组审核意见： 组长签字： 年 月 日 教师审核意见： 教师签字： 年 月 日				

四、任务实施

在做好个人安全防护、维修场地安全检查后，按照维修诊断的准备流程，做好诊断前的各项准备工作。

1. 故障诊断流程

（1）车辆故障现象确认

车辆遥控钥匙可以正常解锁车辆，将点火开关打开，仪表板上电池管理系统故障指示灯、动力系统故障指示灯、充电系统故障指示灯亮起、电子驻车故障指示灯、系统故障指示灯、传动系统故障指示灯、侧滑故障指示灯亮起。

（2）故障分析

吉利帝豪 EV450 汽车在电路中用到了两种 CAN 总线：车身舒适 CAN 数据总线（V-CAN）和动力驱动 CAN 数据总线（P-CAN）。其中，V-CAN 总线上的模块有：电子驻车（EPB）、安全气囊控制单元（ACU）、转向盘转角传感器、电子助力转向（EPS）、车联网终端（T-BOX）、车身控制模块（BCM）、组合仪表、音响主机、车载自动诊断系统（OBD）、电子转向管柱锁、自动空调控制面板、全景影像模块、座椅模块、全球定位系统（GPS）主机、低速报警、电子稳定控制系统（ESC）、整车控制器（VCU）等，如图 2-30~图 2-33 所示。

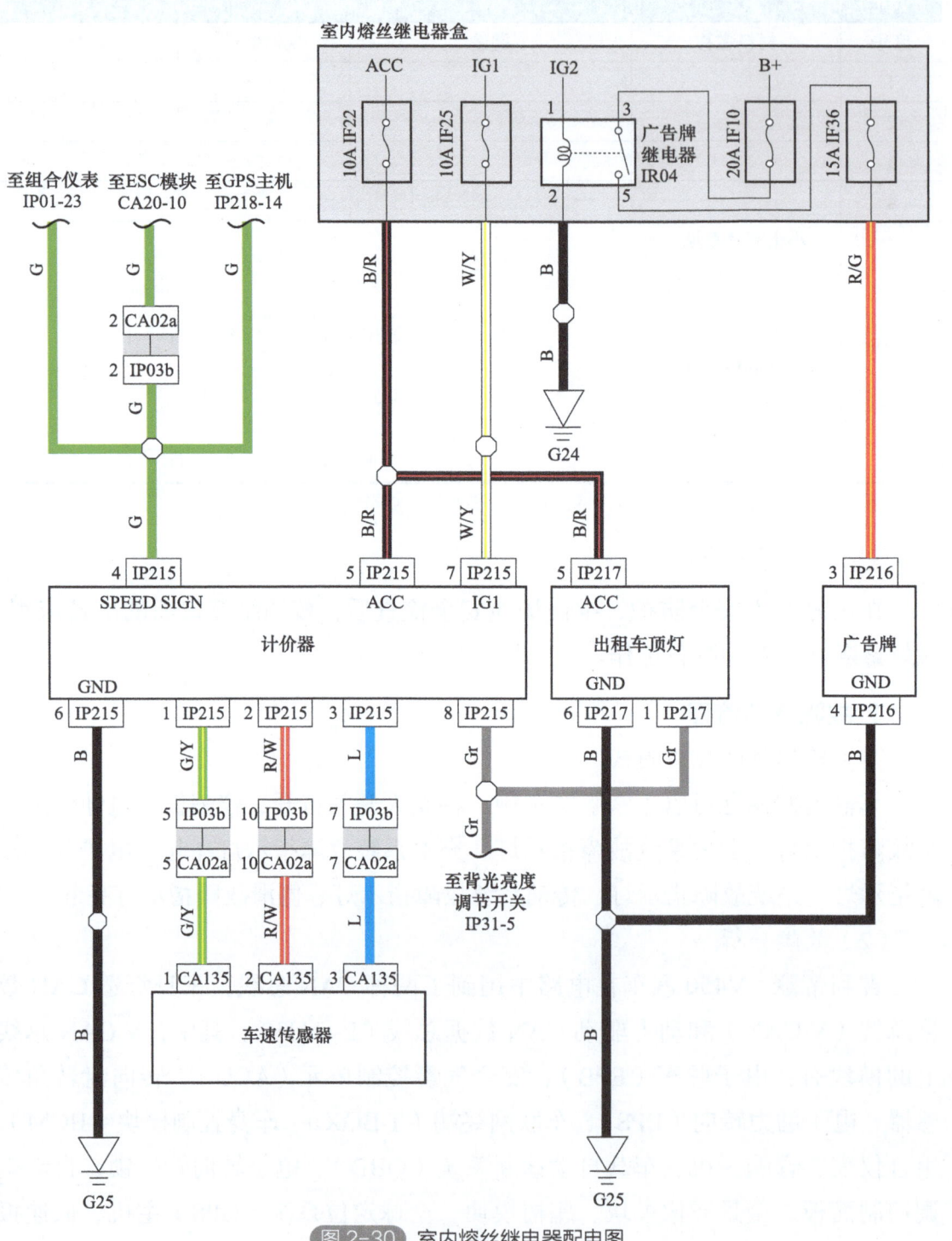

图 2-30　室内熔丝继电器配电图

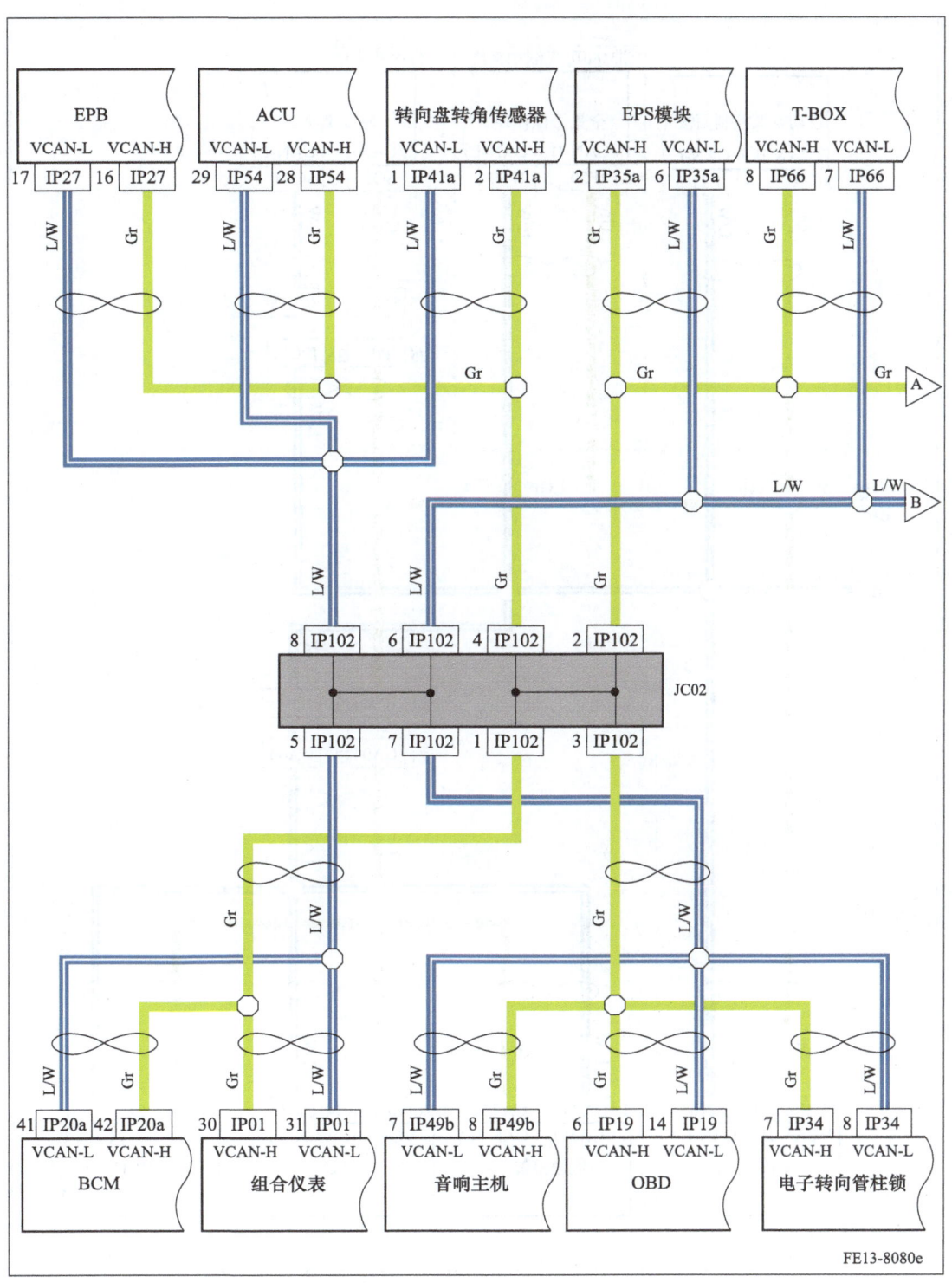

图 2-31 总线通信系统（V-CAN）1

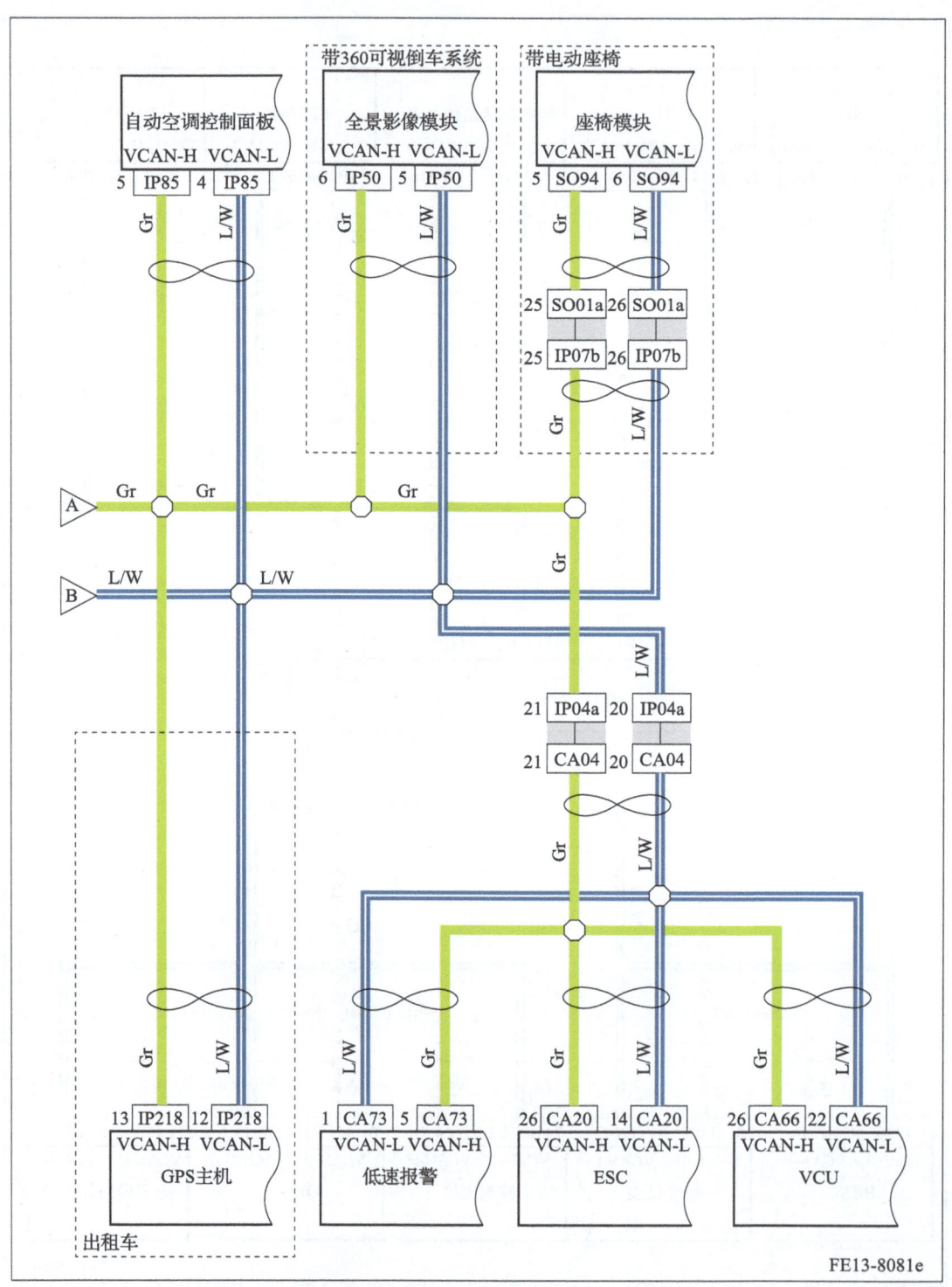

图 2-32 总线通信系统（V-CAN）2

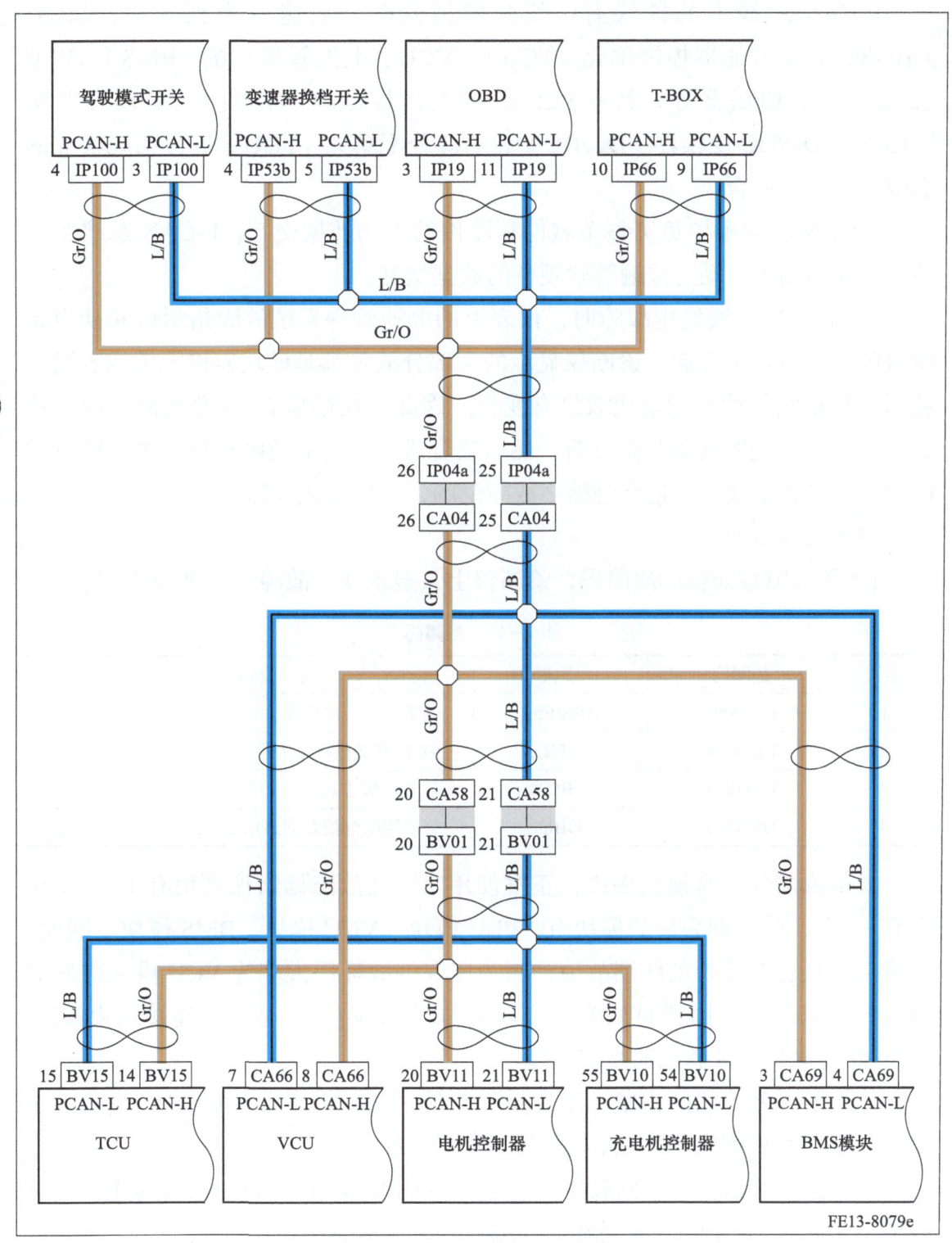

图 2-33 总线通信系统（P-CAN）

P-CAN 总线上的模块有：驾驶模拟开关、变速器换档开关、OBD、T-BOX、自动变速器控制单元（TCU）、VCU、电池管理系统（BMS）、PEU 总成和 PTC 加热器等。其中 PEU 是将电机控制器（MCU）、车载充电机（OBC）、DC/DC 变换器（DC/DC）和电源分配单元（PDU）进行系统集成的总成，俗称"四合一"。

V-CAN 总线主要负责整车软件和硬件的工作数据交互，P-CAN 总线主要负责汽车的动力、动力传输等软硬件的数据交互。

车辆 CAN 总线发生故障时，仪表上的电池管理系统故障指示灯和动力系统故障指示灯经常亮起，诊断仪显示的大部分故障都是模块连接无效或者通信超时，且诊断仪读出的模块数量有变化。因此，在排除 CAN 总线故障时，首先从仪表和车辆的现象开始分析，然后结合诊断仪报的故障进行一个故障范围的确定，接着由浅入深地慢慢缩小故障范围，最后完成故障确认。

（3）故障诊断

1）用故障诊断仪读故障码，诊断仪上只显示 4 个故障码，见表 2-13。

表 2-13 故障码

序号	故障码	模块	含义
1	U010008	ABS/ESP	电子助力转向信号丢失
2	U044286	EPB	VCU 节点存在无信号
3	U011087	T-BOX	与 IPU 失去通信
4	U011287	OBC	与高压电池控制器通信丢失

故障诊断仪中有模块丢失，正常使用时，此故障诊断仪模块有 17 个，现在有 14 个，经查询丢失的模块有：PEU 模块、VCU 模块、BMS 模块。因此，故障可能是这些模块的线路故障。因为读取的故障码大多为 VCU 模块引发的故障，所以故障可以暂时认为是：VCU 模块与 V-CAN 总线的连接线束故障；VCU 模块与 PCAN 总线的线路故障。

如果上述两个线路正常，则故障可能是：PEU 模块与 V-CAN 总线的连接线束故障；PEU 模块与 P-CAN 总线的线路故障。

如果这两线路正常，则故障可能是：BMS 模块与 V-CAN 总线的连接线束故障；BMS 模块与 P-CAN 总线的线路故障。

2）测量 BV11 的 20 号端子至 BV11 的 21 号端子之间的电阻，其值为 107Ω，PEU 与 P-CAN 总线线路连接正常。

3）测量 CA66 的 22 号端子至 CA66 的 23 号端子之间的电阻，其值为 56Ω，VCU 与 V-CAN 总线线路连接正常。

4）测量 CA66 的 7 号端子至 CA66 的 8 号端子之间的电阻异常，其值为 ∞，VCU 与 P-CAN 总线线路连接异常。

5）拔掉 CA66 插接器和 CA04 插接器，测量 CA66 的 8 号端子至 CA04 的 26 号端子之间的电阻异常，其值为 ∞（正常值为 <1Ω）。

（4）故障确认

判断此故障是 VCU 模块的 P-CAN-H 断路。

（5）故障排除及验证

修复 VCU 模块的 P-CAN-H 断路点后，按下启停开关，车辆可以正常启动，仪表显示正常（图 2-24）。

2. 记录任务工单（表2-14）

表2-14 任务工单（四）

任务工单	CAN总线故障诊断与排除	班级：	
		姓名：	

（1）车辆信息记录

品牌		整车型号		生产年月	
车辆识别代码					

（2）车辆基本检查

检查项目	检查情况		
安全防护		□是	□否
辅助蓄电池电压		□正常	□异常
高低压部件安装及插接器连接情况		□正常	□异常
储液罐液位		□正常	□异常

（3）故障现象

诊断项目	诊断内容
确认故障现象	

（4）读取相关故障码

诊断项目	诊断内容
相关故障码描述	

（5）记录相关主要数据流

诊断项目	诊断内容
相关数据流描述	

（6）故障范围分析

诊断项目	诊断内容
初步诊断故障范围	

（7）故障诊断过程

步骤	检测项目	测量结果	结果分析
①			
②			
③			
④			
⑤			
⑥			
⑦			

（8）故障诊断结论

确认故障部位	
故障机理描述	

（9）维修处理方法

维修建议		元件/线束　□维修　□更换
维修工时		

任务评价

CAN 总线故障诊断与排除		姓名：	
日期：	班级：	学号：	教师签名：
自我评价：□熟练　□不熟练	组长评价：□熟练　□不熟练		
教师评价：□优秀　□良好　□合格　□不合格			

CAN 总线故障诊断与排除【评分细则】

序号	评分项	得分条件	分值	评分要求	自我评价	组长评价	教师评价
1	安全／7S／态度	□1. 能接受任务并完成任务 □2. 能进行设备和工具安全检查 □3. 能进行车辆安全防护操作 □4. 能进行人员高压安全防护操作 □5. 能进行三不落地操作 □6. 能进行团队合作作业 □7. 能进行工位 7S 操作 □8. 能进行有效沟通	20	未完成1项扣3分，扣分不得超过20分	□能做到 □做不到	□能做到 □做不到	□优秀 □良好 □合格 □不合格
2	专业技能	□1. 能正确检查车辆基本状态 □2. 能正确检查低压电源及其线路故障现象 □3. 能正确读取故障码及数据流信息 □4. 能正确分析故障原因 □5. 能正确制订诊断检测流程 □6. 能正确使用检测设备 □7. 能正确找到故障点 □8. 能正确分析故障机理 □9. 能合理提出维修建议	40	未完成1项扣5分，扣分不得超过40分	□熟练 □不熟练	□熟练 □不熟练	□优秀 □良好 □合格 □不合格
3	工具及设备使用能力	□1. 能正确使用维修工具 □2. 能正确使用充电装置 □3. 能正确使用万用表、诊断仪、示波器等诊断设备 □4. 能正确使用专用工具	5	未完成1项扣3分，扣分不得超过5分	□熟练 □不熟练	□熟练 □不熟练	□优秀 □良好 □合格 □不合格

（续）

序号	评分项	得分条件	分值	评分要求	自我评价	组长评价	教师评价
4	资料、信息查询能力	□1. 能正确查询车辆信息 □2. 能正确使用维修手册查询资料 □3. 能正确记录所查询资料的章节及页码 □4. 能正确记录检查状态信息	10	未完成1项扣3分，扣分不得超过10分	□熟练 □不熟练	□熟练 □不熟练	□优秀 □良好 □合格 □不合格
5	数据判断和分析能力	□1. 能判断CAN通信系统情况 □2. 能判断仪表指示灯状态 □3. 能判断故障码 □4. 能判断数据流 □5. 能分析诊断仪器检测结果	10	未完成1项扣2分，扣分不得超过10分	□能做到 □做不到	□能做到 □做不到	□优秀 □良好 □合格 □不合格
6	表单填写及撰写能力	□1. 字迹清晰 □2. 语句通顺 □3. 无错别字 □4. 无涂改 □5. 无抄袭	5	未完成1项扣1分，扣分不得超过5分	□熟练 □不熟练	□熟练 □不熟练	□优秀 □良好 □合格 □不合格
7	素养	□1. 注重团队合作 □2. 注意安全防护 □3. 注意保护实训设备 □4. 做到三不伤害 □5. 保护环境	10	未完成1项扣2分，扣分不得超过10分	□能做到 □做不到	□能做到 □做不到	□优秀 □良好 □合格 □不合格

能力模块三
高压启动系统故障诊断与排除

动力蓄电池、驱动电机、电机控制器是新能源汽车的"三电"系统，是新能源汽车的核心，其中任何一个系统出现故障能导致车辆无法上高压电，进而无法正常行驶。因此，我们须掌握新能源汽车高压组件的结构与原理，便于开展维修工作。

本模块主要介绍新能源汽车高压启动系统的组成、功能、对车辆性能的影响以及原理。

能力目标

- 了解纯电动汽车高压系统的结构及作用。
- 高压启动系统的基本工作原理。
- 高压启动故障案例排除方法。

知识准备

一、动力蓄电池总成

1. 动力蓄电池总成组成

锂离子动力蓄电池由于其循环寿命长、自放电率小、电池无记忆效应等优点，近年发展成为新能源汽车的主流动力蓄电池。吉利帝豪 EV450 采用三元锂电池：以钴酸锂、锰酸锂或镍酸锂等化合物为正极，也可嵌入锂离子的碳材料为负极，使用有机电解质。动力蓄电池总成安装在车体下部，动力蓄电池总成组件包括：各模组总成、CSC采集系统、电池控制单元（BMU）、电池分配单元（B-BOX）等部件，如图3-1所示。

2. 动力蓄电池的工作原理

电池管理系统（BMS）：能够对动力蓄电池模组或电池包总电压、总电流、每个测点温度和单体蓄电池的电压参数进行实时监控，并进行故障诊断、SOC（剩余电量比）计算、短路保护、漏电监测、报警显示、充放电模式选择等。BMS可以将动力蓄电池相关参数上报VCU，由VCU控制动力蓄电池的充电和放电功率。

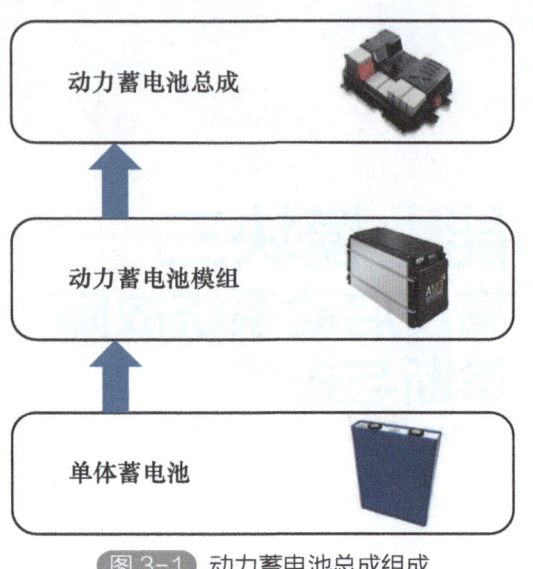

图3-1 动力蓄电池总成组成

单体蓄电池：直接将化学能转化为电能的基本单元装置，包括电极、隔膜、电解质、外壳和端子，并被设计成可充电。

电池模组：将一个以上单体蓄电池按照串联、并联或串并联方式组合，且只有一对正负极输出端子，并作为电源使用的组合体。

CSC采集系统：每一个电池单元有多个CSC采集系统，以监测其中每个单体蓄电池或电池模组的电压、温度信息。CSC采集系统将相关信息上报电池控制单元（BMU）并根据BMU的指令控制单体电压均衡。

电池控制单元（BMU）：安装于动力蓄电池总成内部，是电池管理系统的核心部件，电池控制单元（BMU）将单体电压、电流、温度及整车高压绝缘等信息上报整车控制器（VCU）并根据VCU的指令完成对动力蓄电池的控制。

电池分配单元（B-BOX）：安装在动力蓄电池总成的正负极输出端，由高压正极继电器、高压负极继电器、预充继电器、电流传感器和预充电阻等组成。

当动力蓄电池温度低于-20℃时，动力蓄电池无法充电。此时需通过交流充电的方法使空调工作并对动力蓄电池进行加热，当动力蓄电池温度达到-20~55℃之间的正常工作温度时，系统切换到正常交流充电流程。

二、驱动电机

电动汽车驱动电机是指以车载电源为动力，将电源的电能转化为机械能，通过传动装置或直接驱动车轮工作。电机主要由定子与转子组成，通电导线在磁场中受力运动的方向与电流方向和磁感线（磁场方向）方向有关。电机的工作原理是磁场对电流受力的作用，使电机转动。

目前，电机主要分为直流电机、感应电机、永磁电机、开关磁阻式电机等，如表3-1所示，每种电机由于特性差异，应用环境也有差异。永磁同步电机各项特性较符合目前车辆动力系统的要求，在近些年成为新能源汽车的主流电机。

永磁同步电机有如下的特点：

1）功率密度高，起动转矩高、过载能力高。

2）运行效率高、节能效果尤为明显。永磁同步电机与感应电机相比，不需要无功励磁电流就可以显著提高功率因数（可达到1，甚至容性），减少了定子电流和定子电阻损耗，而且在稳定运行时没有转子电阻损耗，可以因总损耗降低而减小风扇（小容量电机甚至可以不使用风扇）和相应的风阻损耗，从而使其效率比同规格感应电机提高2%~8%。

综上所述，在综合成本、安装空间要求等因素后，目前绝大部分新能源汽车都采用永磁同步电机作为驱动电机。

表3-1 新能源汽车常用电机比较

对比项目	交流异步电机	永磁同步电机	开关磁阻式电机
功率密度	一般	高	一般
转矩转速特性	好	好	好
最高转速范围/（r/min）	9000~18000	4000~18000	≥18000
调速性能	好	好	好
功率单元	通常为三相	通常为三相	四相或六相
位置传感器	相对位置	绝对位置	绝对位置
可靠性	高	一般	高
结构坚固性	好	一般	好
尺寸及重量	一般，一般	小，轻	小，轻
电机成本	较低	高	较低
控制器成本	高	高	较高

三、电机控制器

1. 电机控制器（PEU）的结构

一般来讲，电机控制器主要由如下几部分组成：

1）电子控制模块包括硬件电路和相应的控制软件。硬件电路主要包括微处理器及其最小系统，对电机电流、电压、转速、温度等状态的监测电路，各种硬件保护电路，以及与整车控制器、电池管理系统等外部控制单元数据交互的通信电路。控制软件根据不同类型电机的特点实现相应的控制算法。

2）驱动器将微控制器对电机的控制信号转换为驱动功率变换器的驱动信号，并实现功率信号和控制信号的隔离。

3）功率变换模块对电机电流进行控制。电动汽车经常使用的功率器件有大功率晶体管、门极可关断晶闸管、功率场效应管、绝缘栅双极晶体管以及智能功率模块等。

2. 电机控制器的功能

在新能源汽车中，电机控制器的功能是根据档位、加速、制动等指令，将动力蓄电池所存储的电能转化为驱动电机所需的电能，来控制车辆的启动运行、进退速度、爬坡力度等行驶状态，或者帮助将部分制动能量储存到动力蓄电池中实现能量再生。它是新能源汽车的关键零部件之一。

四、高压启动系统的工作原理

1. 高压启动的定义

高压启动即车辆从其他档位（OFF 档、ACC 档、ON 档）至 READY 的过程。此时，与车辆高压系统运行的相关模块都处于可工作状态，高压接触器闭合，驱动系统无故障，仪表 READY 指示灯点亮，也称高压上电。

2. 帝豪 EV450 高压启动控制原理

（1）启动和停止

当启动开关置于"ON"时，PEPS 控制继电器给电池管理系统（BMS）和电机控制器（PEU）供电，并通过 CAN 总线发送相关控制命令，完成各子系统的唤醒。

如图 3-2 所示，当驾驶人踩下制动踏板时，该开关将踏板位置信号转换成电压信号并传递给 VCU。VCU 内置两组开关，一组为常闭开关，另一组为常开开关。VCU 通过两组开关输出电压的变化判断驾驶人的减速意图。

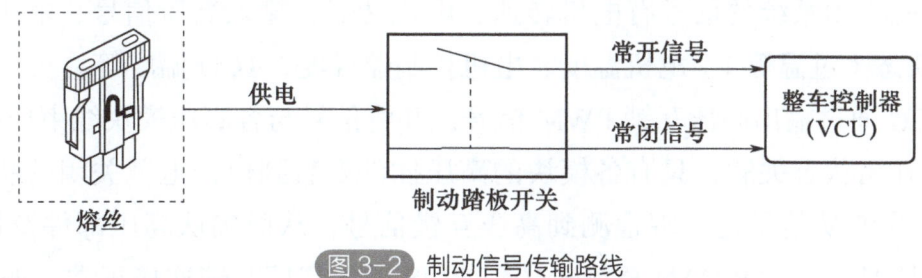

图 3-2　制动信号传输路线

（2）车辆（READY）状态

当启动开关至"START"档时，整车控制器（VCU）通过 CAN 总线向电池管理系统（BMS）和电机控制器发送相关控制命令，使车辆进入临界状态。但当充电机处于连接状态且动力蓄电池电量过低、整车低压欠压时，车辆将无法进入"READY"临界状态。加速踏板位置传感器设计为双输出传感器，两个传感器的输出电压信号都随加速踏板的位置增加而增加。

如图 3-3 所示，VCU 根据加速踏板位置信号、档位信号以及车速信号，

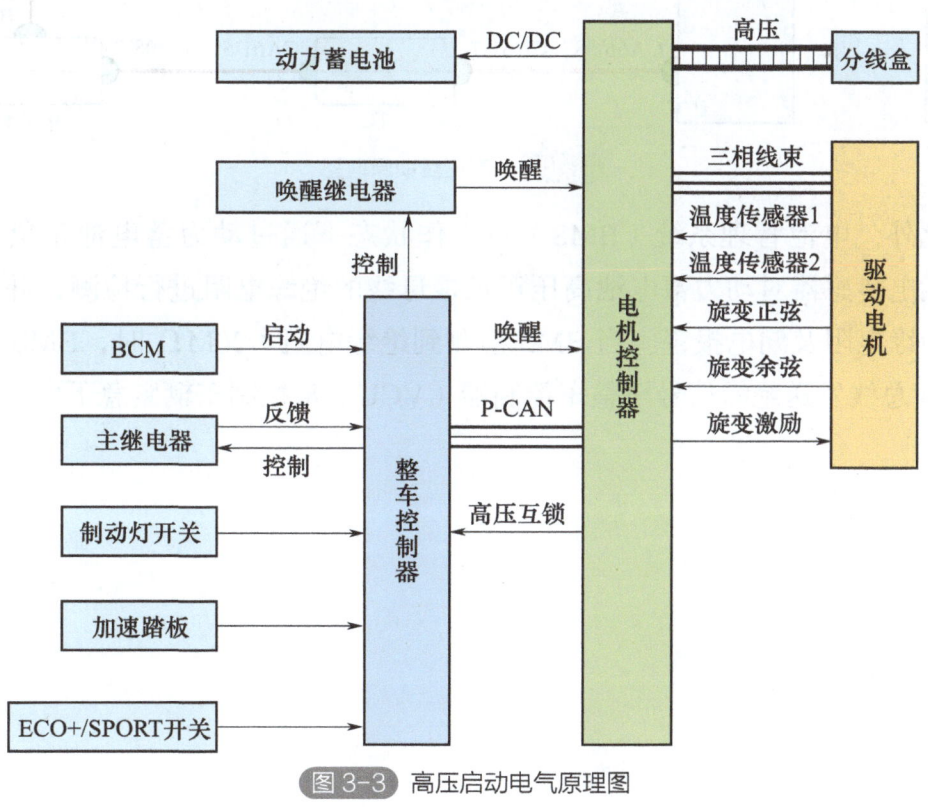

图 3-3　高压启动电气原理图

计算车辆的目标转矩,通过 CAN 总线发送需要的转矩给 PEU,PEU 将动力蓄电池的直流电转换成电机可用的交流电,电机完成转矩输出。整车 CAN 总线采集电机驱动系统的信号有电机转速、电机转矩、输入高压信号、电机状态、IGBT 状态(过温等)、电机温度、电机控制器温度、TCU 温度等。

  VCU 通过输出高压互锁 PWM 信号,并将信号与各高压模块线束插接器或模块盖开闭状态关联,只有各模块的高压插件安装到位,上盖关闭的状态下,VCU 才能够从信号输入端检测到高压互锁信号,从而确认高压部件及插接器的连接情况,通过 P-CAN 总线传送到 BMS 确认高压互锁连接正常,如图 3-4 所示。

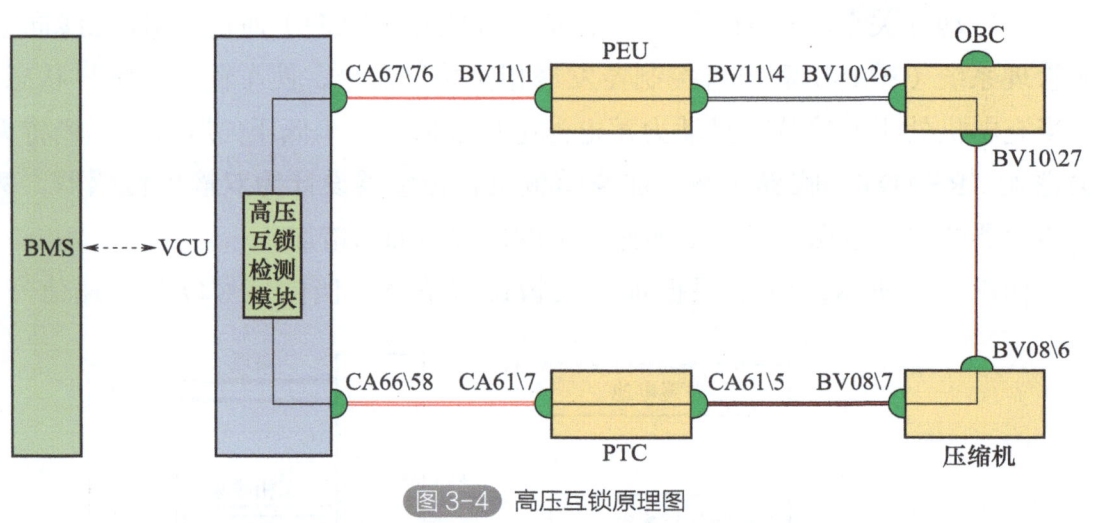

图 3-4 高压互锁原理图

  此外,电池管理系统(BMS)在工作状态下通过动力蓄电池正负极母线上的漏电传感器对动力蓄电池高压正负极母线的绝缘电阻进行检测,并且实时发送绝缘电阻及漏电报警。当 BMS 检测到绝缘电阻≤20MΩ 时,BMS 会通过 P-CAN 总线发送绝缘信号至整车控制器(VCU)来控制车辆紧急下电。

典型工作任务

任务 01　高压绝缘故障诊断与排除

一、任务导入

1. 任务描述

现有一辆吉利帝豪 EV450，车辆启动时，刚开始能正常启动，READY 指示灯点亮，但过几秒后高压突然下电，且仪表板的 READY 指示灯熄灭，动力系统故障灯点亮。初步判定为高压组件及其线路故障。作为维修技师，请你分析该车型高压系统的特点、组成、电路图，并对故障进行系统检测，依据检测结果确认故障点，按照维修手册中的标准与规范对故障进行维修。

2. 任务分析

要实现该故障的检测，需要按照以下步骤进行分析：

1）确认该车辆的故障现象是否与用户所述故障现象一致。

2）根据故障现象分析可能的诊断策略，通过诊断仪进一步确定可能的故障原因。

3）依据读取到的故障码或者数据流，进一步分析可能存在问题的模块并查阅对应的电路图。

4）分析电路图，进一步分析可能的故障原因，比如模块的供电、搭铁、通信、自身损坏等。

5）实施检测与诊断，确定故障范围。

6）实现对上述故障的修复，并验证诊断结果。

二、任务资讯

新能源汽车的绝缘情况用直流母线正负对地的绝缘电阻来测量，国家标准 GB/T 18384—2020《电动汽车安全要求》以及国际标准 BS ISO 6469-1-2009《电推进道路车辆　安全规范　车上充电储能系统（RESS）》规定：绝缘电阻除以电动汽车直流系统标称电压，结果应大于 100Ω/V 才符合安全要求，若低于此值，则判定纯电动汽车绝缘故障。当车辆存在高压漏电故障时，车辆立即会启动保护措施，紧急断开高压输出，保证人员安全。

三、任务组织

1. 实施准备

1）所需的各种防护用品准备：工位、隔离带、安全警告标志牌、车轮挡块、灭火器、绝缘杆、绝缘垫、绝缘工作台、棉线手套、绝缘手套、防静电手套、护目镜、安全帽、车外三件套、车内四件套、吸油纸、洗手液、急救包、除颤仪。

2）常用工具：万用表、故障诊断仪、万用接线盒、绝缘工具套装。

3）资料准备：维修手册、电路图、其他资料。

2. 制订计划

依据任务要求、人物分析，结合实施准备，小组内相互讨论，制订工作计划，将工作计划步骤、选择该步骤的理由写在表3-2相应位置，并选派代表进行汇报展示。

表3-2　计划表（一）

1.作业计划			
序号	作业项目	操作要点	注意事项
1			
2			
3			
4			
5			
6			
7			

2.设备清单				
序号	设备名称	用途	规格型号	数量
1				
2				
3				
4				
5				

（续）

序号	设备名称	用途	规格型号	数量
6				
7				

3. 其他材料清单

序号	材料名称	用途	规格型号	数量
1				
2				
3				
4				

审核	小组审核意见： 组长签字：　　　年　月　日 教师审核意见： 教师签字：　　　年　月　日

四、任务实施

在做好个人安全防护、维修场地安全检查后，按照维修诊断的准备流程，做好诊断前的各项准备工作。

1. 故障诊断流程

（1）车辆故障现象确认

启动车辆时，车辆能正常启动，READY 指示灯点亮，但过了几秒后高压突然下电，仪表板指示灯熄灭，动力系统故障灯点亮（图 3-5），能听到动力蓄电池内部传来高压接触器断开的声音。

（2）故障分析

由于刚开始车辆能够正常上电，说明各模块自检可以通过，因此不用考虑各模块的故障。但高压上电后又突然下电，说明车辆检测到高压上电后存在安全隐患，为保护车辆安全，控制车辆紧急下电。结合高压控制原理，可以分析出高压下电可能由高压绝缘故障或高压互锁等高压组件故障引起。

图 3-5　故障车辆仪表现象

（3）模块通信状态及故障码检查

车辆下电，连接故障诊断仪，读取相应故障码，依据故障码或数据流确定可能的故障原因。

1）读取故障码，如图 3-6 所示，VCU 模块报"P1C2704　BMS 报动力电池放电系统故障"和"P1C7004　BMS 检测外部绝缘故障报警"。

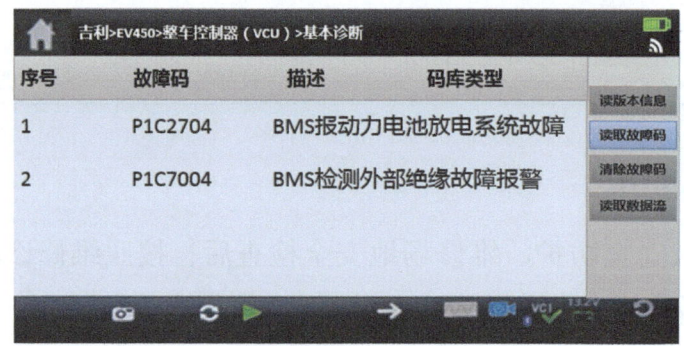

图 3-6　诊断仪显示

2）故障诊断仪显示相关数据流：无。

（4）确认故障范围

故障范围包括交流充电插座、电动压缩机、PTC 加热控制器、动力蓄电池、电机控制器、车载充电机等组件或高压线束存在绝缘故障。

（5）检测分析

具体相关元件及线束如图 3-7 所示，交流充电插座由 PCB 电路板隔绝，电动压缩机、PTC 加热控制器、动力蓄电池、电机控制器、车载充电机等组件与高压线束都是直接连接的，因此如果电动压缩机、PTC 加热控制器、动力蓄电池、电机控制器、车载充电机等高压组件存在绝缘故障，就会造成车辆上电后的高压下电故障。

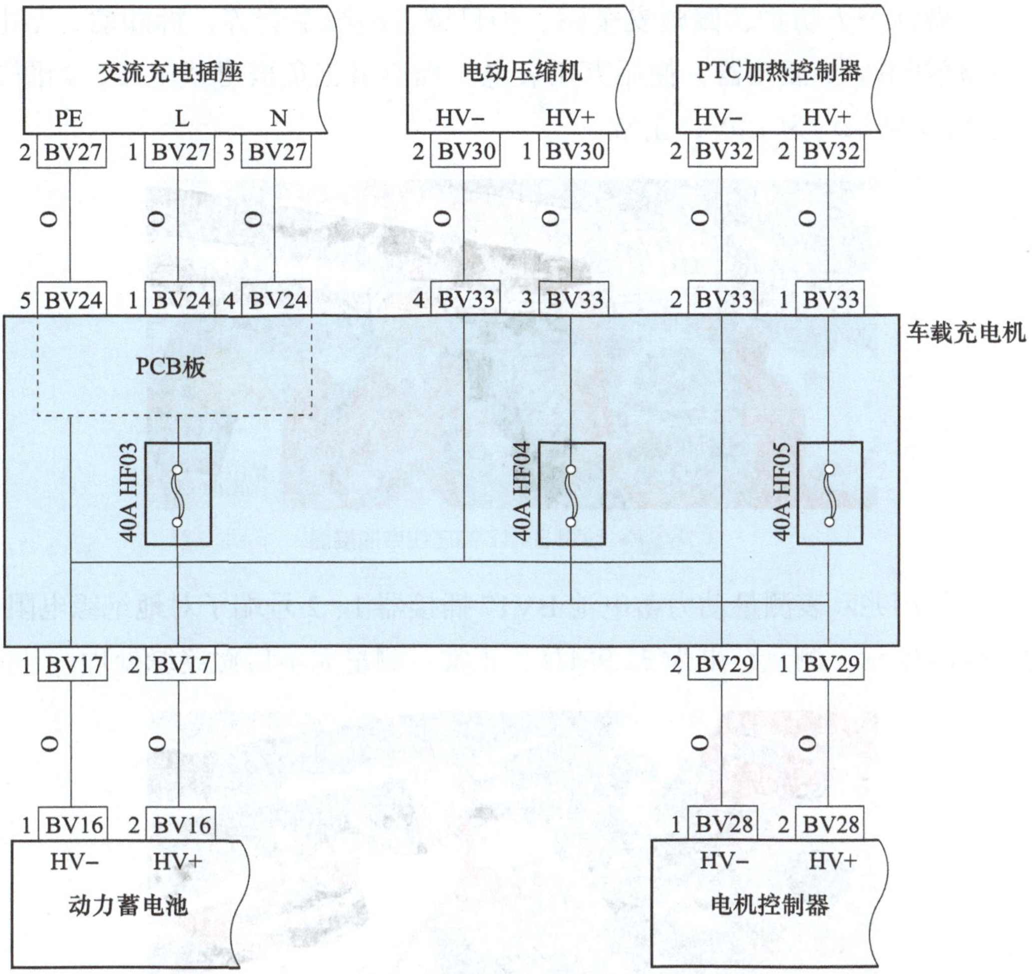

图 3-7 高压配电图

（6）具体检测过程

1）将点火开关开到 OFF 档，断开蓄电池负极，并用绝缘胶带把负极接线柱包裹住，如图 3-8 所示，保证操作过程中的安全。

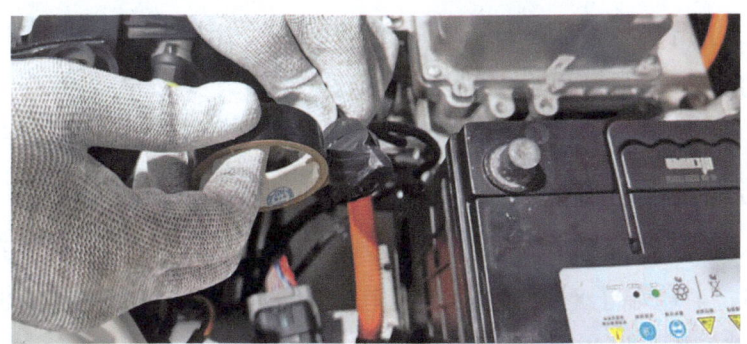

图 3-8 电池负极绝缘处理

2）做好个人防护，佩戴安全帽、护目镜、绝缘手套等，拆卸动力蓄电池正负极母线 BV17 插接器，使用万用表电压档测量正负极母线电压，如图 3-9 所示。测量结果均为 1.0V，正常。

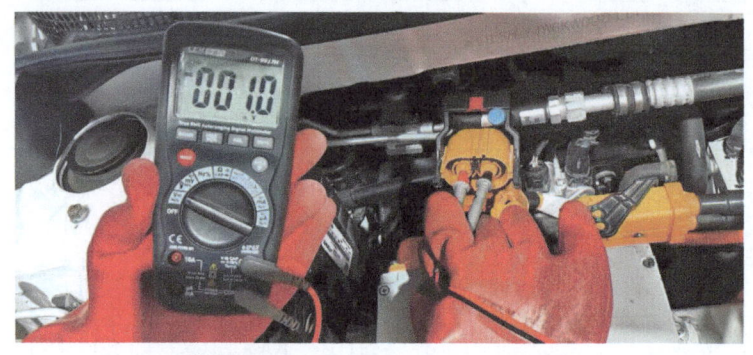

图 3-9　检测 BV17 高压线束插接器

3）使用兆欧表测量动力蓄电池 BV17 插接器 1、2 号端子对地绝缘电阻值，如图 3-10 所示。测量结果为 32.9MΩ，正常。测量完毕后做绝缘处理。

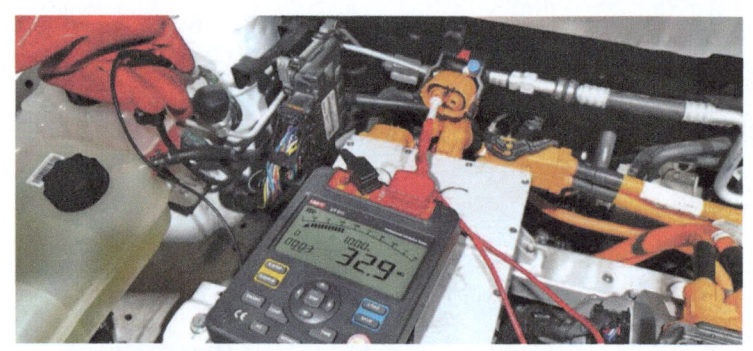

图 3-10　检测 BV17 高压线束插接器对地绝缘性

4）拆卸 BV29 插接器，使用兆欧表测量 BV33 插接器 1、2 号端子对地绝缘电阻值。测量结果是 200MΩ，正常。

5）使用万用表欧姆档测 BV29/1-BV29/2 之间电阻值，如图 3-11 所示。测量结果为无穷大，正常。测量完毕后做绝缘处理。

6）拆卸 BV33 插接器，测量 BV33 插接器 1、2、3、4 号端子对地绝缘性。测量发现 2 号端子对地绝缘电阻为 0Ω，异常。

7）断开 BV33、BV32 插接器，拆卸高压线束，使用兆欧表测量 BV33 插接器 1、2、3、4 号端子对屏蔽层绝缘电阻值，如图 3-12 所示。测量发现 2 号端子对屏蔽层绝缘电阻为 0Ω，异常。

图 3-11　BV29/1-BV29/2 之间电阻值检测

图 3-12　检测 BV33 插接器各端子对屏蔽层绝缘电阻值

8）经测量发现 BV33 插接器对屏蔽层绝缘性异常。

9）更换高压线束，再次启动车辆，故障已排除。

2. 记录任务工单（表3-3）

表3-3 任务工单（一）

任务工单	高压绝缘故障诊断与排除	班级：
		姓名：

（1）车辆信息记录

品牌		整车型号		生产年月	
车辆识别代码					

（2）车辆基本检查

检查项目	检查情况		
安全防护		□是	□否
辅助蓄电池电压		□正常	□异常
高压部件安装及插接器连接情况		□正常	□异常
储液罐液位		□正常	□异常

（3）故障现象

诊断项目	诊断内容
确认故障现象	

（4）读取相关故障码

诊断项目	诊断内容
相关故障码描述	

（5）记录相关主要数据流

诊断项目	诊断内容
相关数据流描述	

（6）故障范围分析

诊断项目	诊断内容
初步诊断故障范围	

（7）故障诊断过程

步骤	检测项目	测量结果	结果分析
①			
②			
③			
④			
⑤			
⑥			
⑦			

（8）故障诊断结论

确认故障部位	
故障机理描述	

（9）维修处理方法

维修建议	元件/线束　□维修　□更换
维修工时	

任 务 评 价

高压绝缘故障诊断与排除		姓名：	
日期：	班级：	学号：	
自我评价：□熟练 □不熟练	组长评价：□熟练 □不熟练		教师签名：
教师评价：□优秀 □良好 □合格 □不合格			

高压绝缘故障诊断与排除【评分细则】

序号	评分项	得分条件	分值	评分要求	自我评价	组长评价	教师评价
1	安全/7S/态度	□1. 能接受任务并完成任务 □2. 能进行设备和工具安全检查 □3. 能进行车辆安全防护操作 □4. 能进行人员高压安全防护操作 □5. 能进行三不落地操作 □6. 能进行团队合作作业 □7. 能进行工位7S操作 □8. 能进行有效沟通	20	未完成1项扣3分，扣分不得超过20分	□能做到 □做不到	□能做到 □做不到	□优秀 □良好 □合格 □不合格
2	专业技能	□1. 能正确检查车辆基本状态 □2. 能正确检查高压绝缘故障现象 □3. 能正确读取故障码及数据流信息 □4. 能正确分析故障原因 □5. 能正确制订诊断检测流程 □6. 能正确使用检测设备 □7. 能正确找到故障点 □8. 能正确分析故障机理 □9. 能合理提出维修建议	40	未完成1项扣5分，扣分不得超过40分	□熟练 □不熟练	□熟练 □不熟练	□优秀 □良好 □合格 □不合格
3	工具及设备使用能力	□1. 能正确使用维修工具 □2. 能正确使用充电装置 □3. 能正确使用万用表、诊断仪、示波器等诊断设备 □4. 能正确使用专用工具	5	未完成1项扣3分，扣分不得超过5分	□熟练 □不熟练	□熟练 □不熟练	□优秀 □良好 □合格 □不合格

（续）

序号	评分项	得分条件	分值	评分要求	自我评价	组长评价	教师评价
4	资料、信息查询能力	□1. 能正确查询车辆信息 □2. 能正确使用维修手册查询资料 □3. 能正确记录所查询资料的章节及页码 □4. 能正确记录检查状态信息	10	未完成1项扣3分，扣分不得超过10分	□熟练 □不熟练	□熟练 □不熟练	□优秀 □良好 □合格 □不合格
5	数据判断和分析能力	□1. 能判断高压绝缘故障仪表状态 □2. 能判断仪表指示灯状态 □3. 能判断故障码 □4. 能判断数据流 □5. 能分析诊断仪器检测结果	10	未完成1项扣2分，扣分不得超过10分	□能做到 □做不到	□能做到 □做不到	□优秀 □良好 □合格 □不合格
6	表单填写及撰写能力	□1. 字迹清晰 □2. 语句通顺 □3. 无错别字 □4. 无涂改 □5. 无抄袭	5	未完成1项扣1分，扣分不得超过5分	□熟练 □不熟练	□熟练 □不熟练	□优秀 □良好 □合格 □不合格
7	素养	□1. 注重团队合作 □2. 注意安全防护 □3. 注意保护实训设备 □4. 做到三不伤害 □5. 保护环境	10	未完成1项扣2分，扣分不得超过10分	□能做到 □做不到	□能做到 □做不到	□优秀 □良好 □合格 □不合格

任务 02　高压互锁故障诊断与排除

一、任务导入

1. 任务描述

现有一辆吉利帝豪 EV450，启动时，车辆能够正常启动，READY 灯能正常点亮，但过了数秒后高压自动下电，且仪表动力系统故障灯点亮，初步判定为高压互锁故障。作为维修技师，请你分析该车型高压互锁系统的特点、组成、电路图，并对故障进行系统检测，依据检测结果确认故障点，按照维修手册中的标准与规范对故障进行维修。

2. 任务分析

要实现该故障的检测，需要按照以下步骤进行分析：

1）确认该车辆的故障现象是否与用户所述故障现象一致。

2）根据故障现象分析可能的诊断策略，通过诊断仪进一步确定可能的故障原因。

3）依据读取到的故障码或者数据流，进一步分析可能存在问题的模块并查阅对应的电路图。

4）分析电路图，进一步分析可能的故障原因，比如模块的供电、搭铁、通信、自身损坏等。

5）实施检测与诊断，确定故障范围。

6）实现对上述故障的修复，并验证诊断结果。

二、任务资讯

高压互锁又被称为危险电压互锁回路，是利用低压电源通过控制器发出和接收相应信号，来判断被监测高压回路是否安全有效连接及车辆高压系统是否有安全隐患，以提高新能源汽车高压安全的一种低压电路系统。

不同品牌、不同型号的新能源汽车由于整车设计不同、系统集成度不同、功能要求不同等原因，其高压互锁系统的连线方式及结构也略有不同。其中，吉利帝豪 EV450 高压互锁系统包括整车控制器（VCU）、电机控制器、车载充电机、空调压缩机、PTC 五大组件，整车控制器作为主控模块，负责信号发射和回收、高压互锁回路功能完整性判断以及应对策略实施。

三、任务组织

1. 实施准备

1）所需的各种防护用品准备：工位、隔离带、安全警告标志牌、车轮挡块、灭火器、绝缘杆、绝缘垫、绝缘工作台、棉线手套、绝缘手套、防静电手套、护目镜、安全帽、车外三件套、车内四件套、吸油纸、洗手液、急救包、除颤仪。

2）常用工具：万用表、故障诊断仪、万用接线盒、绝缘工具套装。

3）资料准备：维修手册、电路图、其他资料。

2. 制订计划

依据任务要求、人物分析，结合实施准备，小组内相互讨论，制订工作计划，将工作计划步骤、选择该步骤的理由写在表3-4相应位置，并选派代表进行汇报展示。

表3-4 计划表（二）

1. 作业计划			
序号	作业项目	操作要点	注意事项
1			
2			
3			
4			
5			
6			
7			

2. 设备清单			
序号	设备名称	用途	规格型号	数量
1				
2				
3				
4				
5				
6				
7				

（续）

3. 其他材料清单

序号	材料名称	用途	规格型号	数量
1				
2				
3				
4				

审核	小组审核意见： 　　　　　　　　　　　　　　　　　组长签字：　　　年　月　日 教师审核意见： 　　　　　　　　　　　　　　　　　教师签字：　　　年　月　日

四、任务实施

在做好个人安全防护、维修场地安全检查后，按照维修诊断的准备流程，做好诊断前的各项准备工作。

1. 故障诊断流程

（1）车辆故障现象确认

启动车辆时，车辆能够正常启动，READY 灯能正常点亮，但过了数秒后高压自动下电，仪表动力系统故障灯点亮，且听到动力蓄电池内高压继电器断开的声音，如图 3-13 所示。

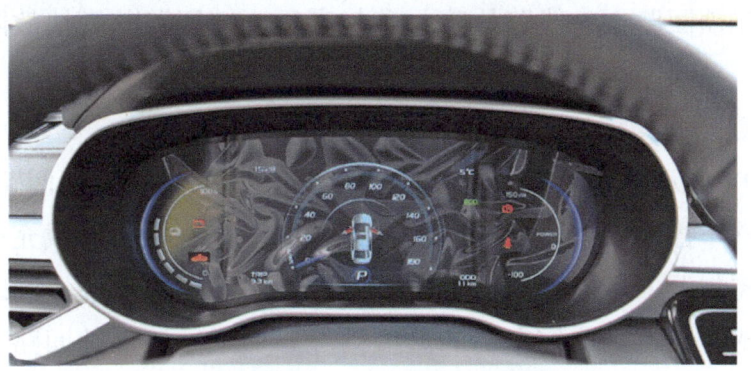

图 3-13　故障车辆仪表现象

（2）故障分析

由于车辆能够正常上电，说明动力蓄电池及管理模块、电机控制器、VCU、ESC、BCM 等模块自检都能够通过，因此排除各模块故障。但高压上电后突然下电，说明车辆在高压上电后检测到安全隐患，然后控制车辆紧急下电。根据高压上电控制原理，可以分析出高压下电可能是高压绝缘故障或高压互锁故障。

（3）模块通信状态及故障码检查

车辆下电，连接故障诊断仪读取故障码及数据流，如图 3-14 所示。依据故障码或数据流确定可能的故障原因。

1）整车控制器（VCU）报 P1C4096 高压互锁故障。

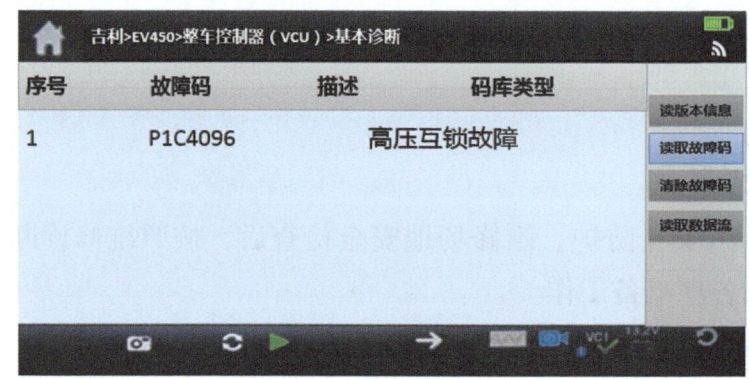

图 3-14　故障码 P1C4096

2）故障诊断仪显示相关数据流：无。

（4）确认故障范围

故障范围包括高压互锁系统插接件松脱、触点开关损坏等导致的互锁回路开路，高压互锁回路本身线路故障，参与高压互锁回路的模块故障，触点开关故障等。

（5）检测分析

如图 3-15 所示，吉利帝豪 EV450 新能源汽车的高压互锁回路为环形回路。方波信号从整车控制器针脚发出，依次经过电机控制器、车载充电机、空调压缩机、加热控制器，形成闭合回路，整车控制器为主控模块。同时，整车控制器与气囊传感器通信，监控车辆的碰撞情况。如果高压互锁回路异常，那么整车控制器将执行相应控制策略，通过一系列动作实现整车安全下电。

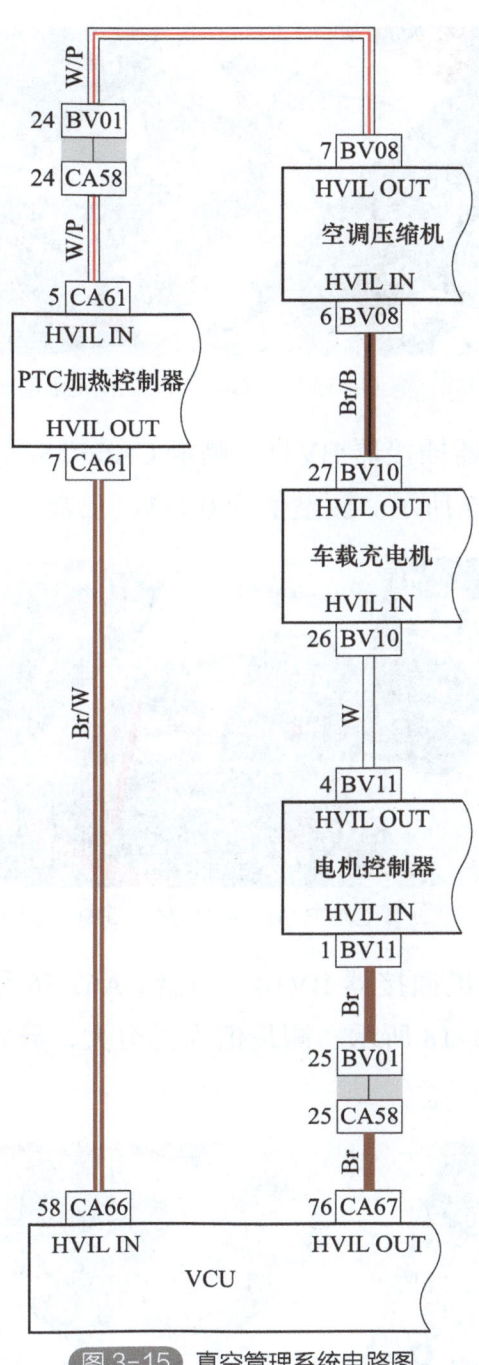

图 3-15 真空管理系统电路图

（6）具体检测过程

1）关闭点火开关，拔 CA66 线束插接器，测量 CA66/58 端子和 CA67/76 端子之间的电阻值，如图 3-16 所示。测量值为无穷大，异常。

图 3-16　CA66/58—CA67/76 之间电阻值检测

2）拔下电机控制器插接器 BV11，测量 CA66/58 号端子至 BV11/4 号端子之间电阻值，如图 3-17 所示。测量值为 0.1Ω，正常。

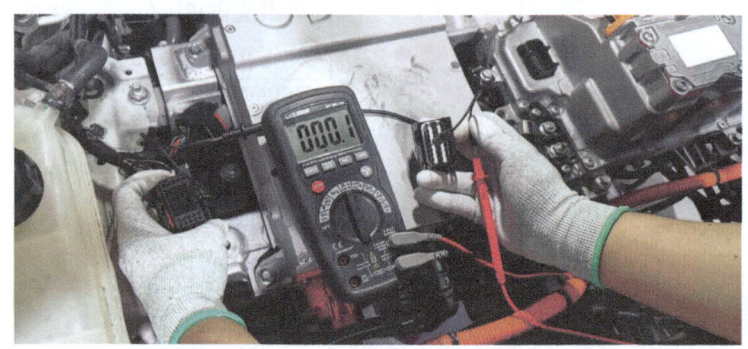

图 3-17　CA66/58—BV11/4 之间电阻值检测

3）拔下车载充电机插接器 BV10，测量 CA67/76 号端子至 BV10/26 号端子之间电阻值，如图 3-18 所示。测量值为无穷大，异常，判定是高压互锁系统线路出现断路情况。

图 3-18　CA67/76—BV10/26 之间电阻值检测

4）拔下电机控制器插头 BV11，检测 CA67/76 号端子至 BV11/1 号端子之间电阻值，如图 3-19 所示。测量值为 1.9Ω，由此初步判定是电机控制器高压互锁端子损坏。

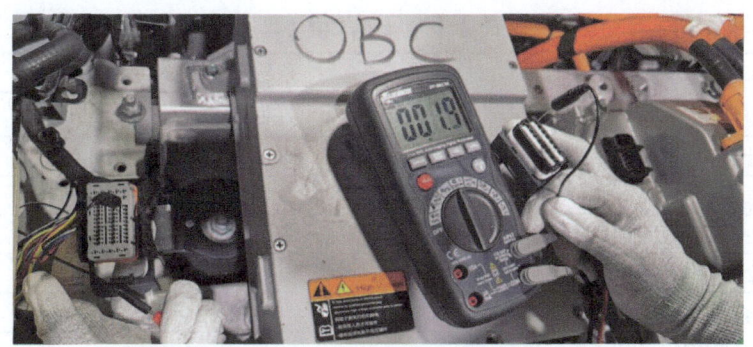

图 3-19 CA67/76—BV11/1 之间电阻值检测

5）测量电机控制器 BV11 公插端的 1 号及 4 号之间电阻值，如图 3-20 所示。测量值无穷大，异常，由此基本判定故障出现在电机控制器上。

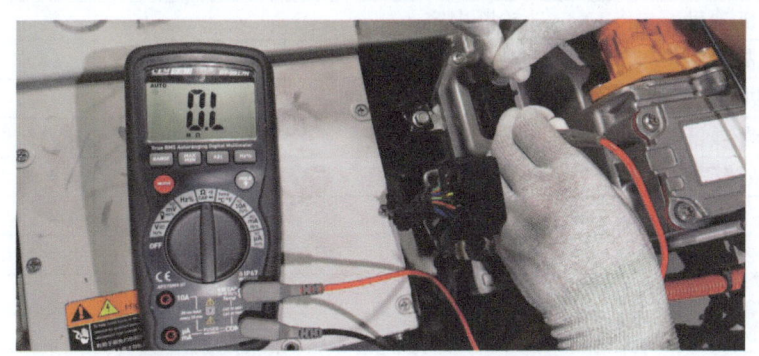

图 3-20 公插端 BV11/1—BV11/4 之间电阻值

6）对电机控制器进行拆检，如图 3-21 所示。经检查确定，电机控制器盖开关端子损坏，进行修复。

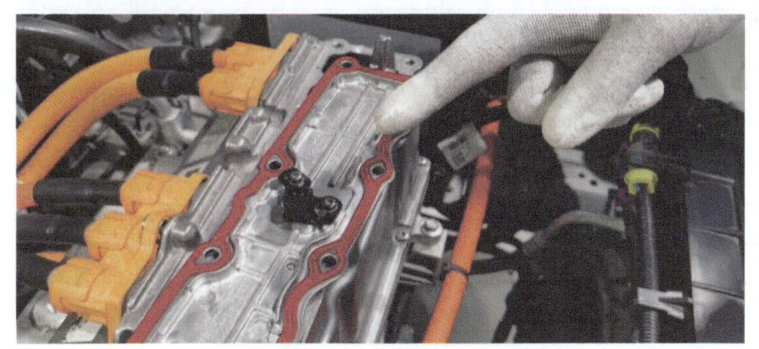

图 3-21 电机控制器盖开关端子

7）重新用故障诊断仪读取故障码，无故障码显示，故障排除，车辆可以正常启动。

2. 记录任务工单（表 3-5）

表 3-5　任务工单（二）

任务工单		高压互锁故障诊断与排除	班级：	
			姓名：	

（1）车辆信息记录

品牌		整车型号		生产年月	
车辆识别代码					

（2）车辆基本检查

检查项目	检查情况		
安全防护		□是	□否
辅助蓄电池电压		□正常	□异常
高压部件安装及插接器连接情况		□正常	□异常
储液罐液位		□正常	□异常

（3）故障现象

诊断项目	诊断内容
确认故障现象	

（4）读取相关故障码

诊断项目	诊断内容
相关故障码描述	

（5）记录相关主要数据流

诊断项目	诊断内容
相关数据流描述	

（6）故障范围分析

诊断项目	诊断内容
初步诊断故障范围	

（7）故障诊断过程

步骤	检测项目	测量结果	结果分析
①			
②			
③			
④			
⑤			
⑥			
⑦			

（8）故障诊断结论

确认故障部位	
故障机理描述	

（9）维修处理方法

维修建议	元件/线束　□维修　□更换
维修工时	

任务评价

高压互锁故障诊断与排除		姓名：	
日期：	班级：	学号：	
自我评价：□熟练 □不熟练	组长评价：□熟练　□不熟练		教师签名：
教师评价：□优秀　□良好　□合格　□不合格			

高压互锁故障诊断与排除【评分细则】

序号	评分项	得分条件	分值	评分要求	自我评价	组长评价	教师评价
1	安全/ 7S/ 态度	□1. 能接受任务并完成任务 □2. 能进行设备和工具安全检查 □3. 能进行车辆安全防护操作 □4. 能进行人员高压安全防护操作 □5. 能进行三不落地操作 □6. 能进行团队合作作业 □7. 能进行工位 7S 操作 □8. 能进行有效沟通	20	未完成1项扣3分，扣分不得超过20分	□能做到 □做不到	□能做到 □做不到	□优秀 □良好 □合格 □不合格
2	专业技能	□1. 能正确检查车辆基本状态 □2. 能正确检查高压互锁故障现象 □3. 能正确读取故障码及数据流信息 □4. 能正确分析故障原因 □5. 能正确制订诊断检测流程 □6. 能正确使用检测设备 □7. 能正确找到故障点 □8. 能正确分析故障机理 □9. 能合理提出维修建议	40	未完成1项扣5分，扣分不得超过40分	□熟练 □不熟练	□熟练 □不熟练	□优秀 □良好 □合格 □不合格
3	工具及设备使用能力	□1. 能正确使用维修工具 □2. 能正确使用充电装置 □3. 能正确使用万用表、诊断仪、示波器等诊断设备 □4. 能正确使用专用工具	5	未完成1项扣3分，扣分不得超过5分	□熟练 □不熟练	□熟练 □不熟练	□优秀 □良好 □合格 □不合格

（续）

序号	评分项	得分条件	分值	评分要求	自我评价	组长评价	教师评价
4	资料、信息查询能力	□1.能正确查询车辆信息 □2.能正确使用维修手册查询资料 □3.能正确记录所查询资料的章节及页码 □4.能正确记录检查状态信息	10	未完成1项扣3分，扣分不得超过10分	□熟练 □不熟练	□熟练 □不熟练	□优秀 □良好 □合格 □不合格
5	数据判断和分析能力	□1.能判断高压互锁故障仪表状态 □2.能判断仪表指示灯状态 □3.能判断故障码 □4.能判断数据流 □5.能分析诊断仪器检测结果	10	未完成1项扣2分，扣分不得超过10分	□能做到 □做不到	□能做到 □做不到	□优秀 □良好 □合格 □不合格
6	表单填写及撰写能力	□1.字迹清晰 □2.语句通顺 □3.无错别字 □4.无涂改 □5.无抄袭	5	未完成1项扣1分，扣分不得超过5分	□熟练 □不熟练	□熟练 □不熟练	□优秀 □良好 □合格 □不合格
7	素养	□1.注重团队合作 □2.注意安全防护 □3.注意保护实训设备 □4.做到三不伤害 □5.保护环境	10	未完成1项扣2分，扣分不得超过10分	□能做到 □做不到	□能做到 □做不到	□优秀 □良好 □合格 □不合格

任务 03　主继电器及其电路故障诊断与排除

一、任务导入

1. 任务描述

现有一辆吉利帝豪EV450，启动时未发现READY灯正常点亮，车辆无法高压启动，初步判定为低压控制线路故障，导致无法高压上电。作为维修技师，请你分析该车型低压控制线路的特点、组成、电路图，并对故障进行系统检测，依据检测结果确认故障点，按照维修手册中的标准与规范对故障进行维修。

2. 任务分析

要实现该故障的检测，需要按照以下步骤进行分析：

1）确认该车辆的故障现象是否与用户所述故障现象一致。

2）根据故障现象分析可能的诊断策略，通过诊断仪进一步确定可能的故障原因。

3）依据读取到的故障码或者数据流，进一步分析可能存在问题的模块并查阅对应的电路图。

4）分析电路图，进一步分析可能的故障原因，比如模块的供电、搭铁、通信、自身损坏等。

5）实施检测与诊断，确定故障范围。

6）实现对上述故障的修复，并验证诊断结果。

二、任务资讯

新能源汽车高压上电与BCM、VCU、BMS、ESC、主继电器、制动信号、加速踏板等信号、通信信号等低压控制信号有关。

三、任务组织

1. 实施准备

1）所需的各种防护用品准备：工位、隔离带、安全警告标志牌、车轮挡块、灭火器、绝缘杆、绝缘垫、绝缘工作台、棉线手套、绝缘手套、防静电手套、护目镜、安全帽、车外三件套、车内四件套、吸油纸、洗手液、急救包、除颤仪。

2）常用工具：万用表、故障诊断仪、万用接线盒、绝缘工具套装。

3）资料准备：维修手册、电路图、其他资料。

2. 制订计划

依据任务要求、人物分析，结合实施准备，小组内相互讨论，制订工作计划，将工作计划步骤、选择该步骤的理由写在表3-6相应位置，并选派代表进行汇报展示。

表3-6 计划表（三）

1.作业计划			
序号	作业项目	操作要点	注意事项
1			
2			
3			
4			
5			
6			
7			
2.设备清单			
序号	设备名称	用途	规格型号	数量
1				
2				
3				
4				
5				
6				
7				
3.其他材料清单				
序号	材料名称	用途	规格型号	数量
1				
2				

（续）

序号	材料名称	用途	规格型号	数量
3				
4				
审核	小组审核意见： 组长签字：　　年　　月　　日 教师审核意见： 教师签字：　　年　　月　　日			

四、任务实施

在做好个人安全防护、维修场地安全检查后，按照维修诊断的准备流程，做好诊断前的各项准备工作。

1. 故障诊断流程

（1）车辆故障现象确认

启动车辆时，READY 灯未能点亮，动力系统故障灯常亮，整车高压无法启动，如图 3-22 所示。

图 3-22　故障车辆仪表现象

（2）故障分析

车辆无法高压启动，说明系统自检不通过，结合吉利帝豪 EV450 新能源汽车高压上电逻辑，无法上电涉及范围广，无法通过经验准确排除故障，故借助诊断仪进行诊断。

（3）模块通信状态及故障码检查

车辆下电，连接故障诊断仪，读取相应故障码及数据流，依据故障码或数据流确定可能的故障原因。

1）如图 3-23 所示，整车控制器（VCU）报 P1C7804、P1C7B04、P1C0852、P1C7E04 故障码。

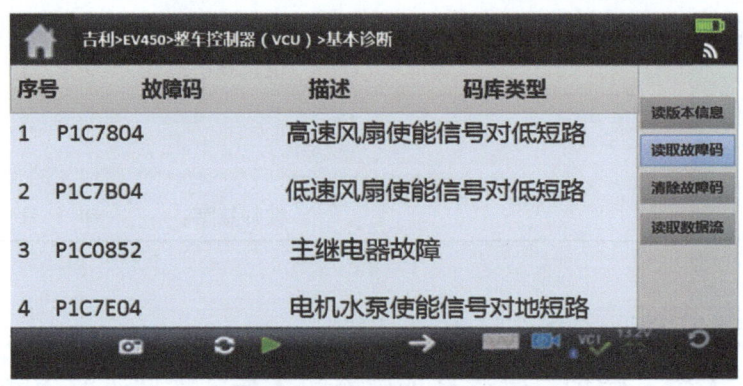

图 3-23 故障诊断仪报故障码

2）故障诊断仪显示相关数据流：无。

（4）确认故障范围

主继电器供电及控制相关元件及线路。

（5）检测分析

结合电路图 3-24，主继电器 ER05 负载端给熔丝 EF08、EF09、EF10 供电，控制端由 VCU 控制。

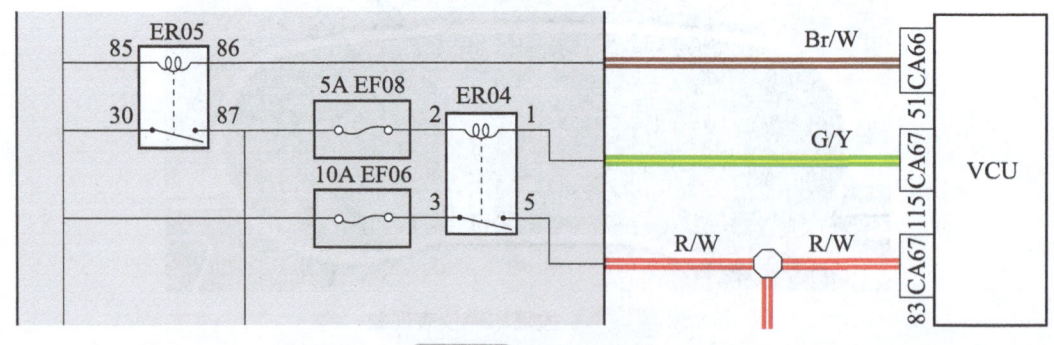

图 3-24 部分电路图

（6）具体检测过程

1）打开点火开关至"ON"档，分别检测熔丝 EF08、EF09、EF10 上游端对地电压值，如图 3-25 所示。测量结果均为零，异常。

图 3-25　EF10 上游—GND 电压值检测

2）关闭点火开关至"OFF"档，拔出主继电器 ER05，测量 ER05 插座 30、85 端子对地电压值，如图 3-26 所示。测量结果为 12.15V，正常。

图 3-26　ER05 插座 30 端子对地电压值检测

3）把 VCU 模块的 CA66 线束拔出，测量 ER05 插座端 86 号端子与 CA66/51 之间电阻值，如图 3-27 所示。测量结果为 ∞，异常。

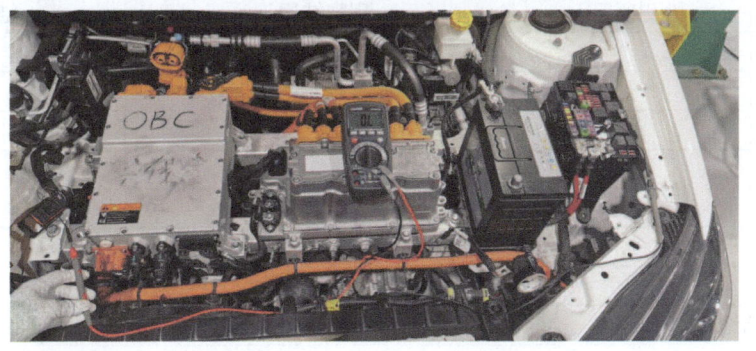

图 3-27　ER05 插座端 86 号端子与 CA66/51 之间的电阻值检测

4）检查发现 ER05 插座端 86 号端子与 CA66 线束插接器 51 号端子间存在断路现象。

5）修复线束，车辆能高压上电，故障排除。

2. 记录任务工单（表3-7）

表3-7 任务工单（三）

任务工单	主继电器及其电路故障诊断与排除	班级：		
		姓名：		

（1）车辆信息记录

品牌		整车型号		生产年月	
车辆识别代码					

（2）车辆基本检查

检查项目	检查情况		
安全防护		□是	□否
辅助蓄电池电压		□正常	□异常
高压部件安装及插接器连接情况		□正常	□异常
储液罐液位		□正常	□异常

（3）故障现象

诊断项目	诊断内容
确认故障现象	

（4）读取相关故障码

诊断项目	诊断内容
相关故障码描述	

（5）记录相关主要数据流

诊断项目	诊断内容
相关数据流描述	

（6）故障范围分析

诊断项目	诊断内容
初步诊断故障范围	

（7）故障诊断过程

步骤	检测项目	测量结果	结果分析
①			
②			
③			
④			
⑤			
⑥			
⑦			

（8）故障诊断结论

确认故障部位	
故障机理描述	

（9）维修处理方法

维修建议	元件/线束 □维修 □更换
维修工时	

任 务 评 价

主继电器及其电路故障诊断与排除		姓名：	
日期：	班级：	学号：	
自我评价：□熟练 　　　　　□不熟练	组长评价：□熟练　□不熟练		教师签名：
教师评价：□优秀　□良好　□合格　□不合格			

主继电器及其电路故障诊断与排除【评分细则】

序号	评分项	得分条件	分值	评分要求	自我评价	组长评价	教师评价
1	安全/ 7S/ 态度	□1. 能接受任务并完成任务 □2. 能进行设备和工具安全检查 □3. 能进行车辆安全防护操作 □4. 能进行人员高压安全防护操作 □5. 能进行三不落地操作 □6. 能进行团队合作作业 □7. 能进行工位 7S 操作 □8. 能进行有效沟通	20	未完成1项扣3分，扣分不得超过20分	□能做到 □做不到	□能做到 □做不到	□优秀 □良好 □合格 □不合格
2	专业技能	□1. 能正确检查车辆基本状态 □2. 能正确检查主继电器及其电路故障现象 □3. 能正确读取故障码及数据流信息 □4. 能正确分析故障原因 □5. 能正确制订诊断检测流程 □6. 能正确使用检测设备 □7. 能正确找到故障点 □8. 能正确分析故障机理 □9. 能合理提出维修建议	40	未完成1项扣5分，扣分不得超过40分	□熟练 □不熟练	□熟练 □不熟练	□优秀 □良好 □合格 □不合格
3	工具及设备使用能力	□1. 能正确使用维修工具 □2. 能正确使用充电装置 □3. 能正确使用万用表、诊断仪、示波器等诊断设备 □4. 能正确使用专用工具	5	未完成1项扣3分，扣分不得超过5分	□熟练 □不熟练	□熟练 □不熟练	□优秀 □良好 □合格 □不合格

（续）

序号	评分项	得分条件	分值	评分要求	自我评价	组长评价	教师评价
4	资料、信息查询能力	□ 1. 能正确查询车辆信息 □ 2. 能正确使用维修手册查询资料 □ 3. 能正确记录所查询资料的章节及页码 □ 4. 能正确记录检查状态信息	10	未完成1项扣3分，扣分不得超过10分	□熟练 □不熟练	□熟练 □不熟练	□优秀 □良好 □合格 □不合格
5	数据判断和分析能力	□ 1. 能判断主继电器及其线路故障仪表状态 □ 2. 能判断仪表指示灯状态 □ 3. 能判断故障码 □ 4. 能判断数据流 □ 5. 能分析诊断仪器检测结果	10	未完成1项扣2分，扣分不得超过10分	□能做到 □做不到	□能做到 □做不到	□优秀 □良好 □合格 □不合格
6	表单填写及撰写能力	□ 1. 字迹清晰 □ 2. 语句通顺 □ 3. 无错别字 □ 4. 无涂改 □ 5. 无抄袭	5	未完成1项扣1分，扣分不得超过5分	□熟练 □不熟练	□熟练 □不熟练	□优秀 □良好 □合格 □不合格
7	素养	□ 1. 注重团队合作 □ 2. 注意安全防护 □ 3. 注意保护实训设备 □ 4. 做到三不伤害 □ 5. 保护环境	10	未完成1项扣2分，扣分不得超过10分	□能做到 □做不到	□能做到 □做不到	□优秀 □良好 □合格 □不合格

能力模块四
高压行驶系统故障诊断与排除

驱动电机及电机控制器是新能源汽车行驶系统中的核心元件,其决定了车辆的主要性能指标,对新能源汽车整车行驶的动力性、经济性、安全性、操控稳定性等有着重要影响。其中任意一个部件出现故障都可能导致车辆无法正常行驶;严重时将导致车祸的发生。

本模块主要介绍新能源汽车高压行驶系统的组成、原理、功能及对车辆性能的影响。

能力目标

- 了解高压行驶系统的组成及功能。
- 掌握高压行驶系统的原理。
- 能通过维修手册及电路图查找高压行驶系统故障原因,使用检测工具进行故障排除。
- 能够完成电动真空泵、驱动电机、变速器造成的车辆无法正常行驶故障的诊断与排除。

知识准备

一、驱动电机

1. 驱动电机的作用

永磁同步电机分为正弦波永磁同步电机和方波永磁同步电机，其作用主要为车辆行驶提供驱动力，是电动汽车的动力装置。这里主要介绍以三相正弦波驱动的永磁同步电机。

2. 永磁同步电机的结构

永磁同步电机主要由定子（总成）、转子（总成）、机壳、端盖、轴、旋变组件等主要零部件组成，如图 4-1 所示。定子与普通交流电机基本相同，由电枢铁心和电枢绕组构成。电枢铁心采用叠片结构以减小电机运行时的铁耗；电枢绕组可以采用集中绕组或分布短距绕组；对于极数较多的电机，还可以采用分数槽绕组。

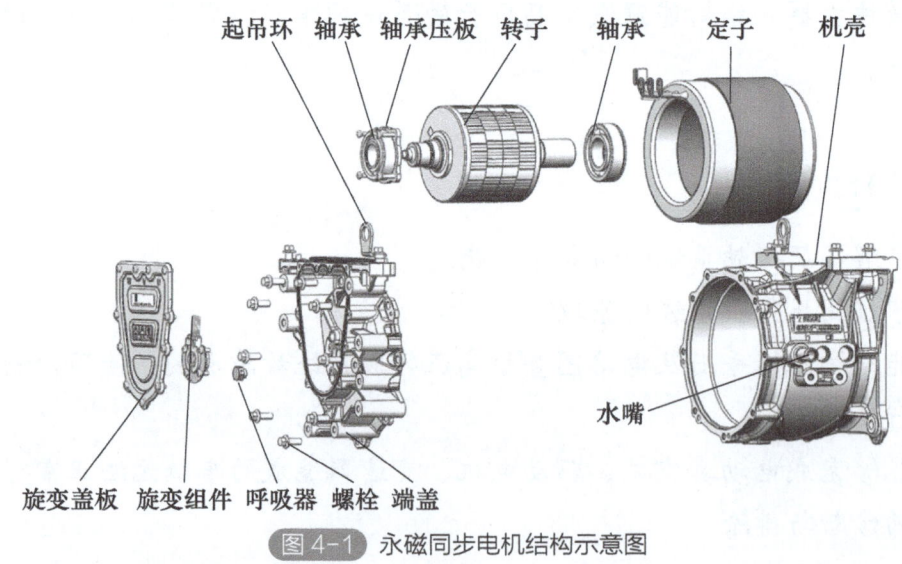

图 4-1 永磁同步电机结构示意图

二、电机控制器

1. 驱动电机控制器的结构

电机控制器内部包含 1 个逆变器（简称为 DC/AC）和一个 DC/DC 直流变换器（简称为 DC/DC）；逆变器由 IGBT、直流母线电容、驱动和控制电路板等组成，实现直流（可变的电压、电流）与交流（可变的电压、电流、频率）

之间的转变。直流变换器由高低压功率器件降压器、电感、驱动和控制电路板等组成，实现直流高压向直流低压的能量传递。电机控制器还包括冷却器（通过冷却液）给电子功率器件散热，如图 4-2 所示。

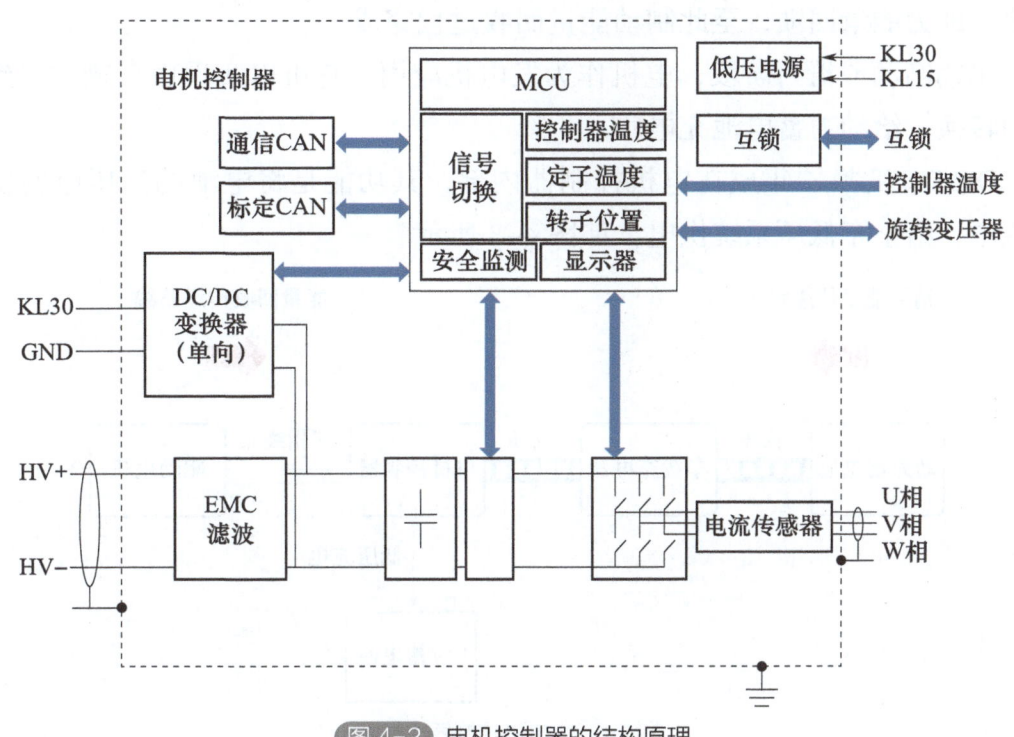

图 4-2　电机控制器的结构原理

2. 驱动电机控制器的功能

驱动电机控制器安装在前舱内，通过 CAN 总线通信，控制着动力蓄电池组到电机之间能量的传输，同时采集电机位置信号和三相电流检测信号，精确控制驱动电机的运行。

驱动电机控制器是一个既能将动力蓄电池中的直流电转换为交流电以驱动电机，同时又能将车轮旋转的动能转换为电能（交流电转换为直流电）给动力蓄电池充电的设备。其主要原理为：电机接通电源，产生电流，构建了磁场。交变的电流产生了交变的磁场，当绕组在物理空间上呈一定角度布置时，将产生圆形旋转磁场。运动是相对的，相当于该磁场被其空间范围内的导体进行了切割，于是导体两端出现了感应电动势。该感应电动势通过导体本身和连接部件构成了回路，产生了电流，形成了一个载流载体。该载流载体在旋转磁场中将受到力的作用，这个力最终成为电机输出转矩中的力。当汽车减速和制动时，即切除电源时，电机惯性转动，此时通过电路切换，向转子中提供功率较小的励磁电源,产生磁场。该磁场通过转子的物理旋转,切割定子的绕组,于是定子感应出电动势,也称逆电动势。此时电动机反转,功能与发电机相同,是一个将机械能转化为电能的装置,所产生的电流通过功率变换器接入动力蓄电池,即为能量回馈,至此制动能量回收过程完成。

车辆制动或滑行阶段,电机作为发电机应用。它可以实现由车辆动能到电能的转换,给动力蓄电池充电。

DC/DC变换器集成在电机控制器内部,其功能是将电池的高压电转换成低压电,给整车低压系统供电,如图4-3所示。

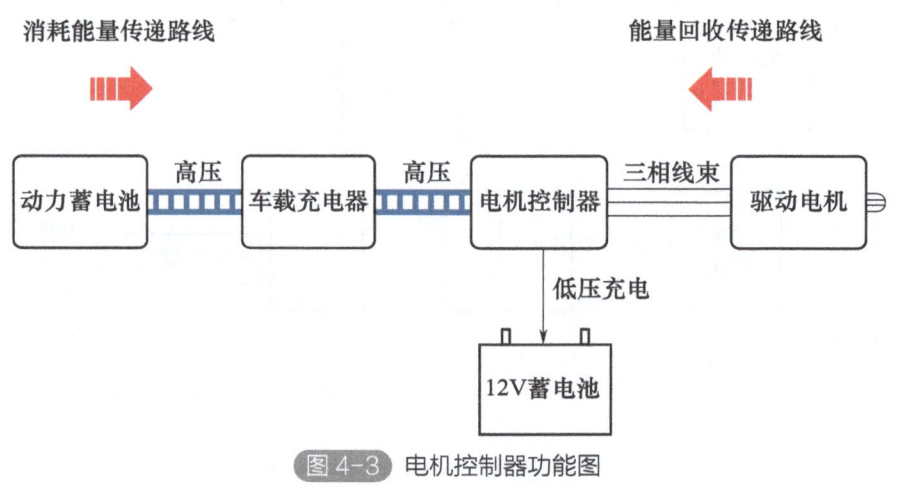

图4-3 电机控制器功能图

3. 工作特性

指令和响应:对于电机控制器,其调速指令的触发信号来自整车控制器。整车控制器一方面体现驾驶人的意图,另一方面从安全和车辆电气系统运行状态出发,评估对驾驶人的响应是否合理,最后全部执行或部分执行。驾驶人的意图通过加速踏板和制动踏板表达并传递给整车控制器。整车控制器给到电机控制器的具体指令与动力系统相关的有以下几种:加速、减速、制动、停车。电机控制器做出的响应为,改变电源电流、电压、频率等参数,使得电机的运行状态符合整车控制器的需要。

闭环:电机控制器自身是一套闭环控制系统,调节目标参数,检测受控函数值是否到达预期;若不相符,则反馈给控制器,再次调整目标参数。通过反复的闭环反馈,实现高精度的控制。

整车控制器采集车速传感器信号及各电气部件温度、电压等重要状态参数,判断整车的综合情况,是否符合驾驶人提出的需求,同时不妨碍整个系统的健康状况。这个过程是整车层面的闭环控制。

三、变速器

1. 变速器结构

电机的速度 – 转矩特性非常适合汽车驱动的需求。纯电动模式下，汽车的驱动系统不再需要多档位的变速器，驱动系统的结构得以大幅简化。吉利 EV450 纯电动汽车采用固定齿比变速器，其内部包含减速器和差速器总成、中间轴、输入轴、车速传感器等，如图 4-4 所示。

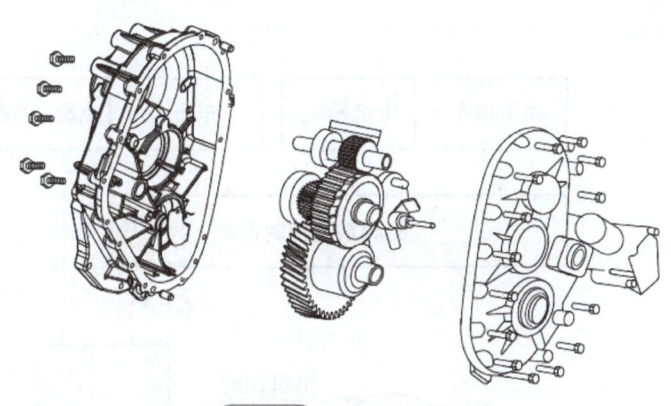

图 4-4 变速器结构图

2. 变速器的功能

变速器位于驱动电机和驱动半轴之间，驱动电机的动力输出轴通过花键直接与变速器输入轴齿轮连接。一方面变速器将驱动电机的动力传给驱动半轴，起到降低转速增大转矩的作用，另一方面满足汽车转弯及在不平路面上行驶时，左右驱动轮以不同的转速旋转，保证车辆的平稳运行。具体动力传递路线如图 4-5 所示。

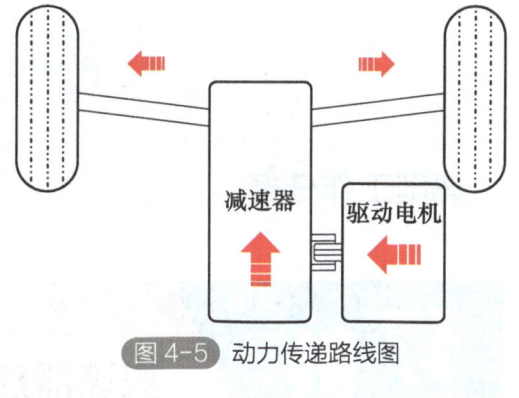

图 4-5 动力传递路线图

3. 工作原理

驻车档（P 档）：驾驶人操作电子换档器进入 P 档，电子换档器将驻车请求信号发送到整车控制器（VCU），VCU 结合当前驱动电机转速及车辆轮速情况判断是否符合驻车条件。当符合条件时，VCU 发送驻车指令到减速器控制器（TCU），TCU 根据驻车条件判断是否进行驻车。如果可以驻车，则 TCU

控制驻车电机进入 P 档，锁止减速器。

前进档（D 档）或倒车档（R 档）：驻车完成后 TCU 将收到减速器发出的 P 档位置信号，并将该信号反馈给 VCU，完成换档过程。驾驶人操作电子换档器退出 P 档进入 D 档或 R 档，电子换档器将解除驻车请求信号发送 VCU。VCU 结合当前驱动电机转速及车辆轮速情况判断是否满足解除驻车条件。当符合条件时，VCU 发动解除驻车指令到 TCU，TCU 根据解锁条件判断是否进行解锁。若可以解锁，则 TCU 控制电机解除 P 档减速器。解除驻车完成后，TCU 将收到减速器发出的档位位置信号，并将此信号反馈给 VCU 完成换档过程，如图 4-6 所示。

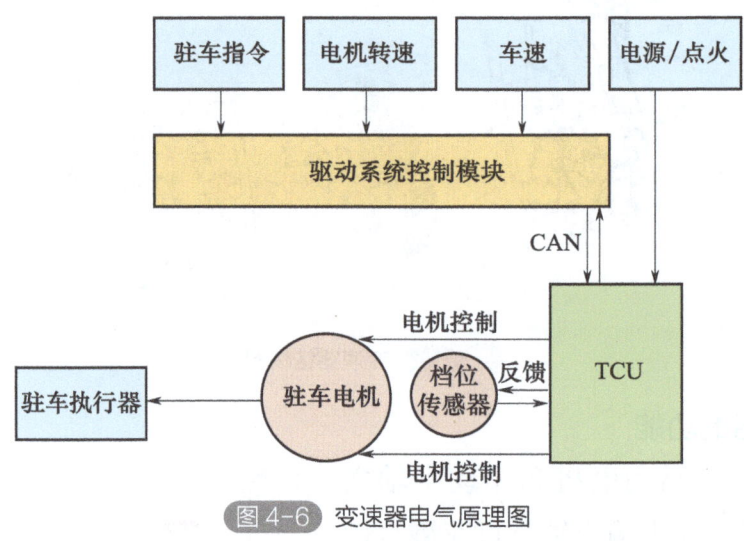

图 4-6 变速器电气原理图

典型工作任务

任务 01 变速器控制器及其电路故障诊断与排除

一、任务导入

1. 任务描述

现有一辆吉利帝豪 EV450 启动时，出现高压启动正常但减速器故障指示灯点亮且无法挂档行驶的现象，初步判定为变速器控制器及其电路故障。作为维修技师，请你分析该车型变速器控制器的特点、组成、电路图，并对故障进行系统检测，依据检测结果确认故障点，按照维修手册中的标准与规范对故障进行维修。

2. 任务分析

要实现该故障的检测，需要按照以下步骤进行分析：

1）确认该车辆的故障现象是否与用户所述故障现象一致。

2）根据故障现象分析可能的诊断策略，通过诊断仪进一步确定可能的故障原因。

3）依据读取到的故障码或者数据流，进一步分析可能存在问题的模块并查阅对应的电路图。

4）分析电路图，进一步分析可能的故障原因，比如模块的供电、搭铁、通信、自身损坏等。

5）实施检测与诊断，确定故障范围。

6）实现对上述故障的修复，并验证诊断结果。

二、任务资讯

TCU 控制减速器上的换档电机。驻车电机有一个编码器，输出 4 位代码来确定驻车电机位置。TCU 接口通过汽车 CAN 总线接收来自其他车辆系统的信息（驱动电机转速、车速、停车请求等）。TCU 接收相关的换档条件和换档请求，直接控制驻车电机驱动棘爪扣入或松开棘轮，达到驻车或解除驻车的功能。

三、任务组织

1. 实施准备

1）所需的各种防护用品准备：工位、隔离带、安全警告标志牌、车轮挡块、灭火器、绝缘杆、绝缘垫、绝缘工作台、棉线手套、绝缘手套、防静电手套、护目镜、安全帽、车外三件套、车内四件套、吸油纸、洗手液、急救包、除颤仪。

2）常用工具：万用表、故障诊断仪、万用接线盒、绝缘工具套装。

3）资料准备：维修手册、电路图、其他资料。

2. 制订计划

依据任务要求、人物分析，结合实施准备，小组内相互讨论，制订工作计划，将工作计划步骤、选择该步骤的理由写在表 4-1 相应位置，并选派代表进行汇报展示。

表 4-1 计划表（一）

1. 作业计划			
序号	作业项目	操作要点	注意事项
1			
2			
3			
4			
5			
6			
7			
2. 设备清单			
序号	设备名称	用途	规格型号	数量
1				
2				
3				
4				
5				
6				
7				
3. 其他材料清单				
序号	材料名称	用途	规格型号	数量
1				
2				
3				
4				

审核	小组审核意见： 组长签字：　　年　月　日 教师审核意见： 教师签字：　　年　月　日

四、任务实施

在做好个人安全防护、维修场地安全检查后，按照维修诊断的准备流程，做好诊断前的各项准备工作。

1. 故障诊断流程

（1）车辆故障现象确认

启动车辆时，车辆高压启动正常但减速器故障指示灯点亮且无法挂档行驶，如图4-7所示。

图4-7 故障车辆仪表现象

（2）故障分析

由于高压启动正常，因此说明动力蓄电池及电机控制器模块符合启动条件，无法挂档的主要原因主要涉及驱动电机、减速器及档位控制器等。

（3）模块通信状态及故障码检查

车辆下电，连接故障诊断仪，读取相应故障码，依据故障码或数据流确定可能的故障原因。

1）TCU模块无法通信，如图4-8所示，初步判定为TCU模块或相关线路出现故障。

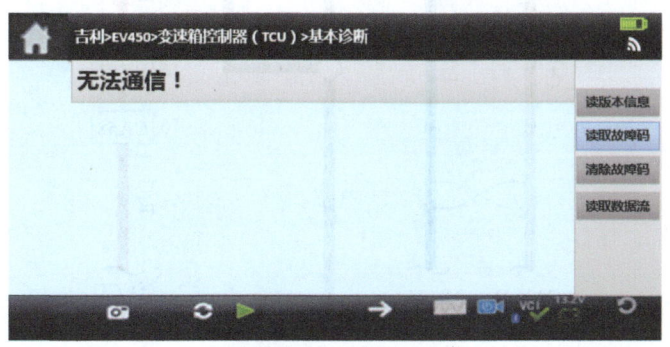

图4-8 诊断仪显示

2）故障诊断仪显示相关数据流：无。

（4）确认故障范围

故障范围包括 TCU 模块供电（含供电线路、熔断器、继电器等元件）、搭铁、通信 CAN 总线、模块自身等。

（5）检测分析

TCU 供电、通信、搭铁等相关线束出现异常均会导致故障发生，具体相关元件及线束如图 4-9 所示。

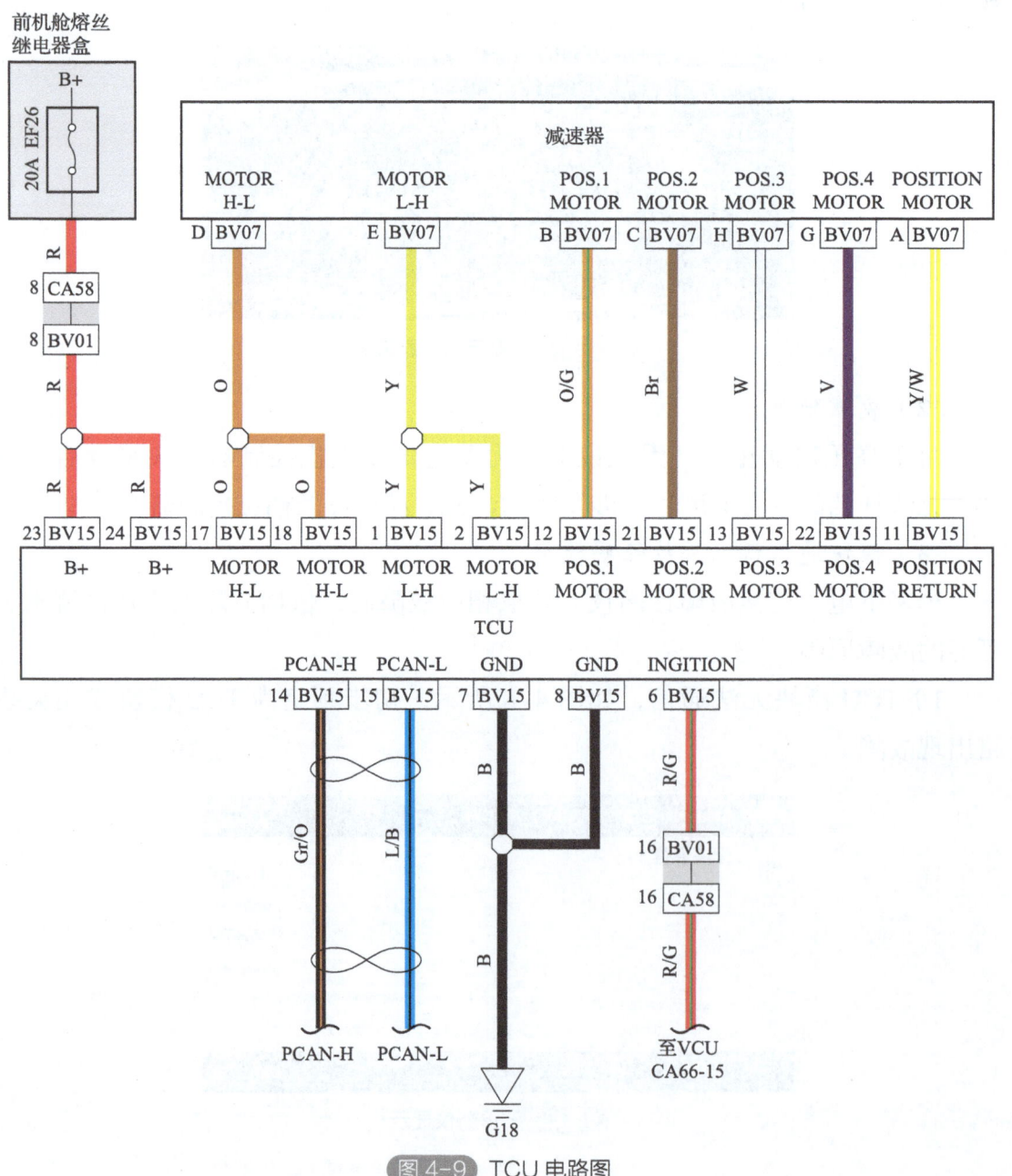

图 4-9　TCU 电路图

（6）具体检测过程

1）确认车辆动力蓄电池状态，通过诊断仪读取故障码，发现无法读取TCU的故障码和数据流。

2）将点火开关开到OFF档，断开动力蓄电池负极，断开BV15插接器，接上蓄电池负极，将点火开关开到ON档，测试BV15/23与BV15/24对地的电压值，如图4-10所示。测量结果均为12.15V，正常。

3）关闭点火开关，断开动力蓄电池负极，断开BV15插接器，测试BV15/7与BV15/8端子与车身接地之间的电阻（图4-11）。测量结果均为0.5Ω，正常。

图4-10 测量BV15/23对地的电压值

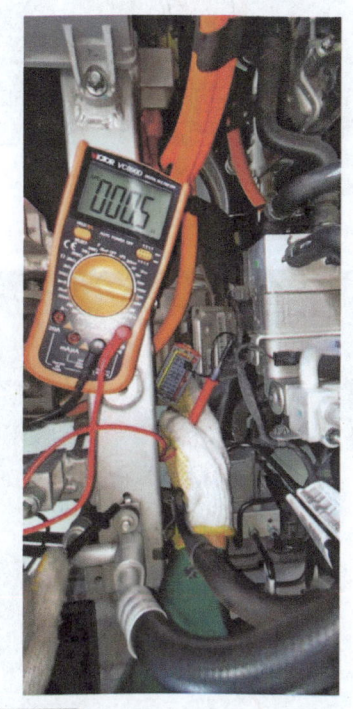

图4-11 测量BV15/7—GND电阻值

4）关闭点火开关，断开动力蓄电池负极，断开BV15插接器，测试BV15/14与BV15/15号端子间的电阻，如图4-12所示。测量结果为∞，异常。测量BV15/14—IP19/3之间的电阻值，如图4-13所示。测量结果为0Ω，正常。测量BV15/15— IP19/11之间电阻值，如图4-14所示。测量结果为∞，异常。

5）测量BV15/15—BV01/21之间的电阻值，如图4-15所示（结合电路图4-16）。测量结果为∞，异常。

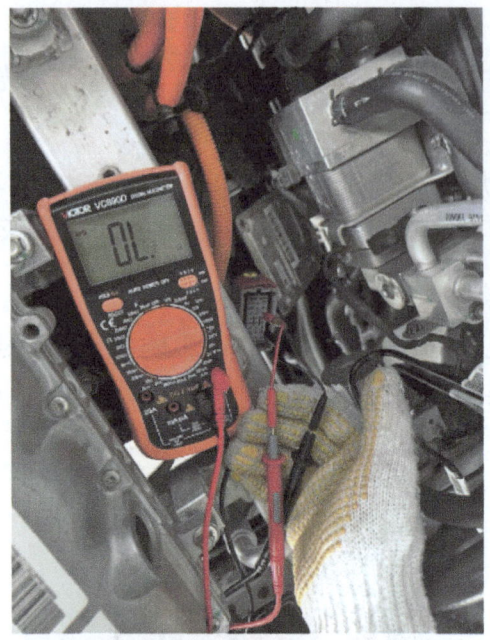

图 4-12 测量 BV15/14—BV15/15 之间的电阻值

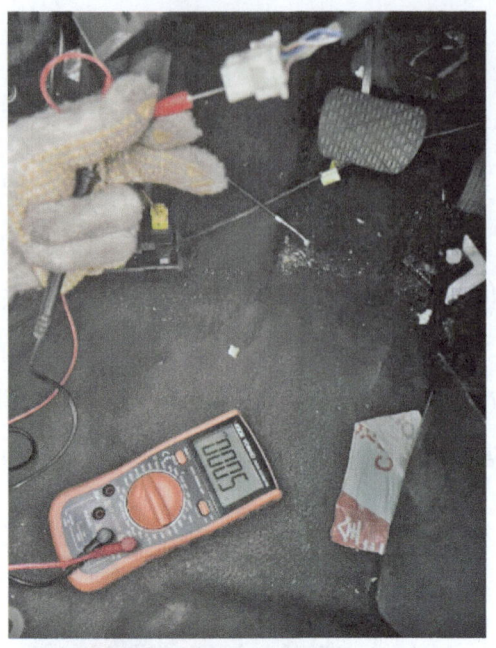

图 4-13 测量 BV15/14—IP19/3 之间的电阻值

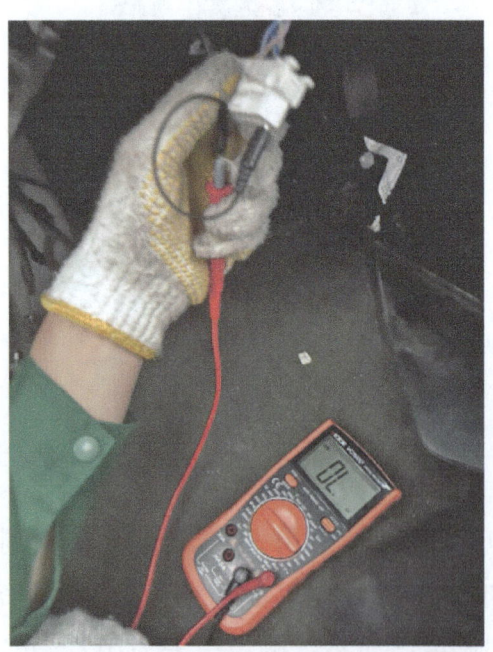

图 4-14 测量 BV15/15—IP19/11 之间的电阻值

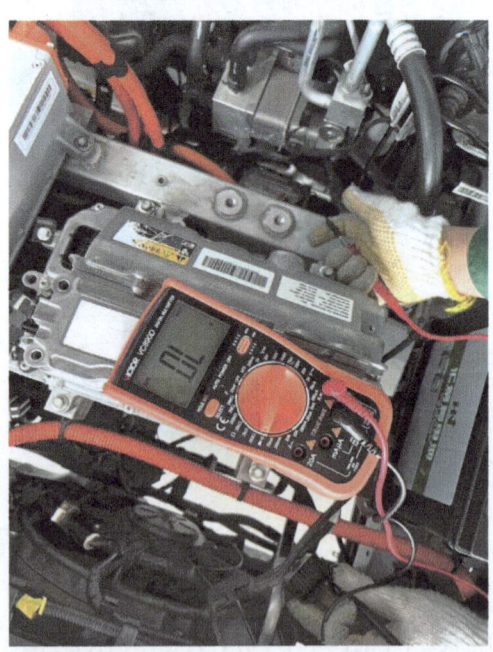

图 4-15 测量 BV15/15—BV01/21 之间的电阻值

6）确认 BV15/15—BV01/21 之间断路，修理线束后车辆可以正常行驶。

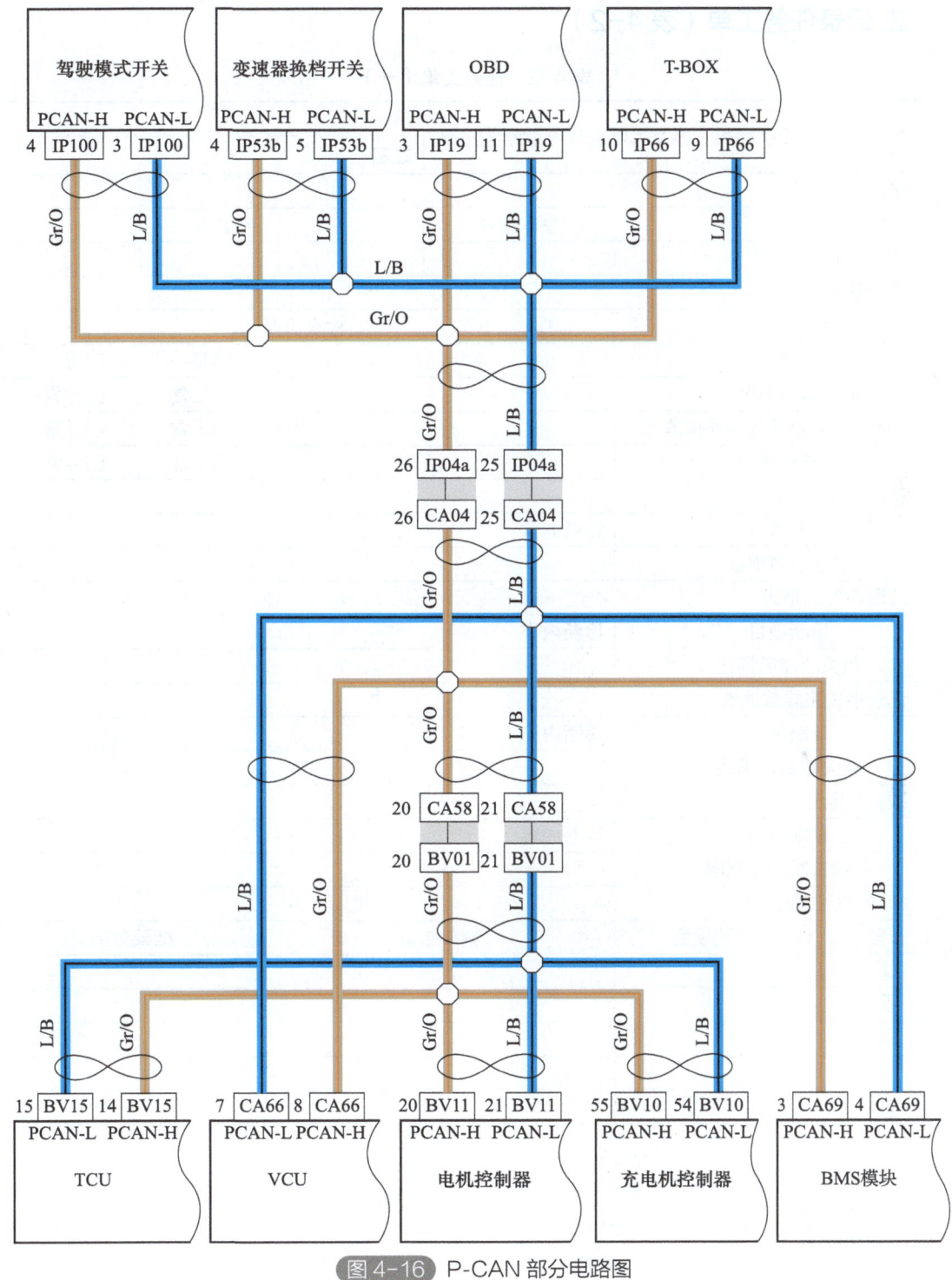

图 4-16 P-CAN 部分电路图

2. 记录任务工单（表4-2）

表4-2 任务工单（一）

任务工单	变速器控制器及其电路故障诊断与排除	班级：		
		姓名：		

（1）车辆信息记录

品牌		整车型号		生产年月	
车辆识别代码					

（2）车辆基本检查

检查项目	检查情况		
安全防护		□是	□否
辅助蓄电池电压		□正常	□异常
高压部件安装及插接器连接情况		□正常	□异常
储液罐液位		□正常	□异常

（3）故障现象

诊断项目	诊断内容
确认故障现象	

（4）读取相关故障码

诊断项目	诊断内容
相关故障码描述	

（5）记录相关主要数据流

诊断项目	诊断内容
相关数据流描述	

（6）故障范围分析

诊断项目	诊断内容
初步诊断故障范围	

（7）故障诊断过程

步骤	检测项目	测量结果	结果分析
①			
②			
③			
④			
⑤			
⑥			
⑦			

（8）故障诊断结论

确认故障部位	
故障机理描述	

（9）维修处理方法

维修建议	元件/线束 □维修 □更换
维修工时	

任 务 评 价

变速器控制器及其电路故障诊断与排除		姓名：	
日期：	班级：	学号：	
自我评价：□熟练 □不熟练	组长评价：□熟练　□不熟练		教师签名：
教师评价：□优秀　□良好　□合格　□不合格			

变速器控制器及其电路故障诊断与排除【评分细则】

序号	评分项	得分条件	分值	评分要求	自我评价	组长评价	教师评价
1	安全/7S/态度	□1. 能接受任务并完成任务 □2. 能进行设备和工具安全检查 □3. 能进行车辆安全防护操作 □4. 能进行人员高压安全防护操作 □5. 能进行三不落地操作 □6. 能进行团队合作作业 □7. 能进行工位7S操作 □8. 能进行有效沟通	20	未完成1项扣3分，扣分不得超过20分	□能做到 □做不到	□能做到 □做不到	□优秀 □良好 □合格 □不合格
2	专业技能	□1. 能正确检查车辆基本状态 □2. 能正确检查变速器控制器及其电路故障现象 □3. 能正确读取故障码及数据流信息 □4. 能正确分析故障原因 □5. 能正确制订诊断检测流程 □6. 能正确使用检测设备 □7. 能正确找到故障点 □8. 能正确分析故障机理 □9. 能合理提出维修建议	40	未完成1项扣5分，扣分不得超过40分	□熟练 □不熟练	□熟练 □不熟练	□优秀 □良好 □合格 □不合格
3	工具及设备使用能力	□1. 能正确使用维修工具 □2. 能正确使用充电装置 □3. 能正确使用万用表、诊断仪、示波器等诊断设备 □4. 能正确使用专用工具	5	未完成1项扣3分，扣分不得超过5分	□熟练 □不熟练	□熟练 □不熟练	□优秀 □良好 □合格 □不合格

（续）

序号	评分项	得分条件	分值	评分要求	自我评价	组长评价	教师评价
4	资料、信息查询能力	□1. 能正确查询车辆信息 □2. 能正确使用维修手册查询资料 □3. 能正确记录所查询资料的章节及页码 □4. 能正确记录检查状态信息	10	未完成1项扣3分，扣分不得超过10分	□熟练 □不熟练	□熟练 □不熟练	□优秀 □良好 □合格 □不合格
5	数据判断和分析能力	□1. 能判断变速器控制器及其电路故障仪表状态 □2. 能判断仪表指示灯状态 □3. 能判断故障码 □4. 能判断数据流 □5. 能分析诊断仪器检测结果	10	未完成1项扣2分，扣分不得超过10分	□能做到 □做不到	□能做到 □做不到	□优秀 □良好 □合格 □不合格
6	表单填写及撰写能力	□1. 字迹清晰 □2. 语句通顺 □3. 无错别字 □4. 无涂改 □5. 无抄袭	5	未完成1项扣1分，扣分不得超过5分	□熟练 □不熟练	□熟练 □不熟练	□优秀 □良好 □合格 □不合格
7	素养	□1. 注重团队合作 □2. 注意安全防护 □3. 注意保护实训设备 □4. 做到三不伤害 □5. 保护环境	10	未完成1项扣2分，扣分不得超过10分	□能做到 □做不到	□能做到 □做不到	□优秀 □良好 □合格 □不合格

任务 02 电动真空泵及其电路故障诊断与排除

一、任务导入

1. 任务描述

现有一辆吉利帝豪 EV450 启动时，车辆能够正常启动，READY 灯能正常点亮，但挂挡行驶后，仪表限功率指示灯（乌龟灯）点亮，且刹车过硬，未听见真空助力泵声音。初步判定为真空管理系统故障，作为维修技师，请你分析该车型真空管理系统的特点、组成、电路图，并对故障进行系统检测，依据检测结果确认故障点，按照维修手册中的标准与规范对故障进行维修。

2. 任务分析

要实现该故障的检测，需要按照以下步骤进行分析：

1）确认该车辆的故障现象是否与用户所述故障现象一致。

2）根据故障现象分析可能的诊断策略，通过诊断仪进一步确定可能的故障原因。

3）依据读取到的故障码或者数据流，进一步分析可能存在问题的模块并查阅对应的电路图。

4）分析电路图，进一步分析可能的故障原因，比如模块的供电、搭铁、通信、自身损坏等。

5）实施检测与诊断，确定故障范围。

6）实现对上述故障的修复，并验证诊断结果。

二、任务资讯

真空管理系统（VAM）的功能是对电动真空泵工作进行控制管理。系统默认为自动开启状态，当助力系统真空度低于设定值时，ESC 控制真空泵工作，为助力器提供真空；当真空度高于设定值时，ESC 控制电动真空泵停止工作。真空度设定值会随着车速的变化而相应变化，保证行车安全的前提下延长 EVP 的使用寿命。当系统监测到 VAM 失效时，仪表板上黄色 ESC 故障灯会点亮。

三、任务组织

1. 实施准备

1)所需的各种防护用品准备:工位、隔离带、安全警告标志牌、车轮挡块、灭火器、绝缘杆、绝缘垫、绝缘工作台、棉线手套、绝缘手套、防静电手套、护目镜、安全帽、车外三件套、车内四件套、吸油纸、洗手液、急救包、除颤仪。

2)常用工具:万用表、故障诊断仪、万用接线盒、绝缘工具套装。

3)资料准备:维修手册、电路图、其他资料。

2. 制订计划

依据任务要求、人物分析,结合实施准备,小组内相互讨论,制订工作计划,将工作计划步骤、选择该步骤的理由写在表4-3相应位置,并选派代表进行汇报展示。

表4-3 计划表(二)

1.作业计划			
序号	作业项目	操作要点	注意事项
1			
2			
3			
4			
5			
6			
7			

2.设备清单			
序号	设备名称	用途	规格型号	数量
1				
2				
3				
4				
5				
6				
7				

（续）

3. 其他材料清单				
序号	材料名称	用途	规格型号	数量
1				
2				
3				
4				

审核	小组审核意见： 组长签字： 年 月 日
	教师审核意见： 教师签字： 年 月 日

四、任务实施

在做好个人安全防护、维修场地安全检查后，按照维修诊断的准备流程，做好诊断前的各项准备工作。

1. 故障诊断流程

（1）车辆故障现象确认

启动车辆时，车辆能够正常启动，READY 灯正常点亮；挂档行驶后，仪表限功率指示灯（乌龟灯）点亮，制动感觉"过硬"，未听见真空助力泵工作的声音，试车时发现车辆无法提速，如图 4-17 所示。

图 4-17 故障车辆仪表现象

（2）故障分析

由于车辆能够正常上电，说明动力蓄电池及管理模块、电机控制器、VCU、ESC、BCM等模块自检都能够通过，但挂档行驶后出现限功率指示灯，且未能听见真空助力泵工作的声音，说明车辆在行驶后检测到制动真空压力异常，存在安全隐患，控制车辆驱动电机限功率行驶。因此，分析该故障范围为电动真空泵元件及线路故障、真空压力传感器及其线路故障、VCU模块通信故障等。

（3）模块通信状态及故障码检查

车辆下电，连接故障诊断仪，读取相应故障码及数据流，如图4-18所示。依据故障码或数据流确定可能的故障原因。

1）电子稳定系统（ESC）报C10AD08真空压力传感器故障。

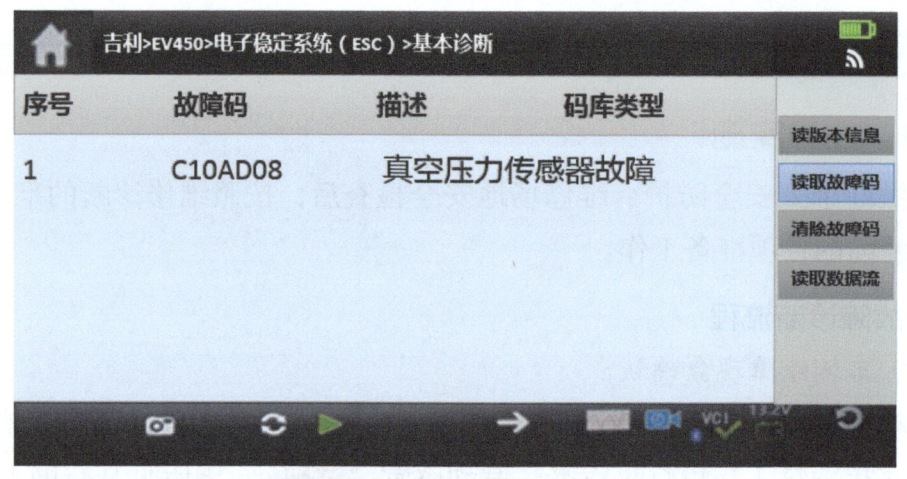

图4-18 ESC故障码C10AD08

2）故障诊断仪显示相关数据流：无。

（4）确认故障范围

故障范围包括真空压力传感器及其线路、ESC、电动真空泵及其线路等。

（5）检测分析

如图4-19所示，真空压力传感器把检测到的真空管压力值信号传递给ESC。ESC根据压力值的变换控制真空泵继电器ER03的开闭，以达到控制电动真空泵的效果。当真空管理系统出现故障时，为保证行车安全，将限功率行驶。

能力模块四　高压行驶系统故障诊断与排除

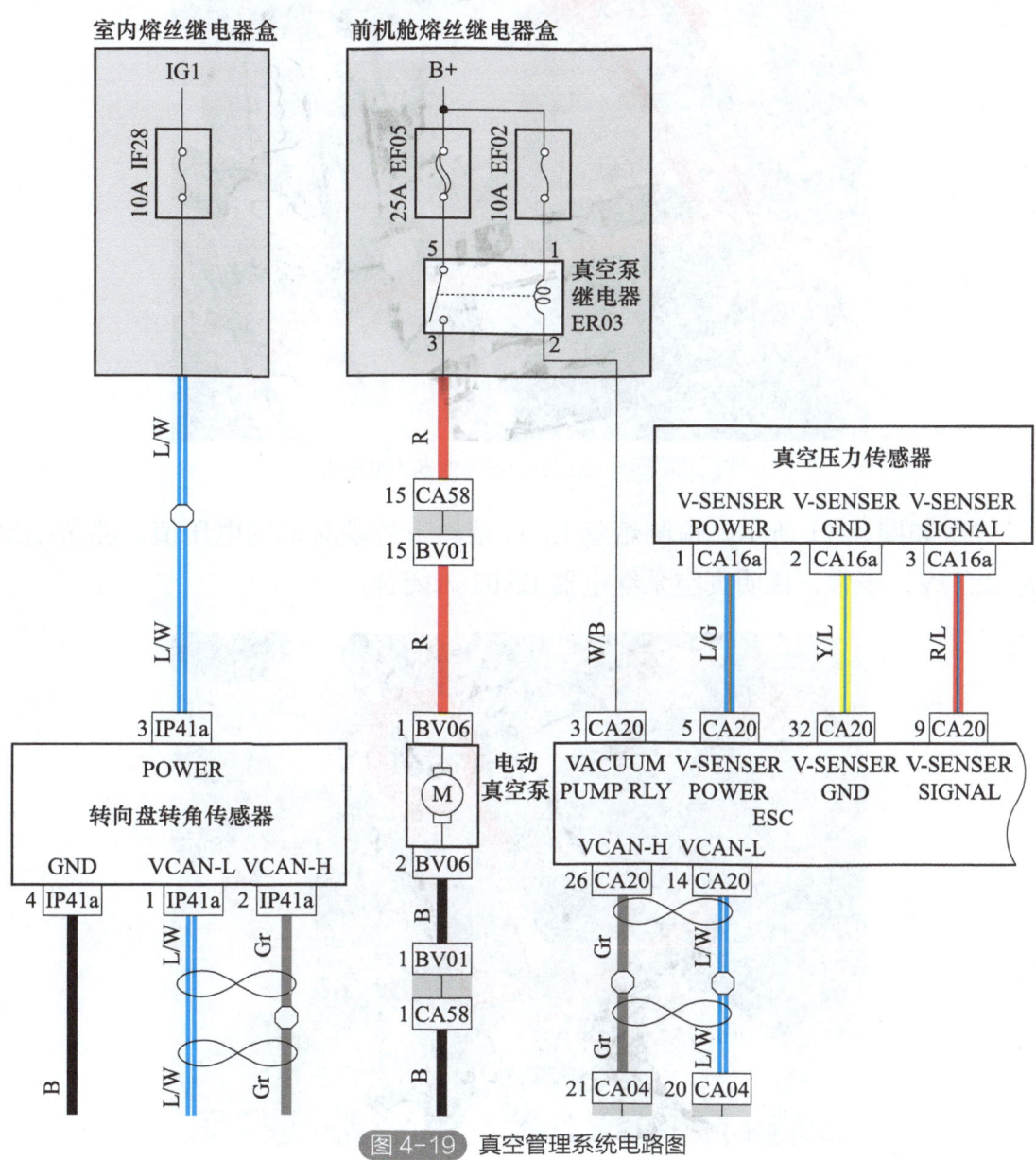

图 4-19　真空管理系统电路图

（6）具体检测过程

1）打开点火开关至"READY"挡，通过背插针方式，检测 BV06 线束插接器 1 号端子对地的电压值，如图 4-20 所示。测量结果为 0V，异常。

图 4-20 检测 BV06/1 对地的电压值

2）如图 4-21 所示，检测熔丝 EF05 熔丝下游端对地的电压值。测量结果为 12.17V，正常，说明真空泵继电器 ER03 未闭合。

图 4-21 EF05 熔丝下游端对地的电压值

3）如图 4-22 所示，检测熔丝 EF02 熔丝上游端对地的电压值。测量结果为 12.17V，正常。

4）拔出真空压力传感器的 CA16a 线束插接器，测试 EF02 熔丝上游端至 CA20 线束插接器 3 号端子之间的电阻。测量值为 82Ω，正常。

5）关闭点火开关，拔出 ESC 模块的 CA20 线束插接器，依次测试 CA16a/1—CA20/5、CA16a/2—CA20/32、CA16a/3—CA20/9 之间的电阻值，如图 4-23 所示。发现 CA16a/2—CA20/32 之间的电阻值为 ∞，异常。

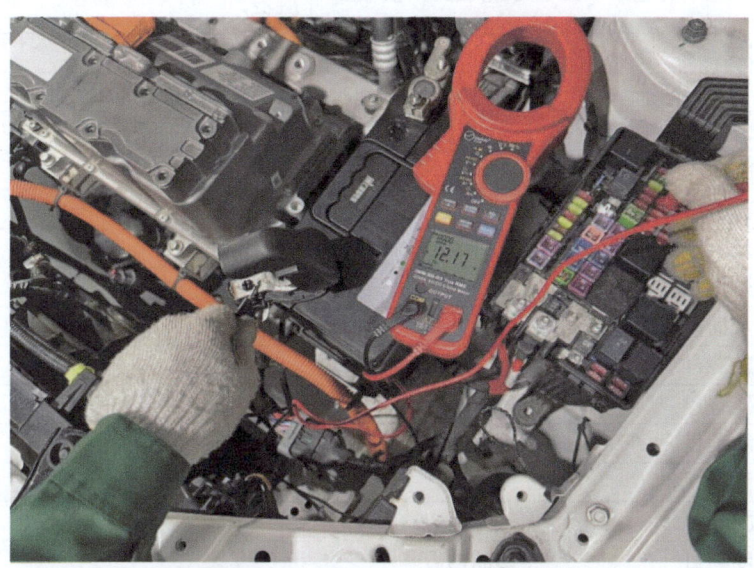

图 4-22 EF02 熔丝上游端对地的电压值

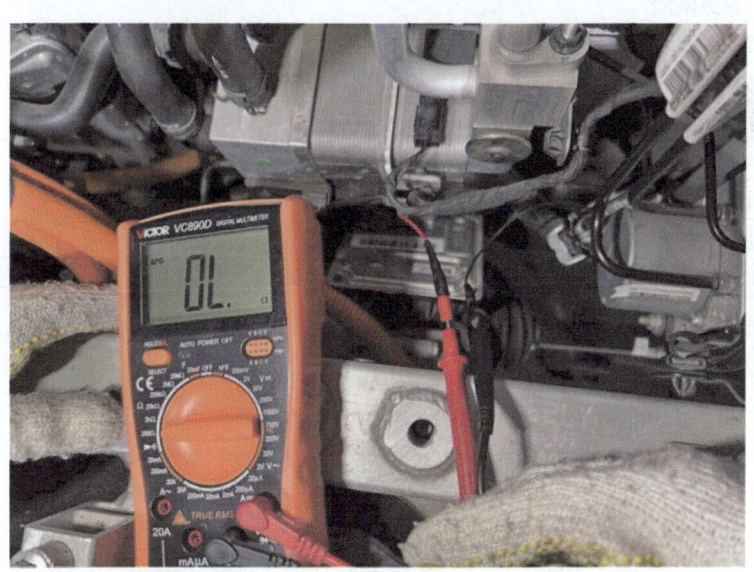

图 4-23 CA16a/2—CA20/32 之间电阻值

6）经检查确认，CA16a/2-CA20/32 之间存在断路，修复线束后车辆恢复正常。

2. 记录任务工单（表4-4）

表4-4　任务工单（二）

任务工单	电动真空泵及其电路故障诊断与排除	班级：	
		姓名：	

（1）车辆信息记录

品牌		整车型号		生产年月	
车辆识别代码					

（2）车辆基本检查

检查项目	检查情况		
安全防护		□是	□否
辅助蓄电池电压		□正常	□异常
高压部件安装及插接器连接情况		□正常	□异常
储液罐液位		□正常	□异常

（3）故障现象

诊断项目	诊断内容
确认故障现象	

（4）读取相关故障码

诊断项目	诊断内容
相关故障码描述	

（5）记录相关主要数据流

诊断项目	诊断内容
相关数据流描述	

（6）故障范围分析

诊断项目	诊断内容
初步诊断故障范围	

（7）故障诊断过程

步骤	检测项目	测量结果	结果分析
①			
②			
③			
④			
⑤			
⑥			
⑦			

（8）故障诊断结论

确认故障部位	
故障机理描述	

（9）维修处理方法

维修建议	元件/线束　　□维修　□更换
维修工时	

任 务 评 价

电动真空泵及其电路故障诊断与排除		姓名：	
日期：	班级：	学号：	
自我评价：□熟练 □不熟练	组长评价：□熟练　□不熟练		教师签名：
教师评价：□优秀　□良好　□合格　□不合格			

电动真空泵及其电路故障诊断与排除【评分细则】

序号	评分项	得分条件	分值	评分要求	自我评价	组长评价	教师评价
1	安全/ 7S/ 态度	□1.能接受任务并完成任务 □2.能进行设备和工具安全检查 □3.能进行车辆安全防护操作 □4.能进行人员高压安全防护操作 □5.能进行三不落地操作 □6.能进行团队合作作业 □7.能进行工位7S操作 □8.能进行有效沟通	20	未完成1项扣3分，扣分不得超过20分	□能做到 □做不到	□能做到 □做不到	□优秀 □良好 □合格 □不合格
2	专业技能	□1.能正确检查车辆基本状态 □2.能正确检查电动真空泵及其电路故障现象 □3.能正确读取故障码及数据流信息 □4.能正确分析故障原因 □5.能正确制订诊断检测流程 □6.能正确使用检测设备 □7.能正确找到故障点 □8.能正确分析故障机理 □9.能合理提出维修建议	40	未完成1项扣5分，扣分不得超过40分	□熟练 □不熟练	□熟练 □不熟练	□优秀 □良好 □合格 □不合格
3	工具及设备使用能力	□1.能正确使用维修工具 □2.能正确使用充电装置 □3.能正确使用万用表、诊断仪、示波器等诊断设备 □4.能正确使用专用工具	5	未完成1项扣3分，扣分不得超过5分	□熟练 □不熟练	□熟练 □不熟练	□优秀 □良好 □合格 □不合格

（续）

序号	评分项	得分条件	分值	评分要求	自我评价	组长评价	教师评价
4	资料、信息查询能力	□ 1. 能正确查询车辆信息 □ 2. 能正确使用维修手册查询资料 □ 3. 能正确记录所查询资料的章节及页码 □ 4. 能正确记录检查状态信息	10	未完成1项扣3分，扣分不得超过10分	□熟练 □不熟练	□熟练 □不熟练	□优秀 □良好 □合格 □不合格
5	数据判断和分析能力	□ 1. 能判断电动真空泵及其电路故障仪表状态 □ 2. 能判断仪表指示灯状态 □ 3. 能判断故障码 □ 4. 能判断数据流 □ 5. 能分析诊断仪器检测结果	10	未完成1项扣2分，扣分不得超过10分	□能做到 □做不到	□能做到 □做不到	□优秀 □良好 □合格 □不合格
6	表单填写及撰写能力	□ 1. 字迹清晰 □ 2. 语句通顺 □ 3. 无错别字 □ 4. 无涂改 □ 5. 无抄袭	5	未完成1项扣1分，扣分不得超过5分	□熟练 □不熟练	□熟练 □不熟练	□优秀 □良好 □合格 □不合格
7	素养	□ 1. 注重团队合作 □ 2. 注意安全防护 □ 3. 注意保护实训设备 □ 4. 做到三不伤害 □ 5. 保护环境	10	未完成1项扣2分，扣分不得超过10分	□能做到 □做不到	□能做到 □做不到	□优秀 □良好 □合格 □不合格

任务 03 驱动电机及其电路故障诊断与排除

一、任务导入

1. 任务描述

现有一辆吉利帝豪 EV450 启动时，车辆能够正常启动，READY 灯能正常点亮，但挂档后无法正常行驶，且动力系统故障灯点亮，初步判定为驱动电机或电机控制器故障。作为维修技师，请你分析该车型驱动电机的特点、组成、电路图，并对故障进行系统检测，依据检测结果确认故障点，按照维修手册中的标准与规范对故障进行维修。

2. 任务分析

要实现对该故障的检测，需要按照以下步骤进行分析：

1）确认该车辆的故障现象是否与用户所述故障现象一致。

2）根据故障现象分析可能的诊断策略，通过诊断仪进一步确定可能的故障原因。

3）依据读取到的故障码或者数据流，进一步分析可能存在问题的模块并查阅对应的电路图。

4）分析电路图，进一步分析可能的故障原因，比如模块的供电、搭铁、通信、自身损坏等。

5）实施检测与诊断，确定故障范围。

6）实现对上述故障的修复，并验证诊断结果。

二、任务资讯

电机控制器安装在前舱内，采用 CAN 总线通信，控制着动力蓄电池组到电机之间能量的传输，同时根据电机位置信号和三相电流检测信号，精确地控制驱动电机运行。

旋变信号的作用是反映驱动电机转子当前的旋转相位。电机控制器通过旋变信号计算当前的驱动电机转速。旋变器与电机控制器中间通过 6 根低压线束连接，其中 2 根是从电机控制器发出的激励信号，另外 4 根是旋变器输出的正弦信号和余弦信号。6 根线中的任何一根线路出现故障，都会导致驱动电机无法正常工作。

三、任务组织

1. 实施准备

1）所需的各种防护用品准备：工位、隔离带、安全警告标志牌、车轮挡块、灭火器、绝缘杆、绝缘垫、绝缘工作台、棉线手套、绝缘手套、防静电手套、护目镜、安全帽、车外三件套、车内四件套、吸油纸、洗手液、急救包、除颤仪。

2）常用工具：万用表、故障诊断仪、万用接线盒、绝缘工具套装。

3）资料准备：维修手册、电路图、其他资料。

2. 制订计划

依据任务要求、人物分析，结合实施准备，小组内相互讨论，制订工作计划，将工作计划步骤、选择该步骤的理由写在表 4-5 相应位置，并选派代表进行汇报展示。

表 4-5 计划表（三）

1. 作业计划			
序号	作业项目	操作要点	注意事项
1			
2			
3			
4			
5			
6			
7			
2. 设备清单			
序号	设备名称	用途	规格型号	数量
1				
2				
3				
4				
5				
6				
7				

（续）

3. 其他材料清单				
序号	材料名称	用途	规格型号	数量
1				
2				
3				
4				
审核	小组审核意见： 组长签字：　　年　月　日 教师审核意见： 教师签字：　　年　月　日			

四、任务实施

在做好个人安全防护、维修场地安全检查后，按照维修诊断的准备流程，做好诊断前的各项准备工作。

1. 故障诊断流程

（1）车辆故障现象确认

启动车辆时，车辆能够正常启动，READY 灯能正常点亮，但挂档后无法正常行驶，且动力系统故障灯点亮，如图 4-24 所示。

图 4-24　故障车辆仪表现象

（2）故障分析

由于车辆能够正常上电，说明动力蓄电池及管理模块、电机控制器、VCU、ESC、BCM等模块自检都能够通过，但挂档行驶后无法正常行驶，且出现系统故障灯。说明车辆在挂档准备行驶时检测到异常，控制车辆无法行驶。车辆无法正常行驶涉及因素较多，借助故障诊断仪分析，尽可能缩小故障范围。

（3）模块通信状态及故障码检查

车辆下电，连接故障诊断仪，读取相应故障码及数据流，依据故障码或数据流确定可能的故障原因。

1）如图4-25所示，集成动力控制器（IPU）报P0C5200 sine/consine输入信号低于电压阈值。

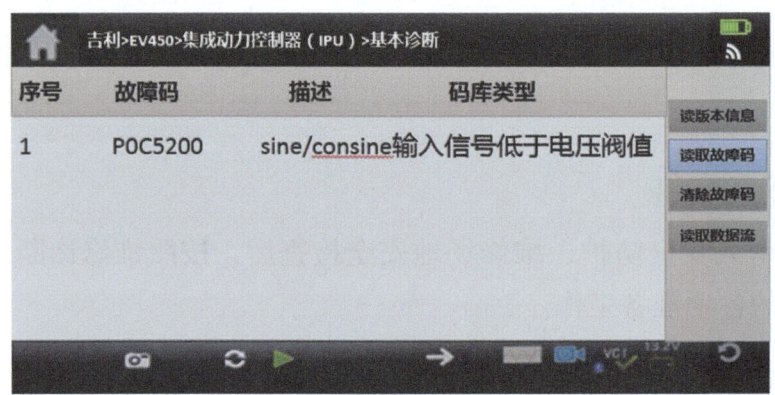

图4-25 故障诊断仪报故障码P0C5200

2）故障诊断仪显示相关数据流：无。

（4）确认故障范围

故障范围包括旋变传感器正弦、余弦、励磁信号等。

（5）检测分析

该故障码显示正弦或余弦信号异常，结合电路图（图4-26和图4-27），重点检测正弦、余弦信号。

（6）具体检测过程

1）关闭点火开关至"OFF"挡，拔出BV11、BV13线束插接器。

2）检测BV11/16—BV13/7之间的电阻值，如图4-28所示。测量结果为1.3Ω，正常。

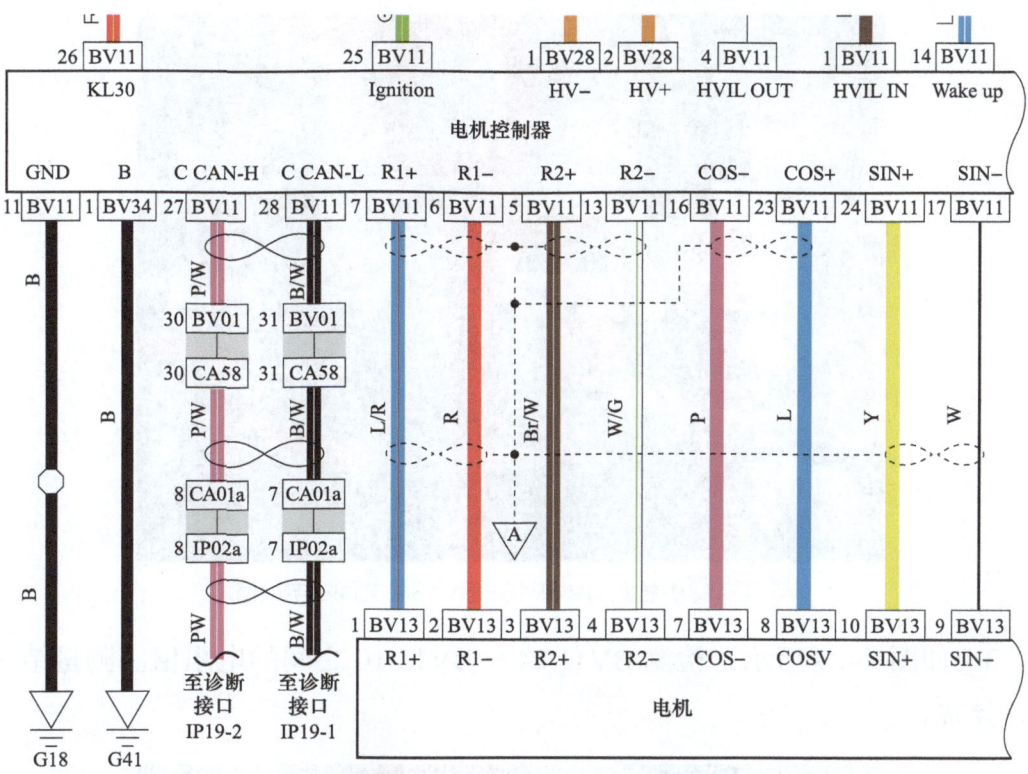

图 4-26 电机控制器部分电路图（一）

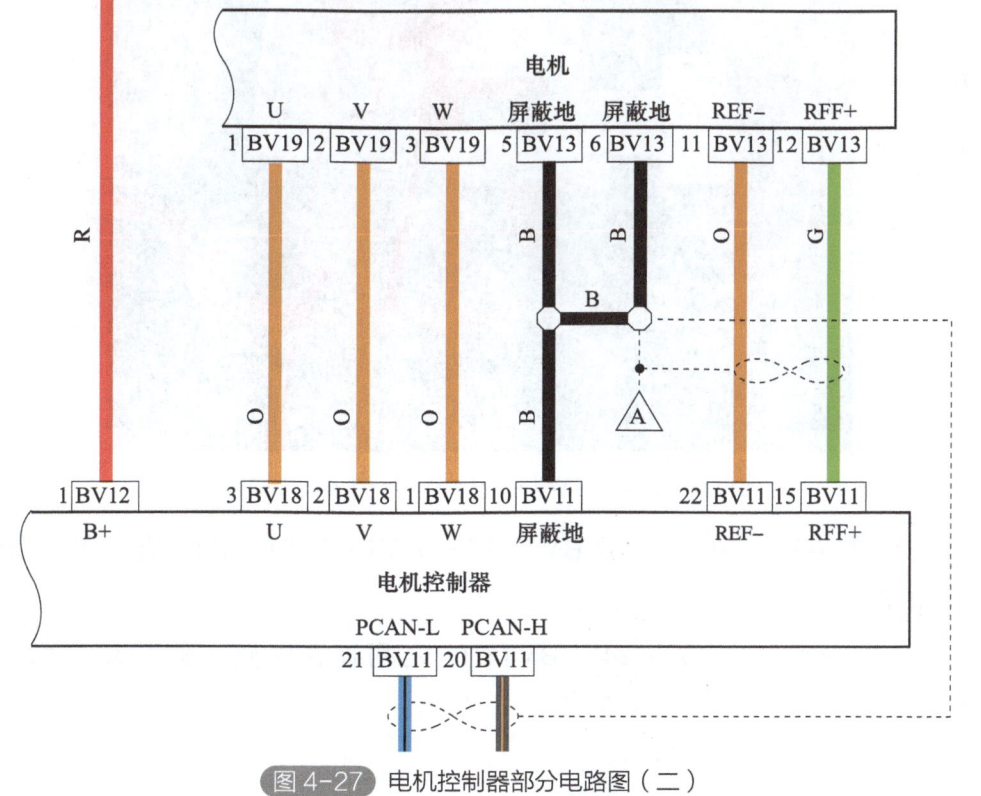

图 4-27 电机控制器部分电路图（二）

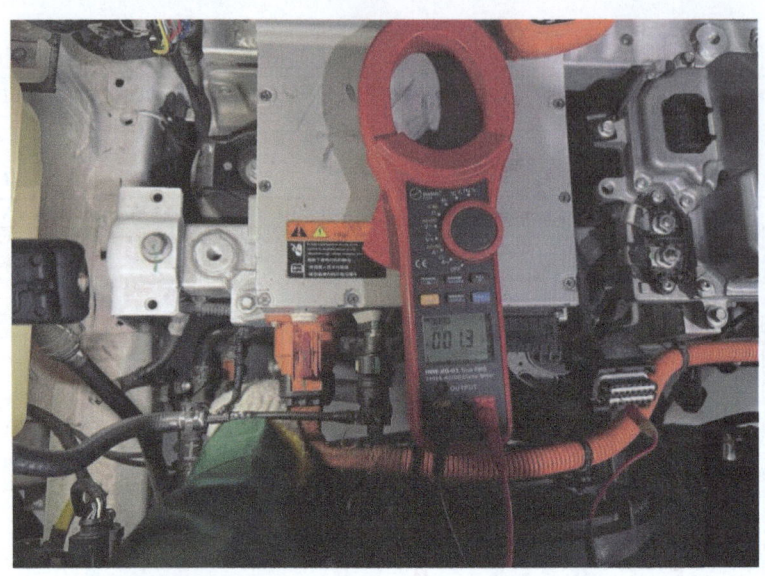

图 4-28 检测 BV11/16—BV13/7 之间的电阻值

3）如图 4-29 所示，检测 BV11/24—BV13/10 之间的电阻值。测量结果为 ∞，异常。

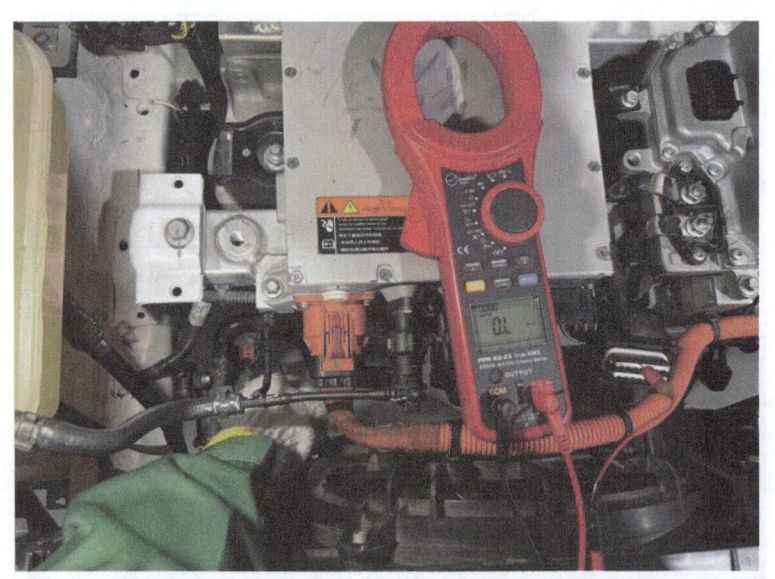

图 4-29 检测 BV11/24—BV13/10 之间的电阻值

4）如图 4-30 所示，检测 BV11/17—BV13/9 之间电阻值。测量结果为 1.5Ω，正常。

5）经检查确认，BV11/24—BV13/10 之间存在断路，修复线束后车辆恢复正常。

图 4-30 检测 BV11/17—BV13/9 之间的电阻值

2. 记录任务工单（表4-6）

表4-6 任务工单（三）

任务工单	驱动电机及其电路故障诊断与排除	班级：
		姓名：

（1）车辆信息记录

品牌		整车型号		生产年月	
车辆识别代码					

（2）车辆基本检查

检查项目	检查情况		
安全防护		□是	□否
辅助蓄电池电压		□正常	□异常
高压部件安装及插接器连接情况		□正常	□异常
储液罐液位		□正常	□异常

（3）故障现象

诊断项目	诊断内容
确认故障现象	

（4）读取相关故障码

诊断项目	诊断内容
相关故障码描述	

（5）记录相关主要数据流

诊断项目	诊断内容
相关数据流描述	

（6）故障范围分析

诊断项目	诊断内容
初步诊断故障范围	

（7）故障诊断过程

步骤	检测项目	测量结果	结果分析
①			
②			
③			
④			
⑤			
⑥			
⑦			

（8）故障诊断结论

确认故障部位	
故障机理描述	

（9）维修处理方法

维修建议		元件/线束	□维修	□更换
维修工时				

任务评价

驱动电机及其电路故障诊断与排除		姓名：	
日期：	班级：	学号：	
自我评价：□熟练 □不熟练	组长评价：□熟练　□不熟练		教师签名：
教师评价：□优秀　□良好　□合格　□不合格			

驱动电机及其电路故障诊断与排除【评分细则】

序号	评分项	得分条件	分值	评分要求	自我评价	组长评价	教师评价
1	安全/7S/态度	□1.能接受任务并完成任务 □2.能进行设备和工具安全检查 □3.能进行车辆安全防护操作 □4.能进行人员高压安全防护操作 □5.能进行三不落地操作 □6.能进行团队合作作业 □7.能进行工位7S操作 □8.能进行有效沟通	20	未完成1项扣3分，扣分不得超过20分	□能做到 □做不到	□能做到 □做不到	□优秀 □良好 □合格 □不合格
2	专业技能	□1.能正确检查车辆基本状态 □2.能正确检查驱动电机及其电路故障现象 □3.能正确读取故障码及数据流信息 □4.能正确分析故障原因 □5.能正确制定诊断检测流程 □6.能正确使用检测设备 □7.能正确找到故障点 □8.能正确分析故障机理 □9.能合理提出维修建议	40	未完成1项扣5分，扣分不得超过40分	□熟练 □不熟练	□熟练 □不熟练	□优秀 □良好 □合格 □不合格
3	工具及设备使用能力	□1.能正确使用维修工具 □2.能正确使用充电装置 □3.能正确使用万用表、诊断仪、示波器等诊断设备 □4.能正确使用专用工具	5	未完成1项扣3分，扣分不得超过5分	□熟练 □不熟练	□熟练 □不熟练	□优秀 □良好 □合格 □不合格

（续）

序号	评分项	得分条件	分值	评分要求	自我评价	组长评价	教师评价
4	资料、信息查询能力	□1. 能正确查询车辆信息 □2. 能正确使用维修手册查询资料 □3. 能正确记录所查询资料的章节及页码 □4. 能正确记录检查状态信息	10	未完成1项扣3分，扣分不得超过10分	□熟练 □不熟练	□熟练 □不熟练	□优秀 □良好 □合格 □不合格
5	数据判断和分析能力	□1. 能判断驱动电机及其电路故障仪表状态 □2. 能判断仪表指示灯状态 □3. 能判断故障码 □4. 能判断数据流 □5. 能分析诊断仪器检测结果	10	未完成1项扣2分，扣分不得超过10分	□能做到 □做不到	□能做到 □做不到	□优秀 □良好 □合格 □不合格
6	表单填写及撰写能力	□1. 字迹清晰 □2. 语句通顺 □3. 无错别字 □4. 无涂改 □5. 无抄袭	5	未完成1项扣1分，扣分不得超过5分	□熟练 □不熟练	□熟练 □不熟练	□优秀 □良好 □合格 □不合格
7	素养	□1. 注重团队合作 □2. 注意安全防护 □3. 注意保护实训设备 □4. 做到三不伤害 □5. 保护环境	10	未完成1项扣2分，扣分不得超过10分	□能做到 □做不到	□能做到 □做不到	□优秀 □良好 □合格 □不合格

能力模块五
充电系统故障诊断与排除

充电系统是新能源汽车主要的能源补给系统。新能源汽车，特别是纯电动汽车的充电技术，最关键的问题是如何实现高效率的快速充电。这关系到充电器的容量和性能、电网的承载能力和动力蓄电池的承受能力等。随着动力蓄电池本身充放电速度的不断提高，充电系统的性能也在不断改进，以满足在多种不同的应用情况下的快速充电需求。

本模块主要介绍新能源汽车充电系统的结构组成、功能、原理以及对车辆性能的影响。

能力目标

- 了解充电系统的类型。
- 掌握充电系统的结构和原理。
- 能通过维修手册及电路图查找充电系统的故障原因，使用检测工具进行故障排除。

知识准备

一、充电控制系统概述

充电控制系统的类型多种多样,有车载式充电、换(充)电系统等。不同类型的充电方式适用的场景均有所不同,充电技术的发展大大提高了新能源汽车使用的便捷性,如图 5-1 所示。

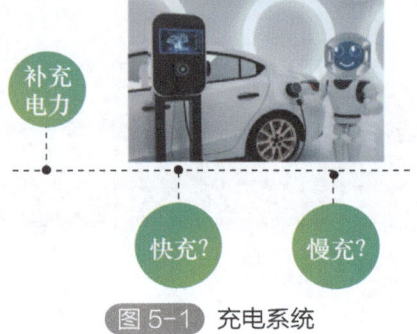

图 5-1 充电系统

1. 充电模式

充电模式是指连接电网(电源)给车辆供电的方法,根据 GB/T 18487.1—2015 规定,共有以下四种充电模式:

(1)充电模式 1

车辆通过传统的家用交流 13A 三脚插头和插座连接到电网上。这种插座不可在家用壁挂式充电设备上使用。我国国标规定,禁止使用模式 1 对电动汽车进行充电,如图 5-2 所示。

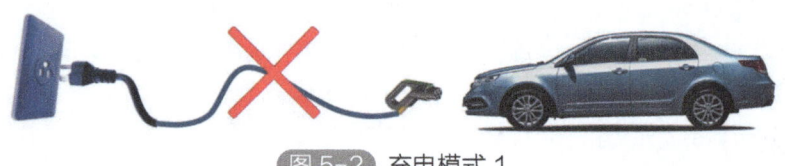

图 5-2 充电模式 1

(2)充电模式 2

充电模式 2 和充电模式 1 的基础设施是一样的,但是连接车辆的充电电缆上安装了控制与保护装置(IC-CPD),可以与车辆进行通信,具备剩余电流保护功能,如图 5-3 所示。主要缺点是如果使用者在充电设备上使用了延长电缆,则会带来一系列过热风险。

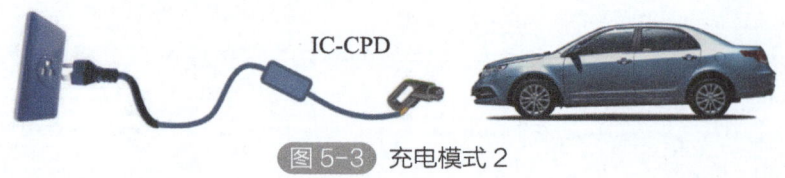

图 5-3 充电模式 2

(3)充电模式 3

充电模式 3 是将电动汽车连接到交流电网(电源)时使用了专用供电设

备,并且在专用供电设备上安装了控制导引装置,如图 5-4 所示。

图 5-4 充电模式 3

（4）充电模式 4

充电模式 4 是指将电动汽车连接到交流电网或直流电网时,使用了带控制导引功能的直流供电设备,如图 5-5 所示。

图 5-5 充电模式 4

充电模式 4 是一种快速充电模式,又称为直流充电,俗称"快充"。快充装置固定安装在电动汽车外,与交流电网连接,是可以为电动汽车动力蓄电池提供直流电源的供电装置。直流充电桩的输入电压采用三相四线 AC380V（1±15%）,频率为 50Hz,输出为可调直流电,直接为电动汽车的动力蓄电池充电。

2. 连接方式

（1）连接方式 A

将电动汽车与交流电网连接时,电动汽车自身携带电缆组件和供电插头,如图 5-6 所示。这种连接方式类似大多数吹风机、空调与电网的连接方式。

图 5-6 连接方式 A

（2）连接方式 B

将电动汽车和交流电网连接时，使用带有车辆插头和供电插头的独立的活动电缆组件（采用标准接口）。电缆组件和供电插头是独立的、可拆卸的，如图 5-7 所示。

图 5-7 连接方式 B

（3）连接方式 C

将电动汽车和交流电网连接时，电缆组件、车辆插头（充电枪）和供电设备永久连接在一起，电动汽车上具有插座，如图 5-8 所示。

图 5-8 连接方式 C

电动汽车常采用的充、换电方式比较见表 5-1。

表 5-1 电动汽车常采用的充、换电方式比较

充电方式	充电原理	充电时间
普通充电 （常规充电或慢速充电）	220V 或 380V 交流电源，由车载电动汽车车载充电机给动力蓄电池充电	需要 2~8h，甚至可能长达 10h
快速充电	直流电能给车载动力电池充电，电动汽车只需提供充电及相关通信接口	20~45min
动力蓄电池更换	直接更换动力蓄电池（同类型、同参数）	5~10min

二、交流充电系统

1. 交流充电系统概述

交流充电系统使用交流220V单相民用电,通过整流变换,将交流电变换为高压直流电给动力蓄电池进行供电,如图5-9所示。

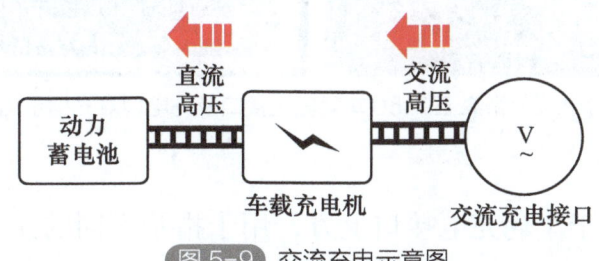

图 5-9 交流充电示意图

交流充电系统主要部件有供电设备(电缆保护盒、充电桩及充电线等)、交流充电接口、车内高压线束、高压配电盒、车载充电机、动力蓄电池、整车控制器和低压控制线束等。

2. 交流充电类型(表5-2)

车辆配备了多种充电模式,用户可以根据不同环境而选择最佳充电方式保障用车便捷。慢充方式均采用国标插口,能够兼容公共设施的快慢充电桩。

在不同充电模式下,充电时间在8~30h。

表 5-2 交流充电类型

充电类型	充电设备	充电时间	充电功率	电路要求	备注
应急线充	随车交流充电线	28~30h	1.8kW	220V,10A	随车赠送
慢充盒	壁挂式交流充电桩	16~8h	3.3/6.6kW	220V,16A/32A	—
充电站慢充	充电站交流充电桩	16~8h	3.3/6.6kW	220V,16A/32A	—

3. 交流充电口

交流充电口安装在车辆左前翼子板上。充电时,应根据充电类型,将交流充电枪插头插到相应的充电插座,连接正确后开始充电。充电口连接后即形成检测回路,当出现连接故障时,系统可以检测到该故障。帝豪EV450将直流和交流两种充电口分别安置在左侧前、后翼子板处。左前翼子板处的充电口是带有指示灯的6.6kW慢充口,绿色灯光表示充电完成,白色表示照明,红色表示充电故障,蓝色表示放电。帝豪EV450车载充电接口及充电口灯光指示信息如图5-10所示。

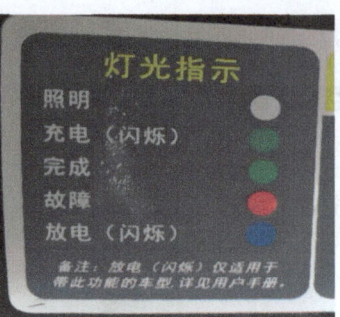

图 5-10 帝豪 EV450 车载充电接口及充电口灯光指示信息

4. 充电指示灯

充电指示灯位于车辆充电接口上方，用于指示不同的充电状态。任意电源档位下，当 BCM 收到 BMS 的充电状态信息时，驱动充电指示灯工作，显示充电状态，见表 5-3。

表 5-3 充电指示灯灯光颜色指示信息

指示灯灯光颜色	动作	功能定义
—	熄灭	未充电
黄	常亮 2min	充电准备（暂停）
黄	常亮 2min	加热（预留）
绿	闪烁（1Hz）	充电过程
蓝	常亮 2min	预约充电
绿	常亮 2min	充电完成
红	常亮 2min	充电故障
蓝	闪烁（1Hz）	放电过程（预留）

5. 交流充电接口端子电气参数及功能定义

交流充电接口端子电气参数及功能定义，如图 5-11 和表 5-4 所示。

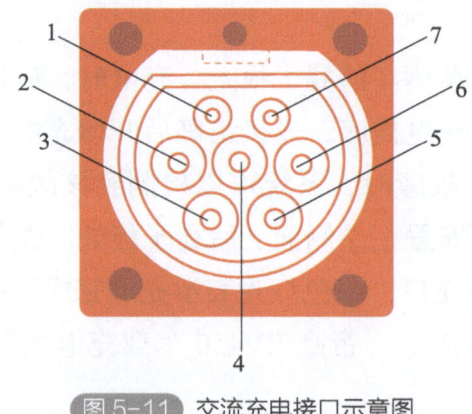

图 5-11 交流充电接口示意图

表 5-4　交流充电接口端子电气参数及功能定义

触头编号/标识	额定电压和额定电流	功能定义
1（CP）	30V，2A	控制确认
2（N）	250V/440V，16A/32A	中线
3（L3）	—	备用端子
4（PE）	—	保护接地，连接供电设备地线和车辆车身地线
5（L2）	—	备用端子
6（L1）	250V/440V，16A/32A	交流电源
7（CC）	30V，2A	充电连接确认

三、车载充电机

车载充电机是采用高频开关电源技术，将交流电转换为高压直流电给动力蓄电池充电，保证车辆正常行驶。同时车载充电机提供相应的保护功能，包括过电压、欠电压、过电流、欠电流等多种保护措施，当充电系统出现异常时会及时切断供电。车载充电机是将输入的交流电转换成直流电输出，工作过程需要与充电桩、BMS、VCU 进行通信。同时根据动力蓄电池需求可调节输出功率。帝豪 EV450 车载充电机与分线盒是一体化设计，如图 5-12 所示。

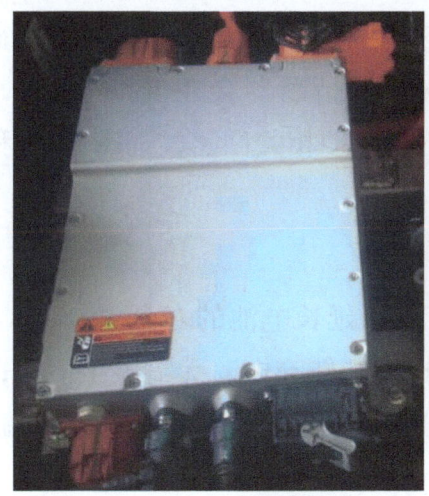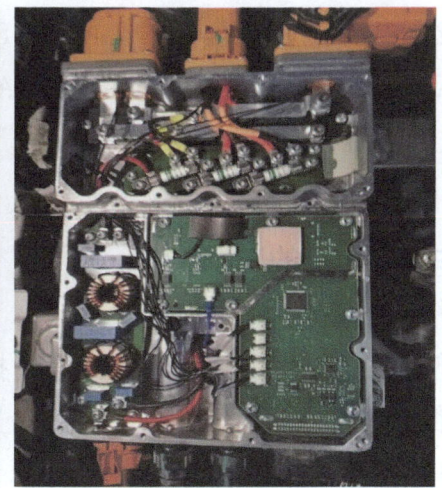

图 5-12　车载充电机外观及配电图

1. 车载充电机的组成

车载充电机内部主要包括三部分：主电路、控制电路、线束及标准件。帝豪 EV450 车载充电机内部结构图，如图 5-13 所示。

图 5-13 帝豪 EV450 车载充电机内部结构

1）主电路：前端将交流电变换为恒定电压的直流电，主要是全桥电路＋PFC 电路。后端为 DC/DC 变换器，将前端转出的直流高压电变换为合适的电压及电流供给动力蓄电池。

2）控制电路：具有控制 MOS 管的开关、与 BMS 进行通信、监测充电机状态、与充电桩握手等功能。

3）线束及标准件：用于主电路及控制电路的连接，固定元器件及电路板。

车载充电机内对电动压缩机回路、PTC 加热器回路、交流慢充回路各设有一个 40A 熔断器。当上述回路超过 90A 时，熔断器会在 15s 内熔断，当回路电流超过 150A 时，熔断器会在 1s 内熔断，保护相关回路，如图 5-14 和图 5-15 所示。

2. 车载充电机的工作特性

1）根据电池特性设计充电的曲线，可以延长电池的寿命。

2）使用方便，维护简单，由 BMS 控制智能充电，无需人工值守；

3）保护功能齐全，适用范围广，具有过电压、欠电压、过电流、过热、输出短路、反接等报警和保护功能。

4）整机温度保护为 75℃。当机内温度高于 75℃时，充电机输出电流变小；当机内温度高于 85℃时，充电机停止输出。

3. 车载充电机低压部分

纯电动汽车充电系统的低压部分主要是用于低压供电及控制信号。

1）低压 12V 模块供电：供充电过程中 BMS、VCU、仪表等用电。

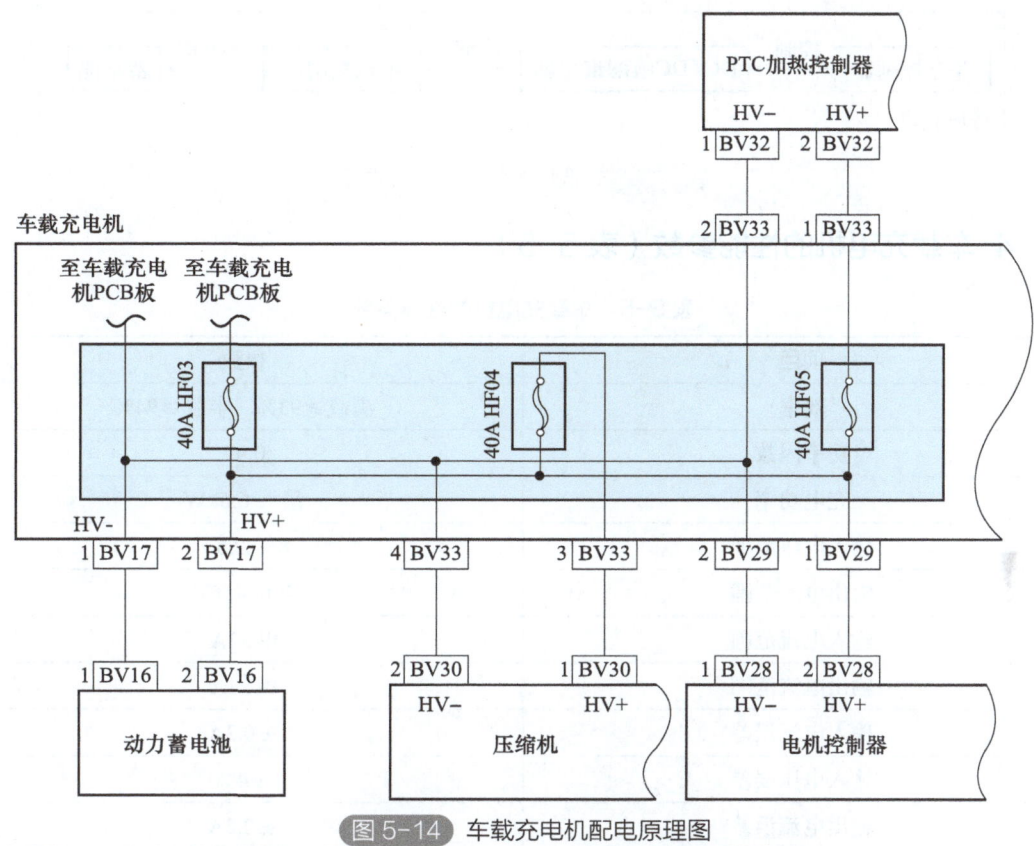

图 5-14　车载充电机配电原理图

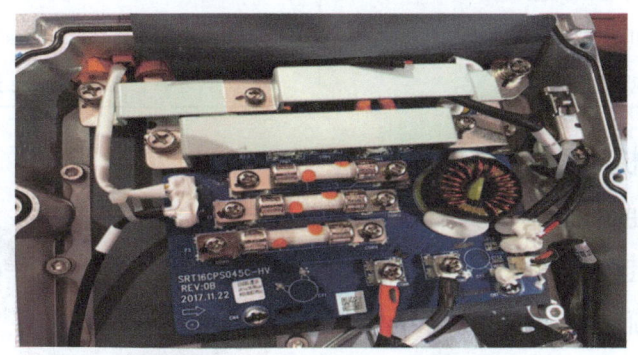

图 5-15　车载充电机内部三个熔丝

2）CAN 总线通信：BMS 通过 CAN 总线控制车载充电机工作状态。

3）充电接口相关低压部分：CC 信号检测充电线可耐受的电流，CP 信号接收电网控制充电机最大功率；

4）DC/DC 变换器低压部分：通过控制 DC/DC 变换器开关机，提供 12V 整车低压系统用电。

12V 整车低压系统电气原理框图如图 5-16 所示。

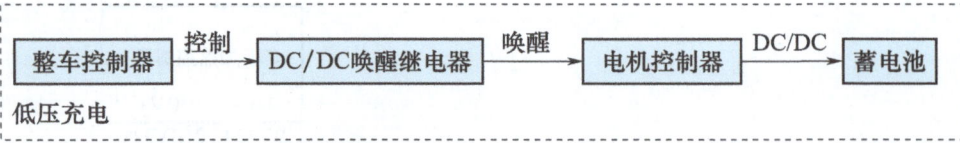

图 5-16 低压系统电气原理框图

4. 车载充电机的性能参数（表 5-5）

表 5-5 车载充电机的性能参数

项目	参数
效率	满载≥93%，半载≥94%
功率因数	0.99
充电功率	最大 6.6kW
输入电压范围	85~265V
输出电压范围	200~450V
输入电流范围	0~32A
输出电流范围	0~24A
输入电流误差	±0.3A
输入电压误差	±4%
输出电流误差	±0.2A
输出电压误差	±2%
逆变功率（中高配）	最大 3.3kW
逆变电压（中高配）	220V（1±5%）

5. 车载充电机（图 5-17）的功能

充电功能：通过家用插头和交流充电桩接入交流充电口，通过车载充电机将家用 220V 交流电转为直流高压电给动力蓄电池进行充电。

保护功能：车载充电机具有保护功能，如接地、断电、短路、过电压、欠电压、过电流、过温、低压输入反接等。

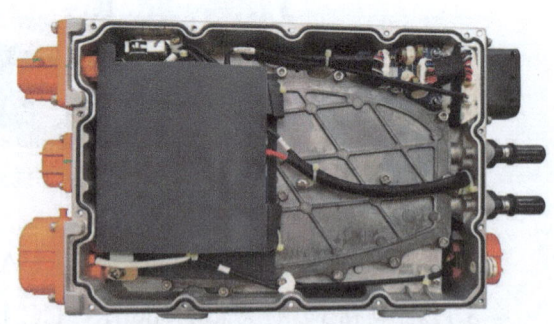

图 5-17 车载充电机内部视图

冷却方式：车载充电机冷却方式为水冷，冷却液温度为 -40~85℃之间（65℃满功率），车载充电机应能正常工作。

唤醒方式：充电机唤醒方式为 CC/CP/CAN 网络唤醒。

CAN 总线通信：车载充电机与整车其他控制模块通过 CAN 总线进行通信交互，被动执行 BMS 的充电控制指令，实现充电功能。

互锁检测：车载充电机具备高压互锁检测功能，将充电机互锁信号提供给整车检测。

插座温度检测：车载充电机通过温度传感器检测交流充电插座的实时温度并上报给整车，实现交流插座过温保护功能。

放电功能：将动力蓄电池直流电通过车载充电机转为交流电，通过交流充电口利用放电插排对外输出（不分车辆电源档位）。

加热功能：动力蓄电池包温度在 -20℃ 以下时，车载充电机可以在动力蓄电池包吸和继电器之前，稳定地通过电加热器给其加热。当动力蓄电池包温度达到 -18℃ 时，动力蓄电池包继电器吸合，自动跳转至充电状态。

四、充电锁功能

为防止车辆充电过程中充电枪丢失，车辆具有充电枪锁功能。充电枪插入充电接口后，只要驾驶人按下智能钥匙闭锁按钮，充电枪防盗功能将开启，BCM 收到智能钥匙的闭锁信号后通过 CAN 总线将该信号传递到 OBC（车载充电机）。OBC 将控制充电枪锁止电机锁止充电枪、此时充电枪无法拔出。如要拔出充电枪，需先按下智能钥匙解锁按钮，解锁充电枪，如图 5-18 所示。

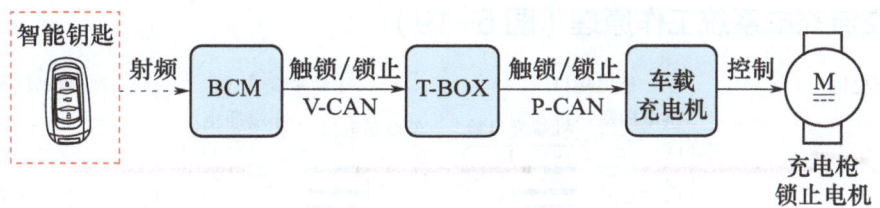

图 5-18 智能钥匙解锁示意图

五、交流充电系统工作原理

交流充电系统是纯电动汽车的核心，动力蓄电池的充电过程由 BMS 进行控制及保护。车载充电机工作状态及指令均由 BMS 发出的指令进行控制，包括工作模式指令、动力蓄电池允许最大电压、充电允许最大电流、加热状态电流值。

依据 GB 27930—2015 规定，新能源汽车充电的过程可以分为 6 个阶段：物理连接阶段→低压辅助上电阶段→充电握手阶段→充电参数配置阶段→充电过程管理阶段→充电完成阶段。

1. 交流模式的充电条件

1）充电线连接确认信号正常。

2）充电机供电电源正常（含 220V 和 12V）及充电机工作正常。

3）充电唤醒信号输出正常（12V）。

4）充电机、VCU、BMS 之间通信正常（主继电器闭合、发送电流强度需求）。

5）单体蓄电池温度 >0℃且 <45℃。

6）单体蓄电池最高电压与最低电压差 <0.3V（300mV）。

7）单体蓄电池最高温度与最低温度差 <15℃。

8）绝缘性能 >500Ω/1V。

9）实际单体最高电压不大于额定单体电压 0.4V。

10）高、低压电路连接正常（远程控制开关关闭状态）。

> ⚠ **温馨提示**
>
> 交流充电设备用电功率不能超过家庭电网的负载上限，避免引起电网损坏或烧毁。

2. 交流充电系统工作原理（图 5-19）

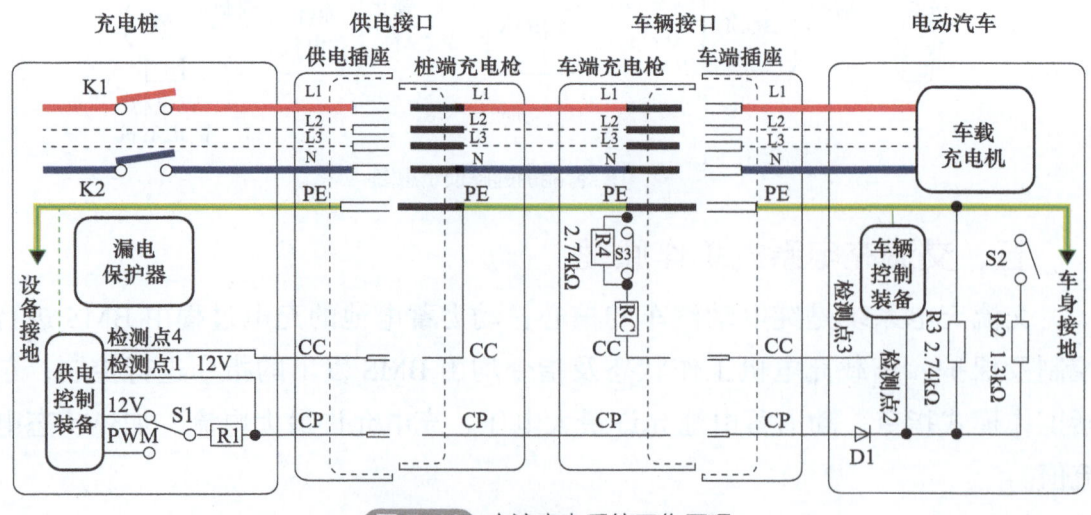

图 5-19 交流充电系统工作原理

1）供电插座和桩端充电枪 PE 端接触。

2）供电桩端 L、N 连接。

3）充电桩端 CC、CP 连接，检测点 4 与接地接通，桩端通过 CC 信号确认桩端充电枪连接。

4）充电桩端连接完毕，车辆端充电枪连接时 PE 端子先接触，之后是 LN 端子接触。

5）充电桩端连接完毕，车辆端充电枪连接 CC、CP 端子接触，检测点 1 的电压由 12V 变为 9V 后，充电桩检测到充电枪已连接。

6）S1 开关切换到 12V PWM 信号端，检测点 1 的信号由 9V 直流电压信号变为 9V PWM 信号，表示充电设备进入准备就绪状态。

7）充电桩端连接完毕，车辆端充电枪连接 CC、CP 端子接触，当检测到检测点 3 与接地之间的电阻为 RC+R4 时，判断充电枪为半连接状态。

8）车辆端充电枪连接完毕，S3 开关（车端充电枪解锁按键弹起）闭合。

9）当检测到检测点 3 与接地之间的电阻为 RC 时，判断充电枪为连接状态。

10）车辆检测到充电枪为连接状态后，充电机会根据动力蓄电池的充电需求、动力蓄电池是否有不能充电的故障。充电机检测无故障时，会闭合 S2 继电器，表示车辆准备就绪，请求充电。

11）充电机闭合 S2 继电器，充电桩端检测点 1 会从 9V PWM 信号变为 6V PWM 信号，充电桩检测到该信号即确认车辆准备就绪，请求充电。

12）充电桩闭合 K1、K2 继电器给车辆端供电。

3. 充电 CC、CP 定义及逻辑

CC 检测：通过对接入电路（接地）的检测来判断 CC 是否连接，如果检测到接地，则认为 CC 已经连接，如图 5-20 所示。

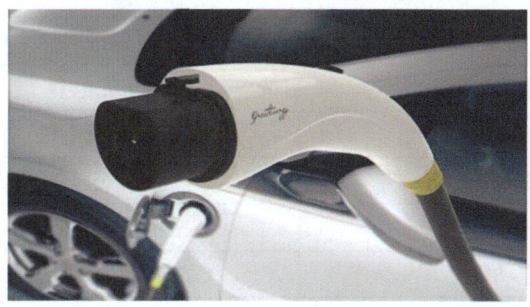 

图 5-20　充电 CC 信号正常仪表指示

CP 检测：当充电枪连接后通过 CP 检测线传入的信号，可以得出该充电机允许的最大输入电流（AC），如图 5-21 所示。

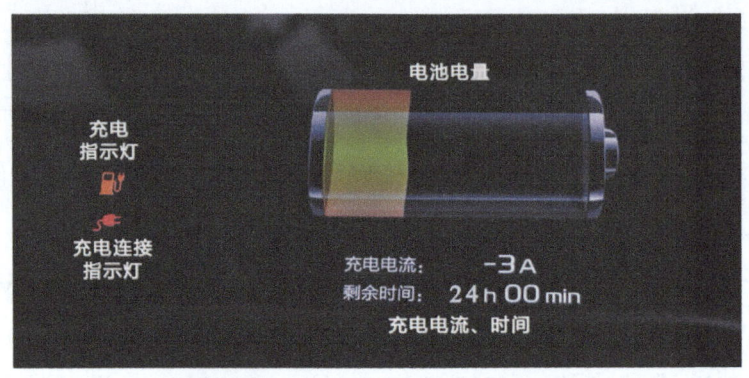

图 5-21 充电 CP 信号正常仪表指示

在车辆处于 OFF 档或 ACC 档时，当充电枪插入后，CC 检测由悬空变为接地（如果辅助控制模块处于睡眠状态，则 CC 检测唤醒辅助控制模块），通过硬线唤醒 BMS（持续高电平），确认 CC 连接后辅助控制模块进行 CP 检测；待辅助控制模块检测到 CAN 总线上有来自 VCU 的报文时，将 CC、CP 状态及检测结果发送到 CAN 总线上；待辅助控制模块检测到 VCU 转发的高压系统故障无故障之后，闭合 S2。

车辆处于 ON 档时，当充电枪插入后，CC 检测由悬空变为接地，确认 CC 连接后辅助控制模块进行 CP 检测，将 CC、CP 状态及检测结果发送到 CAN 总线上，待辅助控制模块检测到 VCU 发送的高压系统无故障（0x11514）之后，闭合充电桩交流输出开关。

4. CC、CP 信号对比

CC 信号判断充电枪电缆规格允许的充电电流，见表 5-6。

表 5-6 CC 信号数据表

电阻	对应的充电枪电缆允许的充电电流	备注
1.4~1.6kΩ	10A	随车充电盒
580~780Ω	16A	3.3kW 充电桩
180~260Ω	32A	7kW 充电桩
60~140Ω	63A	三相交流充电桩
2kΩ	放电功能	放电功率 3.3kW

CP 信号判断充电柜最大输出电流，见表 5-7。

表 5-7　CP 信号数据表

PWM 占空比 D	最大充电电流 I_{max}/A
D<3%	不允许充电
3%≤D≤7%	5% 的占空比表示需要数字通信，且需在充电
7%<D<8%	不允许充电
8%≤D<10%	$I_{max}=6$
10%≤D≤85%	$I_{max}=(D\times100)\times0.6$
85%<D≤90%	$I_{max}=(D\times100-64)\times2.5$ 且 $I_{max}\leq63$
90%<D≤97%	预留
D>97%	—

六、直流充电

1. 直流充电口端子定义（图 5-22）

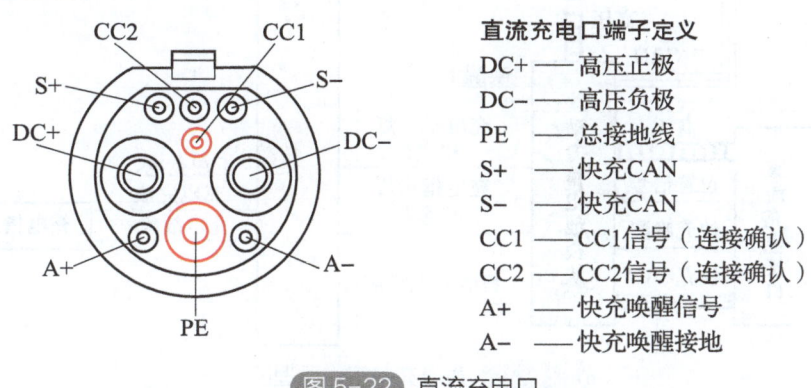

图 5-22　直流充电口

2. 直流充电工作原理

直流充电工作原理如图 5-23 和图 5-24 所示。

1）充电插头与车辆插座插接后，控制不能上高压，使车辆处于不可行驶状态。

2）充电桩确认车辆接口完全连接。非车载充电机控制装置通过检测 CC1 电阻值引起的电压变化判断充电器插头和车辆插座是否已完全连接。当检测点 1 的电压为 4V 时，则判断车辆接口完全连接。并将充电枪中的电子锁进行锁定，防止枪头脱落。

3）充电桩自检阶段。在车辆接口完全连接后，充电桩将闭合 k3 和 k4，使低压辅助供电回路导通，为电动汽车控制装置供电（有些车辆不需要供电）。

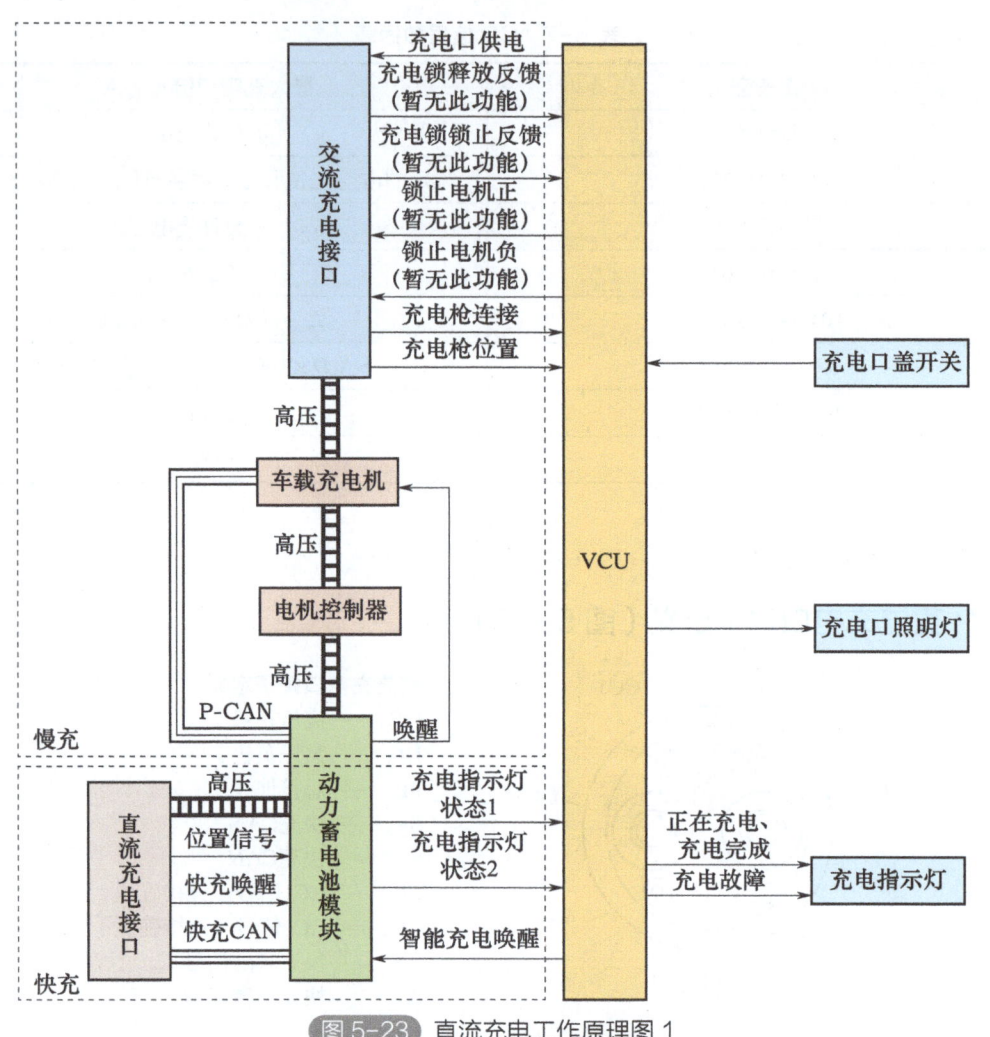

图 5-23 直流充电工作原理图 1

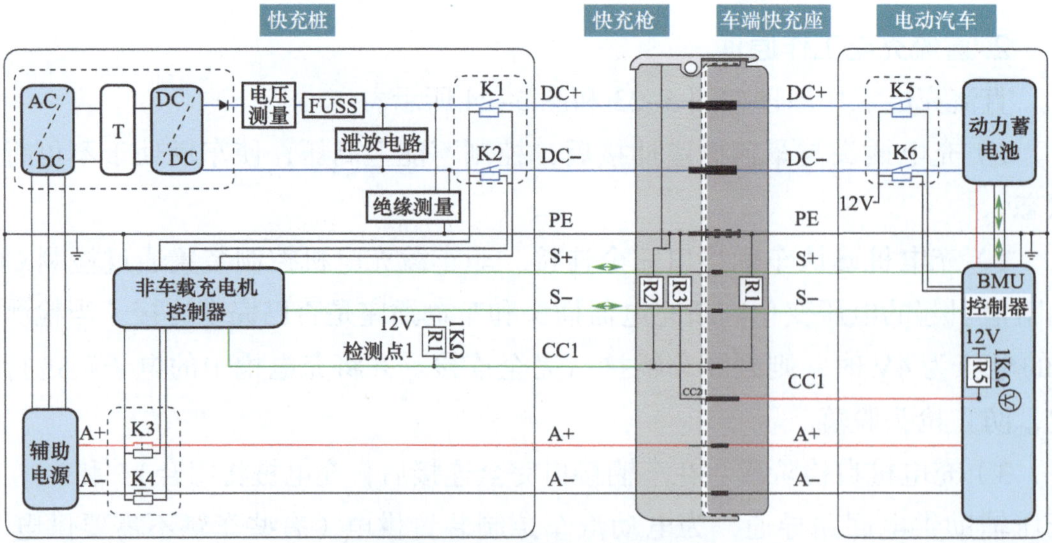

图 5-24 直流充电工作原理图 2

车辆得到供电后,将根据检测点 2 的电压来判断车辆接口是否连接。若电压值为 6V,则车辆装置开始周期发送通信握手报文,接着闭合 K1 和 K2,进行绝缘检测。所谓绝缘检测,即检测 DC 线路的绝缘性能,保证后续充电过程的安全性。绝缘检测结束后,将投入泄放回路进行能量泄放,并断开 K1 和 K2,同时开始周期发送通信握手报文。

4)充电准备就绪。BMS 和直流充电桩通信辨识后,BMS 闭合 K5、K6,使充电回路导通,并进行绝缘检测,直流充电桩判断动力蓄电池电压是否正常后闭合 K1、K2,使直流供电回路导通。

5)充电阶段。在充电阶段,车辆向充电桩实时发送电池充电需求参数。充电桩会根据电池该参数实时调整充电电压和电流,并相互发送各自的状态信息,如充电桩输出电压和电流、车辆电池电压和电流、SOC 等。

6)充电结束阶段。车辆会根据 BMS 达到满充状态或是收到充电桩发来的"充电桩中止充电报文"来判断是否结束充电。在确认充电电流小于 5A 后,断开 K5、K6。充电桩在达到操作人员设定的充电结束条件,或是受到车辆发来的"车辆中止充电报文",会发送"充电桩中止充电",并控制充电桩停止充电,在确认充电电流小于 5A 后断开 K1、K2,并再次投入泄放回路,然后断开 K3、K4。

七、低压充电

低压充电过程如图 5-25 所示。

图 5-25　低压充电

长期停放的车辆容易造成低压蓄电池亏电,但低压蓄电池严重亏电将会导致车辆无法启动上电。为避免这一问题,新能源汽车一般具有智能充电功能。车辆停放过程中 VCU 将持续对低压蓄电池电压进行监控,当电压低于设定值时,VCU 将唤醒 BMS,同时 VCU 也将控制电机控制器通过 DC/DC 变换器对低压蓄电池进行充电,防止低压蓄电池亏电,如图 5-30 所示。

高压上电前,低压电路系统依赖 12V 铅蓄电池供电。当高压上电后,电机控制器将动力蓄电池的高压直流电变换成低压直流电为 12V 铅蓄电池充电。

典型工作任务

任务 01 交流充电枪元件故障诊断与排除

一、任务导入

1. 任务描述

一辆吉利帝豪 EV450 纯电动汽车,车主反映车辆启动正常,但关闭点火开关对车辆进行交流充电时,仪表只显示充电连接指示灯,无充电信息显示,且充电口指示灯不变绿,无法充电。作为维修技师,请你分析该车型交流充电系统的特点、组成、电路图,并对故障进行系统检测,依据检测结果确认故障点,按照维修手册中的标准与规范对故障进行维修。

2. 任务分析

要实现该故障的检测,需要按照以下步骤进行分析:

1)确认该车辆的故障现象是否与用户所述故障现象一致。

2)根据故障现象分析可能的诊断策略,通过诊断仪进一步确定可能的故障原因。

3)依据读取到的故障码或者数据流,进一步分析可能存在问题的模块并查阅对应的电路图。

4)分析电路图,进一步分析可能的故障原因,比如模块的供电、搭铁、通信、自身损坏等。

5)实施检测与诊断,确定故障范围。

6)实现对上述故障的修复,并验证诊断结果。

二、任务资讯

交流充电系统是纯电动汽车的核心,动力蓄电池的充电过程由 BMS 进行控制及保护。车载充电机的工作状态及指令均由 BMS 发出的指令进行控制,包括工作模式指令、动力蓄电池允许最大电压、充电允许最大电流、加热状态电流值。

三、任务组织

1. 实施准备

1)所需的各种防护用品准备:工位、隔离带、安全警告标志牌、车轮挡块、灭火器、绝缘杆、绝缘垫、绝缘工作台、棉线手套、绝缘手套、防静电手套、护目镜、安全帽、车外三件套、车内四件套、吸油纸、洗手液、急救包、除颤仪。

2)常用工具:万用表、故障诊断仪、万用接线盒、绝缘工具套装。

3)资料准备:维修手册、电路图、其他资料。

2. 制订计划

依据任务要求、人物分析,结合实施准备,小组内相互讨论,制订工作计划,将工作计划步骤、选择该步骤的理由写在表5-8相应位置,并选派代表进行汇报展示。

表5-8 计划表(一)

1.作业计划			
序号	作业项目	操作要点	注意事项
1			
2			
3			
4			
5			
6			
7			
2.设备清单			
序号	设备名称	用途	规格型号	数量
1				
2				
3				
4				
5				
6				
7				

（续）

3. 其他材料清单

序号	材料名称	用途	规格型号	数量
1				
2				
3				
4				

审核	小组审核意见： 组长签字：　　　年　月　日 教师审核意见： 教师签字：　　　年　月　日

四、任务实施

在做好个人安全防护、维修场地安全检查后，按照维修诊断的准备流程，做好诊断前的各项准备工作。

1. 故障诊断流程

（1）车辆故障现象确认

车辆进行交流充电时，仪表只显示充电连接指示灯，且充电口指示灯不变绿，无法充电。将点火开关置于 OFF 档，连接交流充电枪，仪表充电连接指示灯点亮，仪表无充电信息显示，且充电口指示灯未变绿，无法交流充电，如图 5-26 所示。

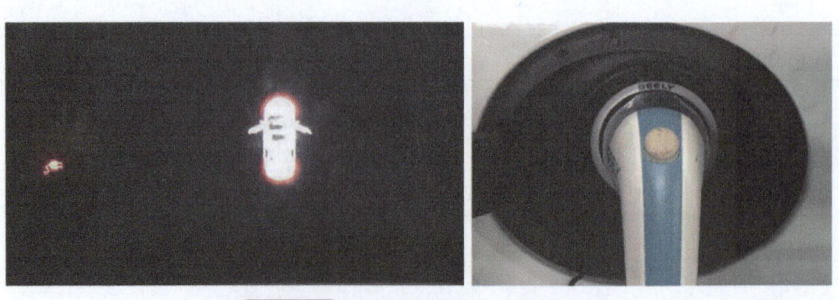

图 5-26　无法交流充电故障现象

（2）故障分析

交流充电（慢充）系统分为控制部分和执行部分，如图 5-27 所示。控制部分正常时，执行部分才能进行充电。当慢充充电枪插好后，交流充电枪的 CC 信号线与交流充电插座的 CC 信号线连接，交流充电枪的 CC 信号线有 1.5kΩ 左右的电阻，交流充电插座的 CC 信号线有 12V 的电压。当 CC 信号线连接后，CC 信号线的电压发生改变，车载充电机就可以根据电压判定交流充电枪是否已经连接好，并且根据电压的高低，判断出充电电缆的最大充电电流，此时仪表充电线连接指示灯点亮。

CC 信号连接后，车载充电机模块被激活，并通过 P-CAN 总线唤醒整车控制器（VCU）和电池管理系统（BMS）。VCU 模块通过唤醒线唤醒电机控制器（PEU），此时其中任何一个模块工作异常都无法进行正常充电，VCU 模块工作后开始对高压部分进行自检，主要对高压互锁、漏电保护、车辆冷却系统、冷却液温度等进行检测。如果存在异常，则无法正常充电。当充电系统工作的条件满足时，交流充电枪的 CP 信号线（信号电压为 12V）和交流充电插座的 CP 信号线（含功率二极管）开始连接，车载充电机检测 CP 信号回路的 PWM 信号确认交流供电设备的最大供电电流，此时仪表动力蓄电池充电指示灯点亮。

控制部分连接成功后，执行部分开始工作，交流充电枪把电网的电流通过交流充电插座的 L 线（相线）、N 线（零线）、PE 线（地线）送入车载充电机。由于车载充电机输入的是交流电，而动力蓄电池包需要直流电，因此车载充电机首先需要将电压升高到与动力蓄电池包匹配的电压，然后通过整流器将其变换成直流电，再通过高压母线输入到动力蓄电池包内的接触器，接触器闭合后给动力蓄电池包进行充电。同时一部分电能通过车载充电机内的高压配电器输入 PEU，PEU 内部通过 DC/DC 变换器，把高压直流电变换成低压直流电，对低压蓄电池进行充电。

由于车辆能正常上高压电，说明高压系统的工作条件是满足的，因此初步判断相关控制模块、线路和 CAN 总线均正常；能读取车载充电机的故障码及数据流，初步判断车载充电机模块、车载充电机电源电路、P-CAN 总线均正常；仪表充电线连接指示灯点亮，说明 CC 信号线正常。

该故障现象是仪表上无法显示充电指示灯及充电电流等，说明故障可能在 CP 信号相关线路、充电枪 CP 线路、OBC 元件等。

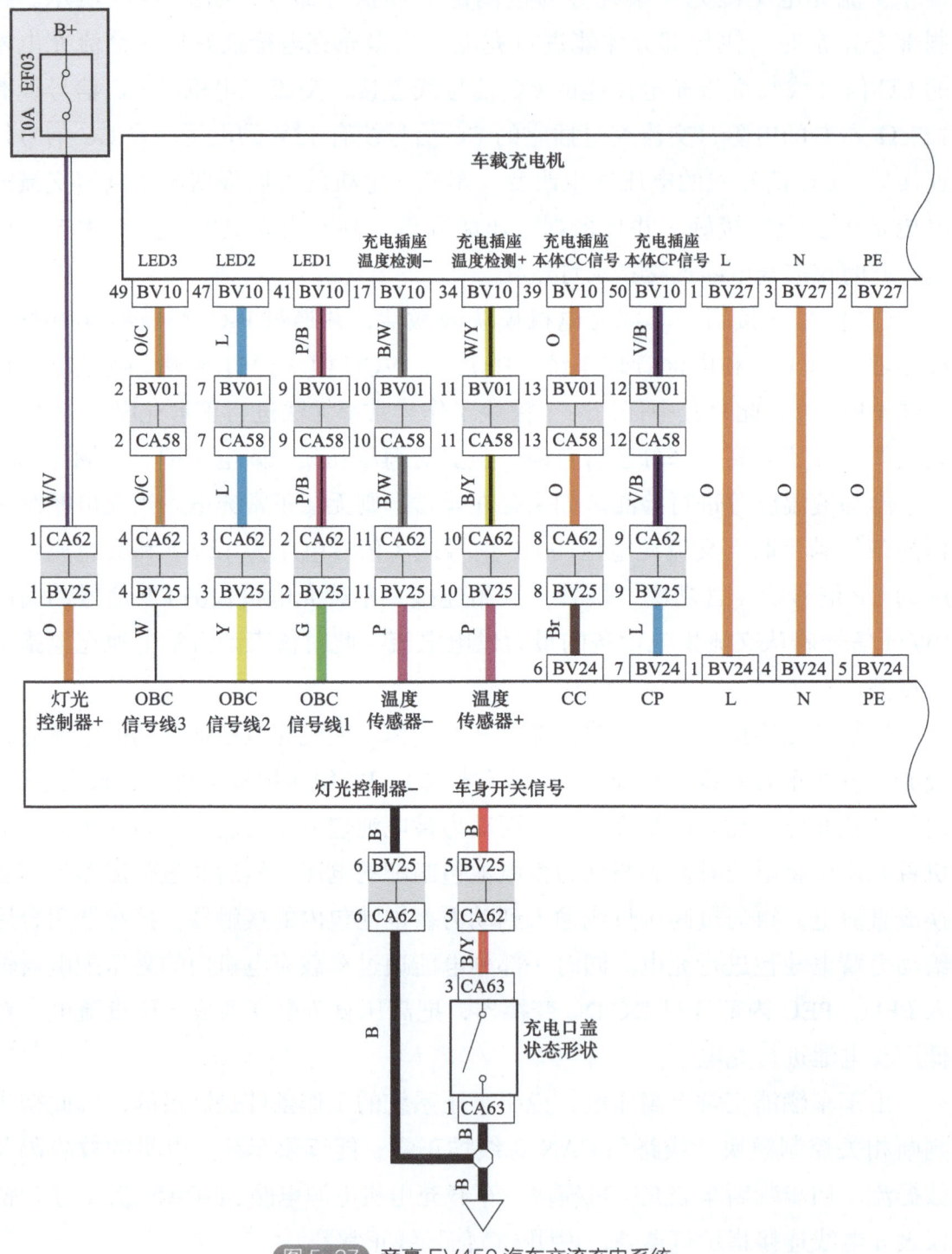

图 5-27 帝豪 EV450 汽车交流充电系统

（3）故障诊断

1）连接诊断仪，读取故障码及数据流，如图 5-28 所示。

图 5-28　读取充电控制器数据流

2）分析数据流发现引导电路 CP 电压为 1V，异常（正常为 9V），因此从 CP 电压入手查找故障。

（4）诊断流程

1）将点火开关置于 OFF 档，连接交流充电枪，测量 BV10/50—GND 电压，如图 5-29 和表 5-9 所示。

图 5-29　测量 BV10/50—GND 供电电压及相关电路

表 5-9　测量 BV10/50—GND 电压

测量位置	测量值	结果判断
BV10/50—GND	0	异常

2）拔下交流充电枪，断开蓄电池负极，测量 BV10 端子相关电路电阻，见表 5-10。

表 5-10　测量 BV10 端子相关电路电阻

测量位置	测量值	结果判断
BV10/50—BV24/7	0	正常
BV10/50—GND	无穷大	正常

3）连接交流充电枪电源插接器，测量充电枪 CP—PE 电压和电阻，如图 5-30 和表 5-11 所示。

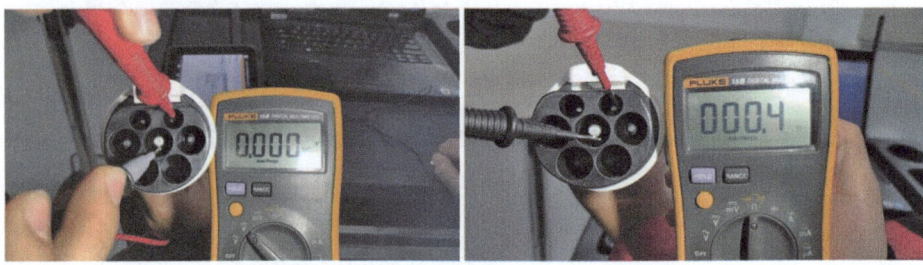

图 5-30　测量充电枪 CP—PE 电压和电阻

表 5-11　测量充电枪 CP—PE 电压和电阻

测量位置	测量值	结果判断
充电枪 CP—PE	0	不正常
充电枪 CP—PE	0	不正常

（5）故障确认

经检查，发现交流充电枪元件内部 CP 线路与 PE 线路短路。

（6）故障排除及验证

更换交流充电枪，并对车辆进行交流充电，车辆能正常充电，如图 5-31 所示。

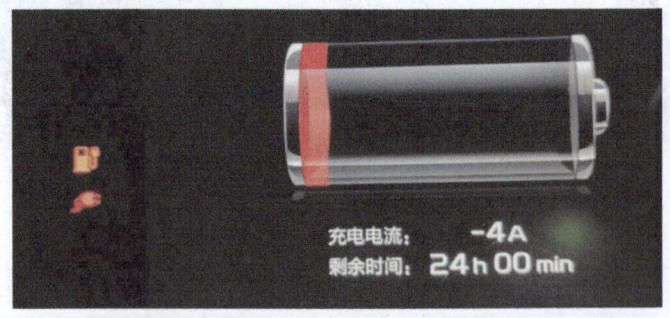

图 5-31　故障排除后仪表盘所显示的充电信息

2. 记录任务工单（表 5-12）

表 5-12　任务工单（一）

任务工单	交流充电枪元件故障诊断与排除	班级：		
		姓名：		

（1）车辆信息记录

品牌		整车型号		生产年月	
车辆识别代码					

（2）车辆基本检查

检查项目	检查情况		
安全防护		□是	□否
辅助蓄电池电压		□正常	□异常
高压部件安装及插接器连接情况		□正常	□异常
储液罐液位		□正常	□异常

（3）故障现象

诊断项目	诊断内容
确认故障现象	

（4）读取相关故障码

诊断项目	诊断内容
相关故障码描述	

（5）记录相关主要数据流

诊断项目	诊断内容
相关数据流描述	

（6）故障范围分析

诊断项目	诊断内容
初步诊断故障范围	

（7）故障诊断过程

步骤	检测项目	测量结果	结果分析
①			
②			
③			
④			
⑤			
⑥			
⑦			

（8）故障诊断结论

确认故障部位	
故障机理描述	

（9）维修处理方法

维修建议		元件/线束　□维修　□更换
维修工时		

任 务 评 价

交流充电枪元件故障诊断与排除		姓名:	
日期:	班级:	学号:	
自我评价：□熟练 □不熟练	组长评价：□熟练　□不熟练	教师签名:	
教师评价：□优秀　□良好　□合格　□不合格			

交流充电枪元件故障诊断与排除【评分细则】

序号	评分项	得分条件	分值	评分要求	自我评价	组长评价	教师评价
1	安全/7S/态度	□1.能接受任务并完成任务 □2.能进行设备和工具安全检查 □3.能进行车辆安全防护操作 □4.能进行人员高压安全防护操作 □5.能进行三不落地操作 □6.能进行团队合作作业 □7.能进行工位7S操作 □8.能进行有效沟通	20	未完成1项扣3分，扣分不得超过20分	□能做到 □做不到	□能做到 □做不到	□优秀 □良好 □合格 □不合格
2	专业技能	□1.能正确检查车辆基本状态 □2.能正确检查充电及其线路故障现象 □3.能正确读取故障码及数据流信息 □4.能正确分析故障原因 □5.能正确制订诊断检测流程 □6.能正确使用检测设备 □7.能正确找到故障点 □8.能正确分析故障机理 □9.能合理提出维修建议	40	未完成1项扣5分，扣分不得超过40分	□熟练 □不熟练	□熟练 □不熟练	□优秀 □良好 □合格 □不合格
3	工具及设备使用能力	□1.能正确使用维修工具 □2.能正确使用充电装置 □3.能正确使用万用表、诊断仪、示波器等诊断设备 □4.能正确使用专用工具	5	未完成1项扣3分，扣分不得超过5分	□熟练 □不熟练	□熟练 □不熟练	□优秀 □良好 □合格 □不合格

（续）

序号	评分项	得分条件	分值	评分要求	自我评价	组长评价	教师评价
4	资料、信息查询能力	□ 1. 能正确查询车辆信息 □ 2. 能正确使用维修手册查询资料 □ 3. 能正确记录所查询资料的章节及页码 □ 4. 能正确记录检查状态信息	10	未完成1项扣3分，扣分不得超过10分	□熟练 □不熟练	□熟练 □不熟练	□优秀 □良好 □合格 □不合格
5	数据判断和分析能力	□ 1. 能判断充电及其线路故障仪表状态 □ 2. 能判断仪表指示灯状态 □ 3. 能判断故障码 □ 4. 能判断数据流 □ 5. 能分析诊断仪器检测结果	10	未完成1项扣2分，扣分不得超过10分	□能做到 □做不到	□能做到 □做不到	□优秀 □良好 □合格 □不合格
6	表单填写及撰写能力	□ 1. 字迹清晰 □ 2. 语句通顺 □ 3. 无错别字 □ 4. 无涂改 □ 5. 无抄袭	5	未完成1项扣1分，扣分不得超过5分	□熟练 □不熟练	□熟练 □不熟练	□优秀 □良好 □合格 □不合格
7	素养	□ 1. 注重团队合作 □ 2. 注意安全防护 □ 3. 注意保护实训设备 □ 4. 做到三不伤害 □ 5. 保护环境	10	未完成1项扣2分，扣分不得超过10分	□能做到 □做不到	□能做到 □做不到	□优秀 □良好 □合格 □不合格

任务 02　OBC 及其电路故障诊断与排除

一、任务导入

1. 任务描述

一辆吉利帝豪 EV450 纯电动汽车，车主反映车辆启动正常，但关闭点火开关，对车辆进行交流充电时，仪表能够显示充电连接指示灯，车辆显示充电正常，但是无充电电流。作为维修技师，请你分析该车型交流充电系统的特点、组成、电路图，并对故障进行系统检测，依据检测结果确认故障点，按照维修手册中的标准与规范对故障进行维修。

2. 任务分析

要实现该故障的检测，需要按照以下步骤进行分析：

1）确认该车辆的故障现象是否与用户所述故障现象一致。

2）根据故障现象分析可能的诊断策略，通过诊断仪进一步确定可能的故障原因。

3）依据读取到的故障码或者数据流，进一步分析可能存在问题的模块并查阅对应的电路图。

4）分析电路图，进一步分析可能的故障原因，比如模块的供电、搭铁、通信、自身损坏等。

5）实施检测与诊断，确定故障范围。

6）实现对上述故障的修复，并验证诊断结果。

二、任务资讯

车载充电机是采用高频开关电源技术，将交流电变换为高压直流电给动力蓄电池进行充电，保证车辆正常行驶。同时车载充电机提供相应的保护功能，包括过电压、欠电压、过电流、欠电流等多种保护措施，当充电系统出现异常会及时切断供电。车载充电机是将输入的交流电变换为直流电输出，工作过程中需要与充电机、BMS、VCU 进行通信。同时可以根据动力蓄电池的需求调节输出功率。帝豪 EV450 车载充电机与分线盒是一体设计。

三、任务组织

1. 实施准备

1）所需的各种防护用品准备：工位、隔离带、安全警告标志牌、车轮挡块、灭火器、绝缘杆、绝缘垫、绝缘工作台、棉线手套、绝缘手套、防静电手套、护目镜、安全帽、车外三件套、车内四件套、吸油纸、洗手液、急救包、除颤仪。

2）常用工具：万用表、故障诊断仪、万用接线盒、绝缘工具套装。

3）资料准备：维修手册、电路图、其他资料。

2. 制订计划

依据任务要求、人物分析，结合实施准备，小组内相互讨论，制订工作计划，将工作计划步骤、选择该步骤的理由写在表5-13相应位置，并选派代表进行汇报展示。

表5-13 计划表（二）

1. 作业计划			
序号	作业项目	操作要点	注意事项
1			
2			
3			
4			
5			
6			
7			

2. 设备清单			
序号	设备名称	用途	规格型号	数量
1				
2				
3				
4				
5				
6				
7				

（续）

3. 其他材料清单

序号	材料名称	用途	规格型号	数量
1				
2				
3				
4				

审核	小组审核意见： 　　　　　　　　　　　　　　　　组长签字：　　　年　　月　　日 教师审核意见： 　　　　　　　　　　　　　　　　教师签字：　　　年　　月　　日

四、任务实施

在做好个人安全防护、维修场地安全检查后，按照维修诊断的准备流程，做好诊断前的各项准备工作。

1. 故障诊断流程

（1）车辆故障现象确认

将点火开关置于 OFF 档，连接交流充电枪，充电口绿色指示灯正常工作，仪表充电连接指示灯点亮，正常显示充电状态，但是没有充电电流读数，无法充电，如图 5-32 所示。

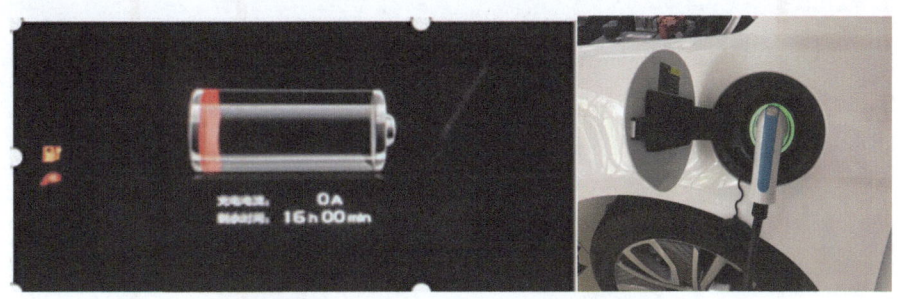

图 5-32　无法充电（交流）的故障现象

（2）故障分析

充电枪连接后，车辆仪表正常显示充电信息界面，说明充电机、VCU 和 BMS 都已经进入正常工作状态，但是充电电流未显示，可能是由于高压配电模块内部电路故障或者充电机交流输入电源故障。

如图 5-33 所示，交流充电插座通过 BV27 插座将 AC 220V 电源通过 L/N 电路输送到车载充电机，通过变压整流后，经过 HF03 熔丝与动力蓄电池高压母线连接，若 L 或 N 电路出现故障，或者高压配电模块内部线束出现故障，均会导致车辆程序可以充电但无充电电流的故障。

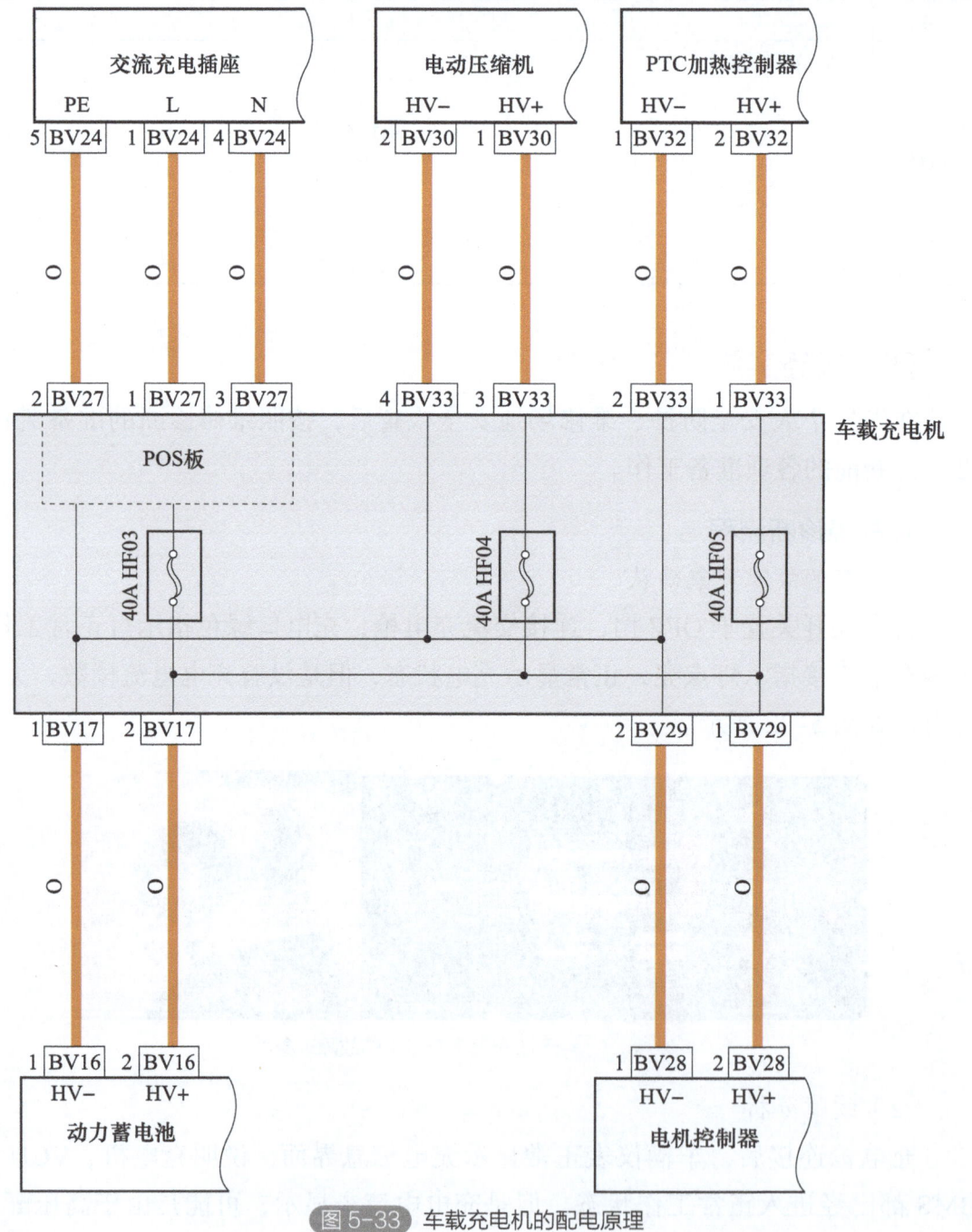

图 5-33　车载充电机的配电原理

（3）故障诊断

1）连接诊断仪，读取故障码及数据流，如图5-34所示。

2）分析数据流：从充电机数据流中可见，电网输入电流与输出电流均接近0A，说明低压电控部分做好了充电准备，但是实际上并没有输出充电功率，有可能是高压线路故障引起的。

3）诊断流程：断开充电机交流输入端子BV27，测量端子与充电口之间的电阻，如图5-35和表5-14所示。

图5-34 车辆故障诊断仪读取的车载充电机数据流

图5-35 测量BV27与充电口BV24之间的电阻

表5-14 测量BV27与充电口BV24之间的电阻

测量位置	测量值	结果判断
BV27/1—BV24/1	0	正常
BV27/2—BV24/5	0	正常
BV27/3—BV24/4	无穷大	异常

（4）故障确认

经检查，发现交流充电线路高压线N断路。

（5）故障排除及验证

更换高压充电线束，并对车辆进行交流充电，车辆能正常充电，如图5-36所示。

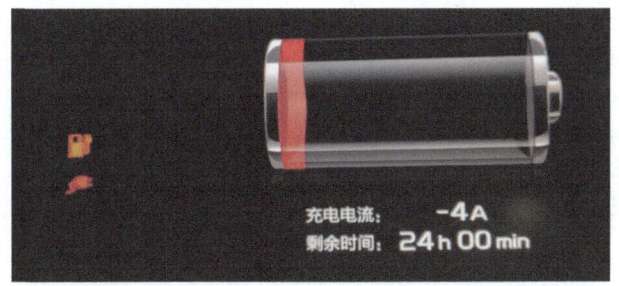

图5-36 故障排除后仪表板所显示的充电信息

2. 记录任务工单（表 5-15）

表 5-15 任务工单（二）

任务工单	OBC 及其电路故障诊断与排除	班级：
		姓名：

（1）车辆信息记录

品牌		整车型号		生产年月	
车辆识别代码					

（2）车辆基本检查

检查项目	检查情况		
安全防护		□是	□否
辅助蓄电池电压		□正常	□异常
高压部件安装及插接器连接情况		□正常	□异常
储液罐液位		□正常	□异常

（3）故障现象

诊断项目	诊断内容
确认故障现象	

（4）读取相关故障码

诊断项目	诊断内容
相关故障码描述	

（5）记录相关主要数据流

诊断项目	诊断内容
相关数据流描述	

（6）故障范围分析

诊断项目	诊断内容
初步诊断故障范围	

（7）故障诊断过程

步骤	检测项目	测量结果	结果分析
①			
②			
③			
④			
⑤			
⑥			
⑦			

（8）故障诊断结论

确认故障部位	
故障机理描述	

（9）维修处理方法

维修建议	元件/线束　□维修　□更换
维修工时	

任 务 评 价

OBC 及其电路故障诊断与排除		姓名：	
日期：	班级：	学号：	
自我评价：□熟练 □不熟练	组长评价：□熟练 □不熟练	教师签名：	
教师评价：□优秀 □良好 □合格 □不合格			

OBC 及其电路故障诊断与排除【评分细则】

序号	评分项	得分条件	分值	评分要求	自我评价	组长评价	教师评价
1	安全/7S/态度	□1. 能接受任务并完成任务 □2. 能进行设备和工具安全检查 □3. 能进行车辆安全防护操作 □4. 能进行人员高压安全防护操作 □5. 能进行三不落地操作 □6. 能进行团队合作作业 □7. 能进行工位 7S 操作 □8. 能进行有效沟通	20	未完成 1 项扣 3 分，扣分不得超过 20 分	□能做到 □做不到	□能做到 □做不到	□优秀 □良好 □合格 □不合格
2	专业技能	□1. 能正确检查车辆基本状态 □2. 能正确检查 OBC 及其电路故障现象 □3. 能正确读取故障码及数据流信息 □4. 能正确分析故障原因 □5. 能正确制订诊断检测流程 □6. 能正确使用检测设备 □7. 能正确找到故障点 □8. 能正确分析故障机理 □9. 能合理提出维修建议	40	未完成 1 项扣 5 分，扣分不得超过 40 分	□熟练 □不熟练	□熟练 □不熟练	□优秀 □良好 □合格 □不合格
3	工具及设备使用能力	□1. 能正确使用维修工具 □2. 能正确使用充电装置 □3. 能正确使用万用表、诊断仪、示波器等诊断设备 □4. 能正确使用专用工具	5	未完成 1 项扣 3 分，扣分不得超过 5 分	□熟练 □不熟练	□熟练 □不熟练	□优秀 □良好 □合格 □不合格

（续）

序号	评分项	得分条件	分值	评分要求	自我评价	组长评价	教师评价
4	资料、信息查询能力	□1.能正确查询车辆信息 □2.能正确使用维修手册查询资料 □3.能正确记录所查询资料的章节及页码 □4.能正确记录检查状态信息	10	未完成1项扣3分，扣分不得超过10分	□熟练 □不熟练	□熟练 □不熟练	□优秀 □良好 □合格 □不合格
5	数据判断和分析能力	□1.能判断OBC工作状态 □2.能判断仪表指示灯状态 □3.能判断故障码 □4.能判断数据流 □5.能分析诊断仪器检测结果	10	未完成1项扣2分，扣分不得超过10分	□能做到 □做不到	□能做到 □做不到	□优秀 □良好 □合格 □不合格
6	表单填写及撰写能力	□1.字迹清晰 □2.语句通顺 □3.无错别字 □4.无涂改 □5.无抄袭	5	未完成1项扣1分，扣分不得超过5分	□熟练 □不熟练	□熟练 □不熟练	□优秀 □良好 □合格 □不合格
7	素养	□1.注重团队合作 □2.注意安全防护 □3.注意保护实训设备 □4.做到三不伤害 □5.保护环境	10	未完成1项扣2分，扣分不得超过10分	□能做到 □做不到	□能做到 □做不到	□优秀 □良好 □合格 □不合格

任务 03 直流充电枪元件故障诊断与排除

一、任务导入

1. 任务描述

一辆吉利帝豪 EV450 纯电动汽车，车主反映车辆启动正常，但关闭点火开关、对车辆进行直流充电时仪表无充电信息显示，且充电指示灯不亮，无法充电。作为维修技师，请你分析该车型交流充电系统的特点、组成、电路图，并对故障进行系统检测，依据检测结果确认故障点，按照维修手册中的标准与规范对故障进行维修。

2. 任务分析

要实现该故障的检测，需要按照以下步骤进行分析：

1）确认该车辆的故障现象是否与用户所述故障现象一致。

2）根据故障现象分析可能的诊断策略，通过诊断仪进一步确定可能的故障原因。

3）依据读取到的故障码或者数据流，进一步分析可能存在问题的模块并查阅对应的电路图。

4）分析电路图，进一步分析可能的故障原因，比如模块的供电、搭铁、通信、自身损坏等。

5）实施检测与诊断，确定故障范围。

6）实现对上述故障的修复，并验证诊断结果。

二、任务资讯

直流充电的工作原理如下：当直流充电设备接口连接到车辆直流充电接口时，直流充电设备发送充电唤醒信号给电池管理系统（BMS），BMS 根据动力蓄电池的可充电功率，向直流充电设备发送充电电流指令，同时 BMS 吸合系统高压正极继电器和高压负极继电器，动力蓄电池开始充电。

三、任务组织

1. 实施准备

1）所需的各种防护用品准备：工位、隔离带、安全警告标志牌、车轮挡块、灭火器、绝缘杆、绝缘垫、绝缘工作台、棉线手套、绝缘手套、防静电手套、护目镜、安全帽、车外三件套、车内四件套、吸油纸、洗手液、急救包、除颤仪。

2）常用工具：万用表、故障诊断仪、万用接线盒、绝缘工具套装。

3）资料准备：维修手册、电路图、其他资料。

2. 制订计划

依据任务要求、人物分析，结合实施准备，小组内相互讨论，制订工作计划，将工作计划步骤、选择该步骤的理由写在表5-16相应位置，并选派代表进行汇报展示。

表5-16 计划表（三）

1. 作业计划			
序号	作业项目	操作要点	注意事项
1			
2			
3			
4			
5			
6			
7			

2. 设备清单			
序号	设备名称	用途	规格型号	数量
1				
2				
3				
4				
5				
6				
7				

（续）

3. 其他材料清单			
序号	材料名称	用途	规格型号	数量
1				
2				
3				
4				

审核	小组审核意见：
	组长签字：　　年　月　日
	教师审核意见：
	教师签字：　　年　月　日

四、任务实施

在做好个人安全防护、维修场地安全检查后，按照维修诊断的准备流程，做好诊断前的各项准备工作。

1. 故障诊断流程

（1）车辆故障现象确认

将点火开关置于 OFF 档，连接直流充电枪，仪表充电连接指示灯不亮，仪表无其他显示，无法充电。

（2）故障分析

充电枪连接后，低压辅助电源（12V）激活 BMS 模块进入工作状态，BMS 通过 CC2 信号电压来检测充电枪是否与车辆可靠连接，当 BMS 检测到 CC2 信号电压由 12V 变为 6V 时，确认充电枪连接，此时通过 CAN 总线传输信号给 VCU 控制仪表充电指示灯点亮，并进入充电状态。

充电指示灯不点亮，车辆无反应，说明可能由于充电枪接地、BMS 控制信号或者网络通信的问题导致车辆无法正常进入充电状态。由于充电枪直接连接在充电机上，因此一般先排除车辆本身的问题。由于充电指示灯不亮，需要先检测低压辅助电源与 CC2 充电枪连接确认信号线。

（3）诊断流程

1）断开 BMS 端子插件 CA70，测量直流充电口 BV20—CA70 端子的电阻，如图 5-37 和表 5-17 所示。

图 5-37 测量直流充电口 BV20—CA70 端子的电阻

表 5-17 测量直流充电口 BV20—CA70 端子的电阻

测量位置	测量值	结果判断
CA70-4/BV20-8	0	异常
CA70-5/BV20-9	0	正常
CA70-3/BV20-7	0	异常

2）测量充电枪枪头 CC2 端子—GND 电阻，见表 5-18。

表 5-18 CC2 端子—GND 电阻

测量位置	测量值	结果判断
充电枪 CC2/PE	无穷大	异常

（4）故障确认

经检查，发现直流充电枪元件内部 CC2 与 PE 线路断路。

（5）故障排除及验证

维修直流充电枪线路，并对车辆进行充电，车辆能正常充电，如图 5-38 所示。

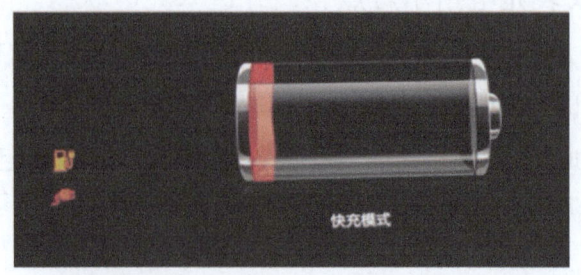

图 5-38 故障排除后仪表所显示的充电信息

2. 记录任务工单（表 5-19）

表 5-19 任务工单（三）

任务工单	直流充电枪元件故障诊断与排除	班级：			
		姓名：			

（1）车辆信息记录

品牌		整车型号		生产年月	
车辆识别代码					

（2）车辆基本检查

检查项目	检查情况		
安全防护		□是	□否
辅助蓄电池电压		□正常	□异常
高压部件安装及插接器连接情况		□正常	□异常
储液罐液位		□正常	□异常

（3）故障现象

诊断项目	诊断内容
确认故障现象	

（4）读取相关故障码

诊断项目	诊断内容
相关故障码描述	

（5）记录相关主要数据流

诊断项目	诊断内容
相关数据流描述	

（6）故障范围分析

诊断项目	诊断内容
初步诊断故障范围	

（7）故障诊断过程

步骤	检测项目	测量结果	结果分析
①			
②			
③			
④			
⑤			
⑥			
⑦			

（8）故障诊断结论

确认故障部位	
故障机理描述	

（9）维修处理方法

维修建议	元件/线束　□维修　□更换
维修工时	

任务评价

直流充电枪元件故障诊断与排除		姓名：	
日期：	班级：	学号：	
自我评价：□熟练 □不熟练	组长评价：□熟练 □不熟练	教师签名：	
教师评价：□优秀 □良好 □合格 □不合格			

直流充电枪元件故障诊断与排除【评分细则】

序号	评分项	得分条件	分值	评分要求	自我评价	组长评价	教师评价
1	安全/7S/态度	□1. 能接受任务并完成任务 □2. 能进行设备和工具安全检查 □3. 能进行车辆安全防护操作 □4. 能进行人员高压安全防护操作 □5. 能进行三不落地操作 □6. 能进行团队合作作业 □7. 能进行工位7S操作 □8. 能进行有效沟通	20	未完成1项扣3分，扣分不得超过20分	□能做到 □做不到	□能做到 □做不到	□优秀 □良好 □合格 □不合格
2	专业技能	□1. 能正确检查车辆基本状态 □2. 能正确检查直流充电枪故障现象 □3. 能正确读取故障码及数据流信息 □4. 能正确分析故障原因 □5. 能正确制订诊断检测流程 □6. 能正确使用检测设备 □7. 能正确找到故障点 □8. 能正确分析故障机理 □9. 能合理提出维修建议	40	未完成1项扣5分，扣分不得超过40分	□熟练 □不熟练	□熟练 □不熟练	□优秀 □良好 □合格 □不合格
3	工具及设备使用能力	□1. 能正确使用维修工具 □2. 能正确使用充电装置 □3. 能正确使用万用表、诊断仪、示波器等诊断设备 □4. 能正确使用专用工具	5	未完成1项扣3分，扣分不得超过5分	□熟练 □不熟练	□熟练 □不熟练	□优秀 □良好 □合格 □不合格

（续）

序号	评分项	得分条件	分值	评分要求	自我评价	组长评价	教师评价
4	资料、信息查询能力	☐1.能正确查询车辆信息 ☐2.能正确使用维修手册查询资料 ☐3.能正确记录所查询资料的章节及页码 ☐4.能正确记录检查状态信息	10	未完成1项扣3分，扣分不得超过10分	☐熟练 ☐不熟练	☐熟练 ☐不熟练	☐优秀 ☐良好 ☐合格 ☐不合格
5	数据判断和分析能力	☐1.能判断直流充电枪工作状态 ☐2.能判断仪表指示灯状态 ☐3.能判断故障码 ☐4.能判断数据流 ☐5.能分析诊断仪器检测结果	10	未完成1项扣2分，扣分不得超过10分	☐能做到 ☐做不到	☐能做到 ☐做不到	☐优秀 ☐良好 ☐合格 ☐不合格
6	表单填写及撰写能力	☐1.字迹清晰 ☐2.语句通顺 ☐3.无错别字 ☐4.无涂改 ☐5.无抄袭	5	未完成1项扣1分，扣分不得超过5分	☐熟练 ☐不熟练	☐熟练 ☐不熟练	☐优秀 ☐良好 ☐合格 ☐不合格
7	素养	☐1.注重团队合作 ☐2.注意安全防护 ☐3.注意保护实训设备 ☐4.做到三不伤害 ☐5.保护环境	10	未完成1项扣2分，扣分不得超过10分	☐能做到 ☐做不到	☐能做到 ☐做不到	☐优秀 ☐良好 ☐合格 ☐不合格

任务 04　直流充电电路故障诊断与排除

一、任务导入

1. 任务描述

一辆吉利帝豪 EV450 纯电动汽车，车主反映车辆启动正常，但关闭点火开关，无法对车辆进行直流充电，仪表报充电桩故障。作为维修技师，请你分析该车型直流充电系统的特点、组成、电路图，并对故障进行系统检测，依据检测结果确认故障点，按照维修手册中的标准与规范对故障进行维修。

2. 任务分析

要实现该故障的检测，需要按照以下步骤进行分析：

1）确认该车辆的故障现象是否与用户所述故障现象一致。

2）根据故障现象分析可能的诊断策略，通过诊断仪进一步确定可能的故障原因。

3）依据读取到的故障码或者数据流，进一步分析可能存在问题的模块并查阅对应的电路图。

4）分析电路图，进一步分析可能的故障原因，比如模块的供电、搭铁、通信、自身损坏等。

5）实施检测与诊断，确定故障范围。

6）实现对上述故障的修复，并验证诊断结果。

二、任务资讯

直流充电的工作原理如下：当直流充电设备接口连接到车辆直流充电接口时，直流充电设备发送充电唤醒信号给电池管理系统（BMS），BMS 根据动力蓄电池的可充电功率，向直流充电设备发送充电电流指令，同时 BMS 吸合系统高压正极继电器和高压负极继电器，动力蓄电池开始充电。

三、任务组织

1. 实施准备

1）所需的各种防护用品准备：工位、隔离带、安全警告标志牌、车轮挡块、灭火器、绝缘杆、绝缘垫、绝缘工作台、棉线手套、绝缘手套、防静电手套、护目镜、安全帽、车外三件套、车内四件套、吸油纸、洗手液、急救包、除颤仪。

2）常用工具：万用表、故障诊断仪、万用接线盒、绝缘工具套装。

3）资料准备：维修手册、电路图、其他资料。

2. 制订计划

依据任务要求、人物分析，结合实施准备，小组内相互讨论，制订工作计划，将工作计划步骤、选择该步骤的理由写在表5-20相应位置，并选派代表进行汇报展示。

表5-20 计划表（四）

1. 作业计划			
序号	作业项目	操作要点	注意事项
1			
2			
3			
4			
5			
6			
7			
2. 设备清单			
序号	设备名称	用途	规格型号	数量
1				
2				
3				
4				
5				
6				
7				
3. 其他材料清单				
序号	材料名称	用途	规格型号	数量
1				
2				
3				

（续）

序号	材料名称	用途	规格型号	数量
4				
审核	小组审核意见： 　　　　　　　　　　　　　组长签字：　　　年　　月　　日 教师审核意见： 　　　　　　　　　　　　　教师签字：　　　年　　月　　日			

四、任务实施

在做好个人安全防护、维修场地安全检查后，按照维修诊断的准备流程，做好诊断前的各项准备工作。

1. 故障诊断流程

（1）车辆故障现象确认

将点火开关置于 OFF 档，连接直流充电枪，仪表充电连接指示灯点亮，车辆不能进入充电状态，仪表显示充电桩故障，如图 5-39 所示。

图 5-39　仪表所显示的"充电桩故障"故障现象

（2）故障分析

充电枪连接后，低压辅助电源（12V）激活 BMS 模块进入工作状态，BMS 通过 CC2 信号电压来检测充电枪是否与车辆可靠连接，当 BMS 检测到 CC2 信号电压由 12V 变为 6V 时，确认充电枪连接，此时通过 CAN 总线传输信号给 VCU 控制仪表充电指示灯点亮，并进入充电状态。充电指示灯能够点亮，说明 BMS 和相关车辆控制单元正常工作。CC2 信号能够正常采集，但是无充电电流输入，考虑是车辆通信或高压线故障，如图 5-40 所示。

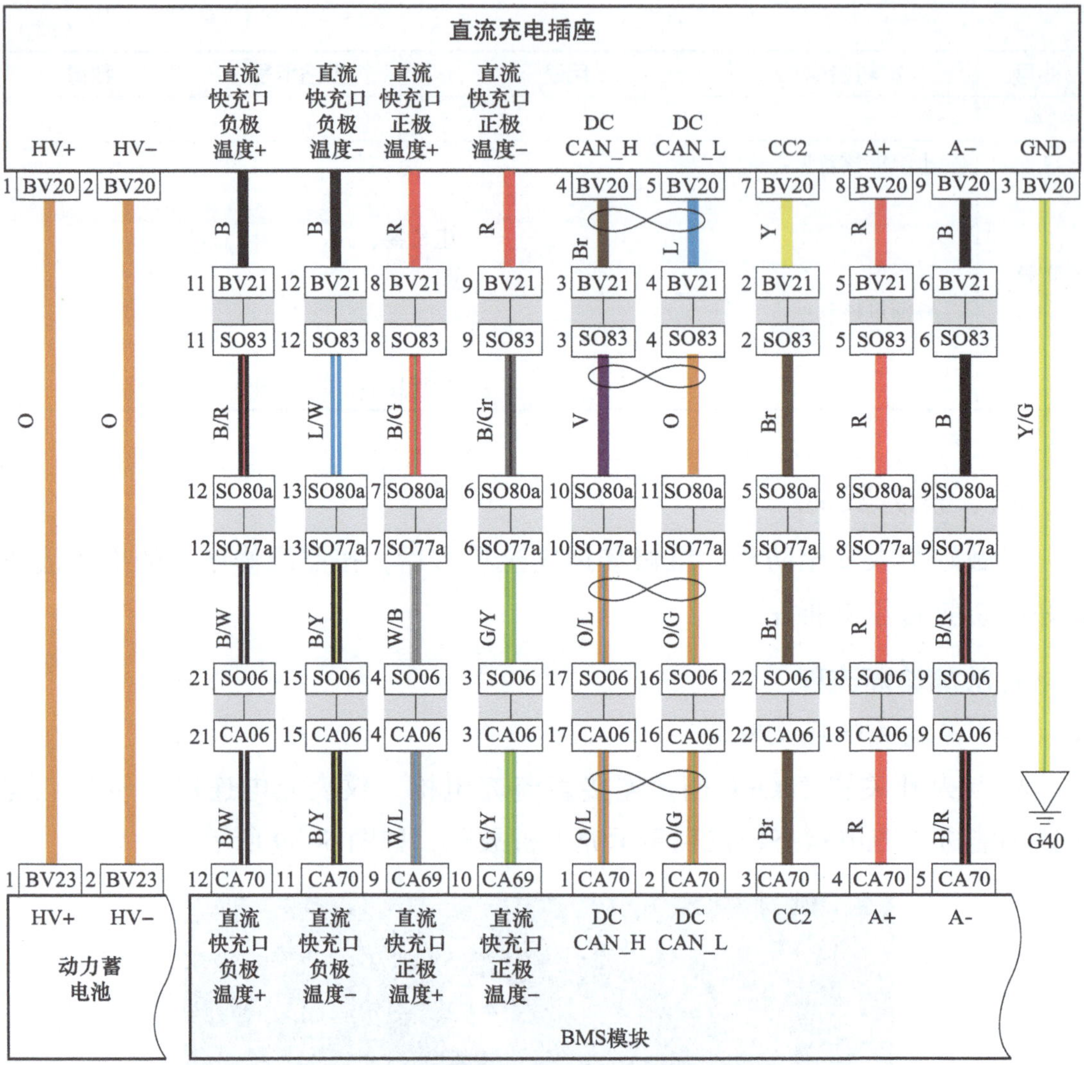

图 5-40 直流充电原理图

（3）故障诊断

通过更换充电桩或者充电车辆，排除充电桩存在故障现象，考虑到车辆系统充电激活之后才会对充电桩进行检测，因此首先考虑通信故障。

断开 BMS 端子插件 CA70，测量直流充电口 BV20—BMS 端子 CA70 的电阻，如图 5-41 和表 5-21 所示。

图 5-41 测量直流充电口 BV20—BMS 端子 CA70 的电阻

表 5-21 测量 BV20—CA70 的电阻

测量位置	测量值	结果判断
CA70/1—BV20/4	无穷大	异常
CA70/2—BV20/5	0	正常
BV20/4—BV21/3	无穷大	异常

（4）故障确认

经检查，发现直流充电插座到 BMS 线路 DC CAN_H 线路断路。

（5）故障排除及验证

维修相关线路，并对车辆进行直流充电，车辆能正常充电，如图 5-42 所示。

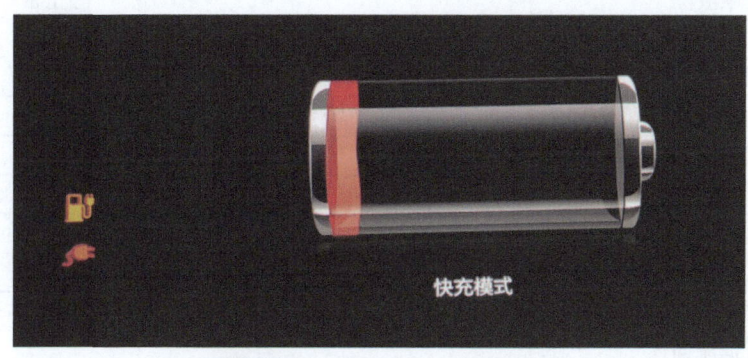

图 5-42 故障排除后仪表的显示

2. 记录任务工单（表5-22）

表5-22 任务工单（四）

任务工单	直流充电电路故障诊断与排除实例	班级：
		姓名：

（1）车辆信息记录

品牌		整车型号		生产年月	
车辆识别代码					

（2）车辆基本检查

检查项目	检查情况		
安全防护		□是	□否
辅助蓄电池电压		□正常	□异常
高压部件安装及插接器连接情况		□正常	□异常
储液罐液位		□正常	□异常

（3）故障现象

诊断项目	诊断内容
确认故障现象	

（4）读取相关故障码

诊断项目	诊断内容
相关故障码描述	

（5）记录相关主要数据流

诊断项目	诊断内容
相关数据流描述	

（6）故障范围分析

诊断项目	诊断内容
初步诊断故障范围	

（7）故障诊断过程

步骤	检测项目	测量结果	结果分析
①			
②			
③			
④			
⑤			
⑥			
⑦			

（8）故障诊断结论

确认故障部位	
故障机理描述	

（9）维修处理方法

维修建议		元件/线束	□维修 □更换
维修工时			

任 务 评 价

直流充电电路故障诊断与排除		姓名：	
日期：	班级：	学号：	教师签名：
自我评价：☐熟练 ☐不熟练	组长评价：☐熟练 ☐不熟练		
教师评价：☐优秀 ☐良好 ☐合格 ☐不合格			

直流充电电路故障诊断与排除【评分细则】

序号	评分项	得分条件	分值	评分要求	自我评价	组长评价	教师评价
1	安全/7S/态度	☐1.能接受任务并完成任务 ☐2.能进行设备和工具安全检查 ☐3.能进行车辆安全防护操作 ☐4.能进行人员高压安全防护操作 ☐5.能进行三不落地操作 ☐6.能进行团队合作作业 ☐7.能进行工位7S操作 ☐8.能进行有效沟通	20	未完成1项扣3分，扣分不得超过20分	☐能做到 ☐做不到	☐能做到 ☐做不到	☐优秀 ☐良好 ☐合格 ☐不合格
2	专业技能	☐1.能正确检查车辆基本状态 ☐2.能正确检查直流充电系统及其电路故障现象 ☐3.能正确读取故障码及数据流信息 ☐4.能正确分析故障原因 ☐5.能正确制订诊断检测流程 ☐6.能正确使用检测设备 ☐7.能正确找到故障点 ☐8.能正确分析故障机理 ☐9.能合理提出维修建议	40	未完成1项扣5分，扣分不得超过40分	☐熟练 ☐不熟练	☐熟练 ☐不熟练	☐优秀 ☐良好 ☐合格 ☐不合格
3	工具及设备使用能力	☐1.能正确使用维修工具 ☐2.能正确使用充电装置 ☐3.能正确使用万用表、诊断仪、示波器等诊断设备 ☐4.能正确使用专用工具	5	未完成1项扣3分，扣分不得超过5分	☐熟练 ☐不熟练	☐熟练 ☐不熟练	☐优秀 ☐良好 ☐合格 ☐不合格

（续）

序号	评分项	得分条件	分值	评分要求	自我评价	组长评价	教师评价
4	资料、信息查询能力	□1.能正确查询车辆信息 □2.能正确使用维修手册查询资料 □3.能正确记录所查询资料的章节及页码 □4.能正确记录检查状态信息	10	未完成1项扣3分，扣分不得超过10分	□熟练 □不熟练	□熟练 □不熟练	□优秀 □良好 □合格 □不合格
5	数据判断和分析能力	□1.能判断充电状态 □2.能判断仪表指示灯状态 □3.能判断故障码 □4.能判断数据流 □5.能分析诊断仪器检测结果	10	未完成1项扣2分，扣分不得超过10分	□能做到 □做不到	□能做到 □做不到	□优秀 □良好 □合格 □不合格
6	表单填写及撰写能力	□1.字迹清晰 □2.语句通顺 □3.无错别字 □4.无涂改 □5.无抄袭	5	未完成1项扣1分，扣分不得超过5分	□熟练 □不熟练	□熟练 □不熟练	□优秀 □良好 □合格 □不合格
7	素养	□1.注重团队合作 □2.注意安全防护 □3.注意保护实训设备 □4.做到三不伤害 □5.保护环境	10	未完成1项扣2分，扣分不得超过10分	□能做到 □做不到	□能做到 □做不到	□优秀 □良好 □合格 □不合格

能力模块六
车辆控制系统故障诊断与排除

车辆控制系统是辅助驾驶人驾驶汽车或者替代驾驶人驾驶汽车的系统。吉利帝豪 EV450 汽车最关键的车辆控制系统包括整车控制器（VCU）和中央集控器（BCM）两大部分。

本模块主要介绍车辆控制系统的组成、功能、原理以及对车辆性能的影响。

能力目标

- 了解车辆控制系统的结构及作用。
- 了解车辆控制系统的基本工作原理。
- 了解车辆控制系统故障案例的排除方法。

知识准备

一、车辆控制系统功能

1. 外部防盗功能

（1）预警状态

由防盗解除状态先进入预警状态（3s）。此时防盗指示灯快速闪烁，周期为 160ms 亮，160ms 灭。其间，如果有车门/行李舱盖/前舱盖被打开，则将一直停留在预警状态；否则 3s 后，系统将自动转入防盗布警状态。

（2）布警状态

在防盗布警状态中防盗指示灯慢速闪烁，周期为160ms亮，1920ms灭。当车处于布警状态时，一旦外部有非法动作，车身防盗报警系统就会进入报警状态。布警状态下，打开车门、行李舱盖、前舱盖、非法开关点火会触发报警条件。

（3）报警状态

当防盗系统处于报警模式报警循环为：左、右闪光灯闪烁，防盗报警喇叭鸣叫交互工作，工作周期都为500ms开，500ms关，30s后喇叭停止工作，仅左、右闪光灯闪烁5min。如果系统处于静音模式，喇叭的声响将不会产生。当报警时收到遥控闭锁键信号，转向灯将闪烁一次，报警循环将被终止，系统将进入防盗布警状态。若与之前相同的触发条件再次发生，也不能触发报警。此触发条件只有在进入解除报警后被重置。

（4）提醒状态

用遥控器闭锁键锁车门时，若有车门/行李舱盖/前舱盖未关好，则转向灯闪3下，系统将进入提醒状态，防盗喇叭每隔2s响2声，10s后进入防盗报警状态。如果在提醒期（10s）内关闭所有门，则提醒状态将被中止，防盗报警系统根据情况转入布警状态或报警解除状态。若10s之内再按闭锁键，则仍停留在提醒状态，10s后进入报警循环。若10s之内按遥控解锁键，则系统将从提醒状态进入报警解除状态。

（5）防盗解除状态

通过按遥控开锁键来进入防盗解除状态。当收到遥控解锁命令时，左右转向灯闪3下，位置灯开启25s，LED停止闪烁。

（6）静音模式

在防盗状态下，同时按下遥控器上"闭锁""开锁"两个键多于2s，转向灯闪2下，表示进入静音状态。再同时按下遥控器上"闭锁""开锁"两个键2s以上，转向灯闪2下，表示退出静音状态。在静音状态下，即便报警，防盗喇叭也不响。

（7）遥控钥匙学习

通过故障诊断仪、总线诊断工具和生产线的匹配，可以依次学习3把钥匙。在学习完至少1把钥匙后的10s后，遥控器学习模式会退出学习状态。

2. 门锁控制功能

中控门锁控制原理如图 6-1 所示。

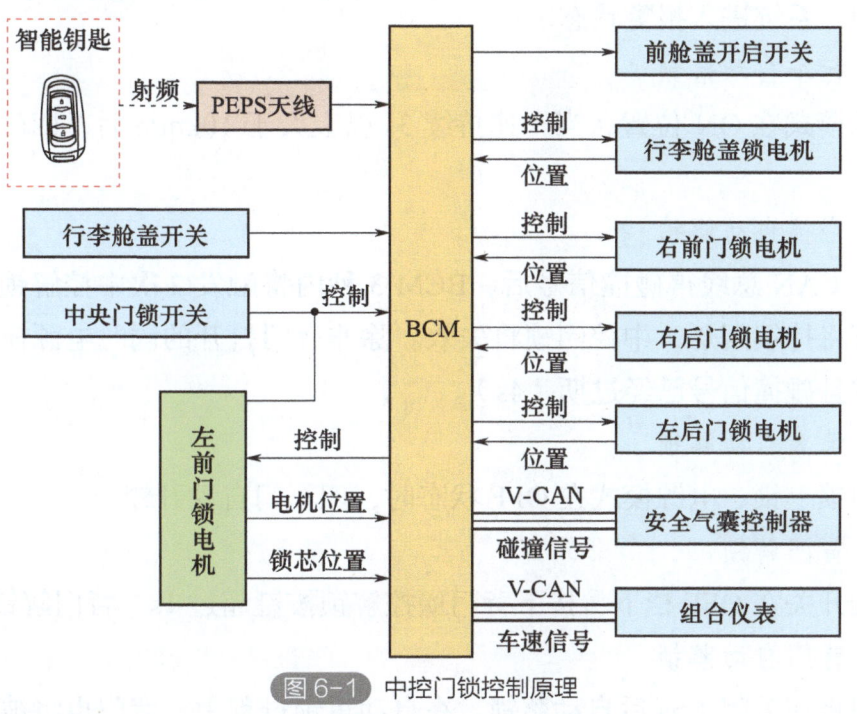

图 6-1 中控门锁控制原理

车身控制系统提供以下中控门锁功能：

（1）遥控钥匙闭锁/解锁

启动开关电源模式 OFF 状态，500ms 内执行 2 次按下遥控器上的解锁键，四门解锁，转向灯闪烁 3 次确认，内灯渐亮，位置灯点亮。启动开关电源模式 OFF 状态，1s 内按下遥控器上的闭锁键 1 次，锁四门，转向灯闪烁确认，内灯渐灭，位置灯熄灭。启动开关电源模式 OFF 状态，按下遥控闭锁键超过 2s，则电动车窗自动关闭，该信号通过 LIN 传输。

（2）车内中控开关开锁/闭锁

按下中央门控开关闭锁键，则 BCM 驱动四门解锁。当车速大于 15km/h 时，中控解锁命令被禁止。内部中控开关解锁只能在防盗解除状态执行，在其他防盗状态下没有响应。

（3）驾驶人侧门单独解锁

将机械钥匙转到 UNLOCK 位置，驾驶人侧门单独解锁。1s 内按下遥控解锁键 1 次，驾驶人侧门解锁。

（4）自动重锁

遥控器解锁15s后，四车门、行李舱盖任一未被打开，车门会自动重锁。内灯关闭，系统进入报警状态。

（5）行车自动落锁

电源模式在ON位置，当车速持续3s以上大于10km/h后，四门锁会自动闭锁。

（6）碰撞自动解锁

当从CAN总线得碰撞信号后，BCM 3秒内将触发2次中控解锁，并且左右转向灯将持续闪烁，中控闭锁将失效。除非有门打开的同时电源模式在OFF状态，并且碰撞信号已经过期（4s）。

（7）熄火自动解锁

在门锁上锁、电源模式在OFF状态时，四车门自动开锁。

（8）背门解锁

启动开关在OFF档下，按下背门遥控解锁按键超过1s，背门解锁。

（9）背门自动落锁

背门将在关闭1.5s后自动落锁。在自动重锁过程中，背门也将被落锁。

（10）禁止背门解锁

在电源模式处于ON状态、车速大于15km/h时，背门的解锁将不被执行。

（11）禁止遥控命令

电源模式在ON状态时，除了解除报警操作和后背门解锁以外的任何遥控命令都不会被执行。

（12）门锁电机过热保护

当连续执行六次，且每次间隔时间不超过1280ms的闭锁或者解锁动作后，门锁过热保护功能就被激活。此时，只有碰撞自动解锁，其他解锁请求仅能再执行一次，除此之外的其他闭锁/解锁请求在20s内都不会被执行。

3. 驾驶人报警信息

当驾驶人有某些异常操作，车身控制系统通过CAN总线向仪表发送信息，仪表产生蜂鸣警告提醒驾驶人。包含以下功能：灯未关警示，电源模式在OFF状态，组合开关将前照灯或者位置灯点亮；若驾驶人侧门开着，车身控制系统将产生警告信号给仪表，仪表会发出声音警示。

4. 外部灯光自动控制

照明系统控制如图 6-2 所示。跟随回家灯光：电源模式从 ON 状态到 OFF 状态 10min 内，在 2s 内旋转灯光开关从 OFF 位置转到小灯位置，或前照灯位置，或自动灯位置，再回到 OFF 位置。跟随回家灯光功能被激活后近光灯延时点亮 30s。当跟随回家灯光功能被激活时，如果有一个门被打开，则近光灯延时点亮 180s（延时被重置）。

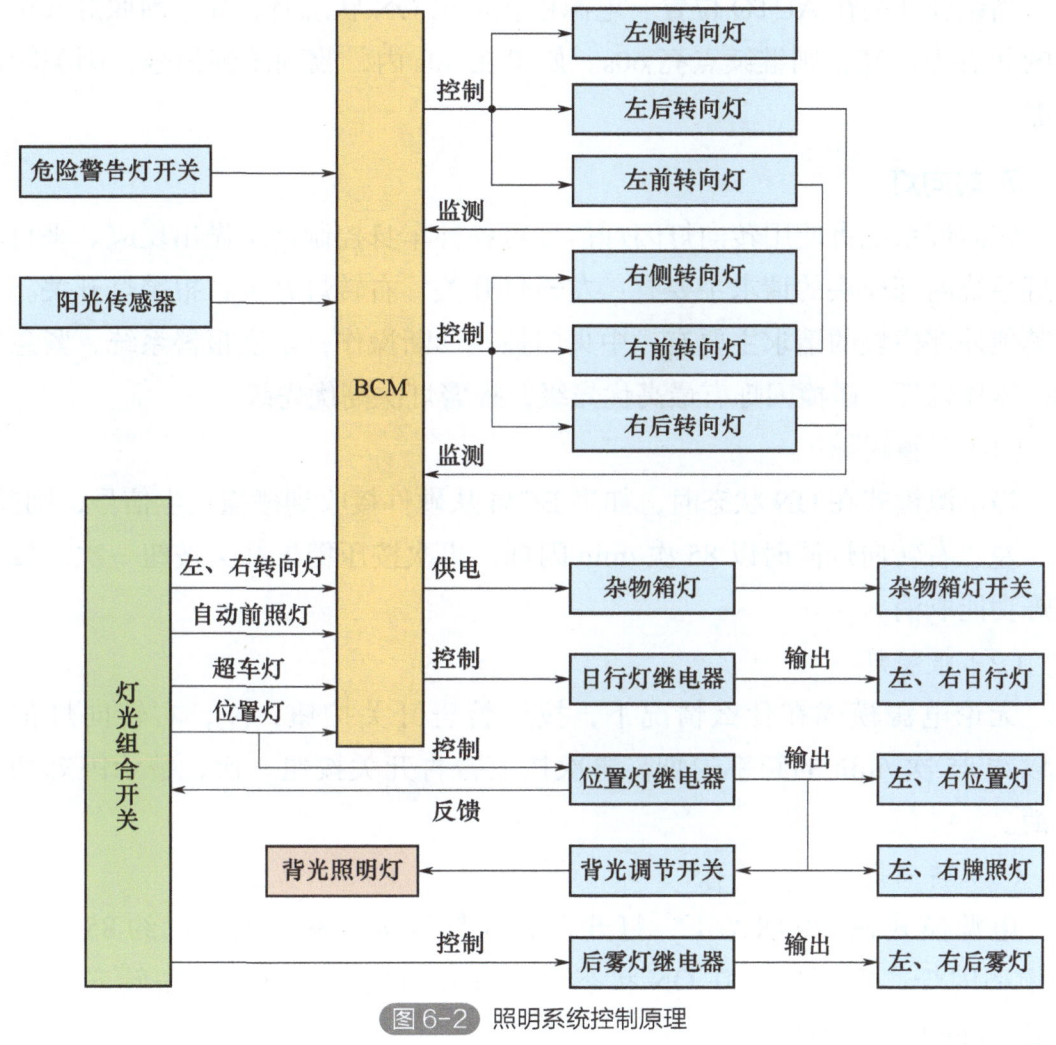

图 6-2 照明系统控制原理

5. 遥控解锁寻车灯功能

电源模式在 OFF 状态，500ms 内短按 2 次遥控钥匙锁闭键，触发寻车功能，位置灯将被点亮 25s。若在此 25s 内，有关门动作，则位置灯将在所有门关上后 5s 自动熄灭。

6. 自动灯光

当电源模式在 ON 状态、组合开关在 AUTO 位置时，若环境光传感器有点亮请求时，位置灯继电器及前照灯继电器依阳光传感器的请求而自动吸合。

当电源模式在 ON 状态、组合开关在 AUTO 位置时，若环境光传感器有熄灭请求时，位置灯继电器及前照灯继电器依阳光传感器的请求延时 2s 后自动断开。

当组合开关在 AUTO 位置、电源模式退出 ON 状态时，如果前照灯或位置灯的状态为点亮，则继续点亮 60s。如果在 60s 内，收到闭锁信号，则关闭此功能。

7. 转向灯

转向灯系统将使用转向灯闪烁信号对各种车身控制请求做出反应。来自转向灯系统内部模块的请求主要有：左转灯开关，右转灯开关，报警灯开关。来自其他外部模块的请求主要有：中央门控，诊断操作，防盗报警系统，紧急制动，碰撞闪烁。碰撞闪烁有最高优先级，报警灯次高优先级。

（1）碰撞闪烁

当电源模式在 ON 状态时，如果 BCM 从硬件接收到碰撞发生信号，则前、后、左、右转向灯同时以 85 次 /min 闪烁；再次按压警告开关按钮一次，警示闪烁功能取消。

（2）报警灯

无论电源模式在什么情况下，按压警告开关按钮，左、右转向灯都同时以约 85 次 /min 的频率闪烁。再次按压警告开关按钮一次，警示闪烁功能取消。

（3）转向提示

电源模式在 ON 状态下，打开左转向灯开关，左转向灯以约 85 次 /min 的频率闪烁。电源模式在 ON 状态下，打开右转向灯开关，右转向灯以约 85 次 /min 的频率闪烁。

（4）转向灯自诊断

前后转向灯为 LED，在转向状态下，当转向灯输出电流小于 110mA 时，视为故障（LED 转向灯故障时，转向灯端故障反馈线输出波形与 BCM 开关输出波形相反）；同一侧的其他转向灯以约正常模式下双倍的频率闪烁。在报警激活的情况下，如果其中一个转向灯损坏，则两侧的转向灯以约 170 次 /min 的频率闪烁。

（5）变道灯功能

当打开转向灯开关并在 100ms 和 700ms 之间关闭，则相应的转向灯会闪 3 次，作为变道灯提示。

（6）紧急制动报警灯

如果车辆速度（BCM 通过 CAN 总线获得车速和制动信号）因紧急制动而快速降低时，所有转向灯被激活闪烁；若车辆速度快速降低结束，危险报警闪光灯功能解除（减速度大于 $0.55g$ 视为紧急制动，减速度阈值可以在 EEPROM 中配置）。

8. 加热功能

后除霜与后视镜加热功能。从 CAN 总线得到电压信号，当电池电压大于 10.7V 并且电源模式在 ON 状态时，允许后除霜 / 后视镜加热工作。当检测到电池电压小于 10.3V 时，不允许后除霜 / 后视镜加热工作。后除霜 / 后视镜加热开关为点动按钮开关。按下后除霜 / 后视镜加热开关，后除霜 / 后视镜加热器加热 12min；如果后除霜 / 后视镜加热工作期间再次按下后除霜 / 后视镜加热开关，则后除霜 / 后视镜加热工作停止。若又一次按下后除霜 / 后视镜加热开关，则后除霜 / 后视镜加热器加热至第一次按下后除霜 / 后视镜加热开关后的 12min（累计运行 12min）时停止。36min 后之前的加热时间不作为下一次的累计。

9. CAN 总线管理

（1）吉利帝豪 EV450 车型 BCM CAN 总线唤醒条件

1）本地网络唤醒条件：

①电源模式在 ON 状态。

②危险报警开关在 ON 档。

③启动开关状态变化。

④灯未关报警激活。

⑤收到遥控钥匙命令。

⑥任意门状态变化。

2）远程网络唤醒条件：CAN 总线上有任意 CAN 信号传输 BCM。

（2）CAN 网络休眠条件

1）电源模式在 OFF 状态。

2）启动开关状态变化。

3）转向灯未激活。

4）未收到遥控钥匙命令。

5）无灯未关报警功能激活。

6）无任意门状态变化。

7）CAN 总线上无信号传输。

二、车辆控制系统组成及原理

1. 部件位置

整车控制器（VCU）与中央集控器（BCM）在车上的位置如图 6-3 所示。

2. 整车控制器线束插接器

（1）整车控制器线束插接器 1

整车控制器 CA66 线束插接器端子如图 6-4 和表 6-1 所示。

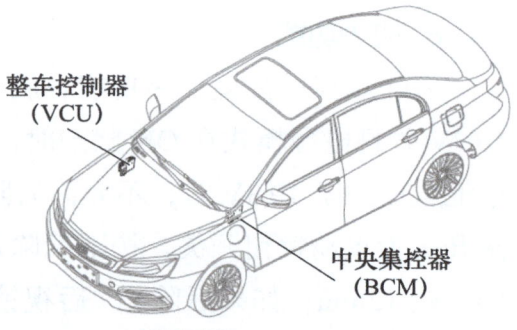

图 6-3 部件位置图

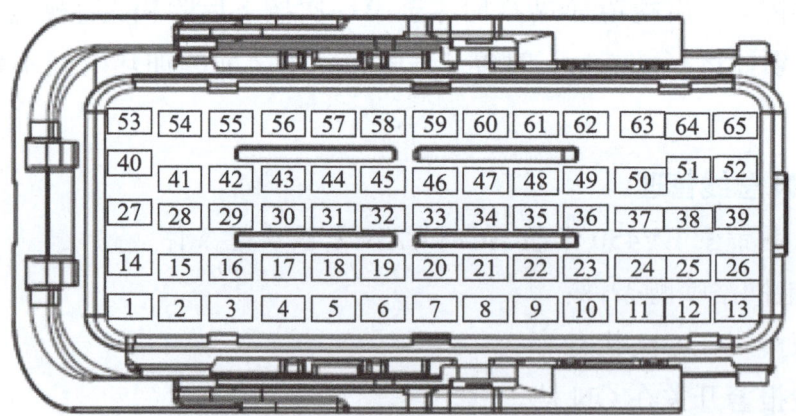

图 6-4 CA66 线束插接器端子图

表 6-1 CA66 线束插接器部分端子定义

端子号	端子定义	颜色	端子状态	规定条件（电压、电流、波形）
1	GND	B		
2	GND	B		

（续）

端子号	端子定义	颜色	端子状态	规定条件（电压、电流、波形）
4	自用标定 CAN_H	BL/R		
5	自用标定 CAN_H	Y/B		
10	高速风扇继电器反馈	W/B		
11	低速风扇继电器反馈	W		
12	KL30	R		
15	TCU 唤醒	R/G		
16	IPU 唤醒	BL/W		
22	Chassis CAN_L	BL/W		
23	Chassis CAN_H	GR		
24	KL50	W/BL		
25	主机电机反馈	Y		
26	GND	B		
39	UBR	Y		
50	IG	R/B		
51	主继电器 EN	BR/W		
52	UBR	Y		
54	GND	B		
58	HVIL IN	BR/W		

（2）整车控制器线束插接器 2

整车控制器 CA67 线束插接器端子如图 6-5 和表 6-2 所示。

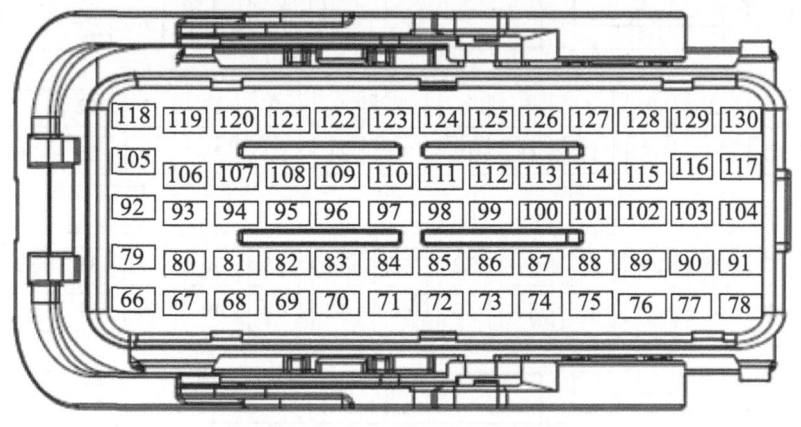

图 6-5　CA67 线束插接器端子图

表 6-2　CA67 线束插接器部分端子定义

端子号	端子定义	颜色	端子状态	规定条件（电压、电流、波形）
76	HVIL OUT	BR		
83	电机水泵继电器反馈	R/W		
86	制动开关 2	O		
96	制动开关 1	B/R		
99	加速踏板电源 2	R/B		
100	加速踏板电源 1	R/BL		
101	电机水泵控制	G/R		
111	加速踏板信号 1	G/BL		
112	加速踏板信号 2	G/W		
115	电机水泵继电器 EN	G/Y		
123	加速踏板地 2	B/W		
124	加速踏板地 1	B/BL		
127	高速风扇继电器 EN	P		
128	低速风扇继电器 EN	BL/G		

3. 中央集控器线束插接器

（1）BCM 线束插接器 1

BCM IP20a 线束插接器端子如图 6-6 和表 6-3 所示。

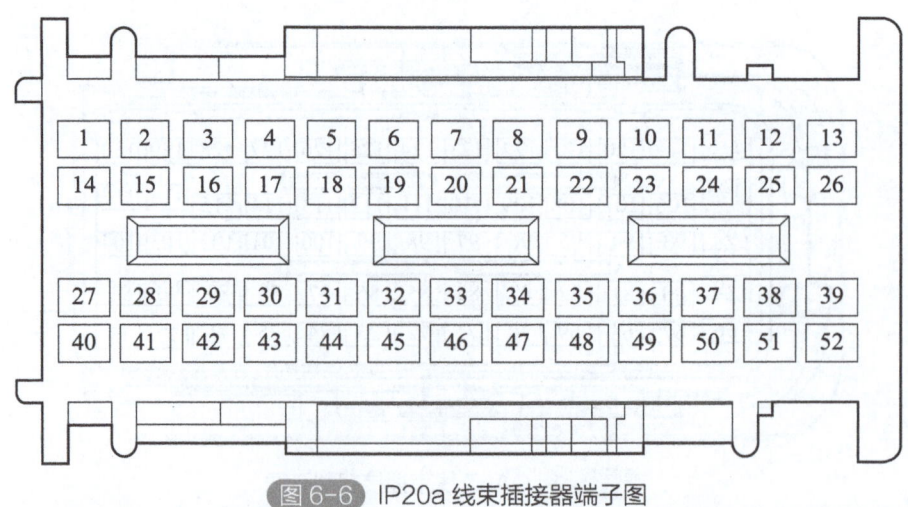

图 6-6　IP20a 线束插接器端子图

表 6-3　IP20a 线束插接器部分端子定义

端子号	端子定义	颜色	端子状态	规定条件（电压、电流、波形）
2	KL50 ReLay FB			
4	SGND3	B		
5	定速巡航开关/（预留）			
6	刮水间歇调节	GR/P		
7	KL75 ReLay FB（ACC）	O/B		
8	KL15 I Relay FB	BL/W		
9	危险报警灯	P/BL		
51	防盗指示灯	R/BL		

（2）BCM 线束插接器 2

BCM IP21a 线束插接器端子如图 6-7 和表 6-4 所示。

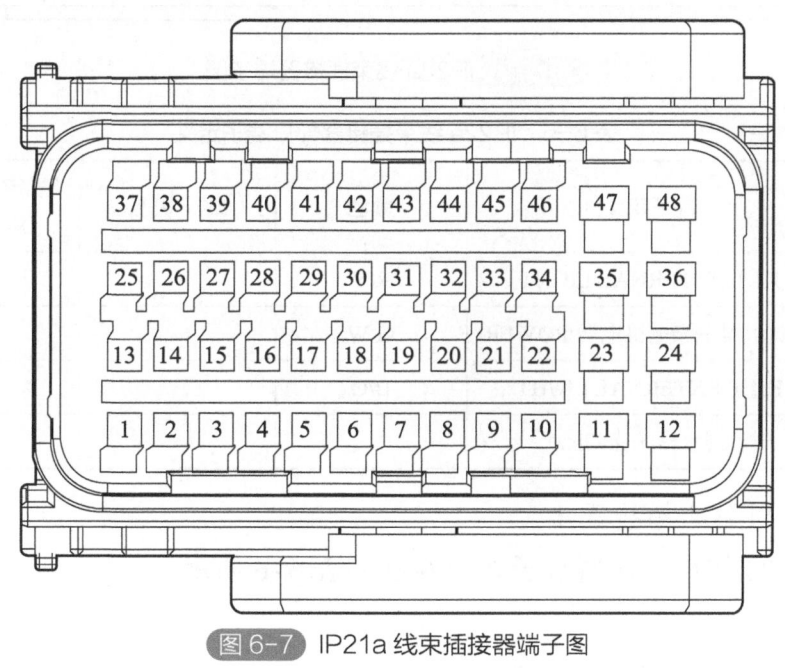

图 6-7　IP21a 线束插接器端子图

表 6-4　IP21a 线束插接器部分端子定义

端子号	端子定义	颜色	端子状态	规定条件（电压、电流、波形）
1	左后门状态开关	V/B		
2	右后门状态开关	V/G		

227

（续）

端子号	端子定义	颜色	端子状态	规定条件（电压、电流、波形）
26	轮速信号	BL		
37	碰撞信号 PWM	BL/R		
47	节电输出	R/Y		
48	制动灯	R/B		

（3）BCM 线束插接器 3

BCM IP22a 线束插接器端子如图 6-8 和表 6-5 所示。

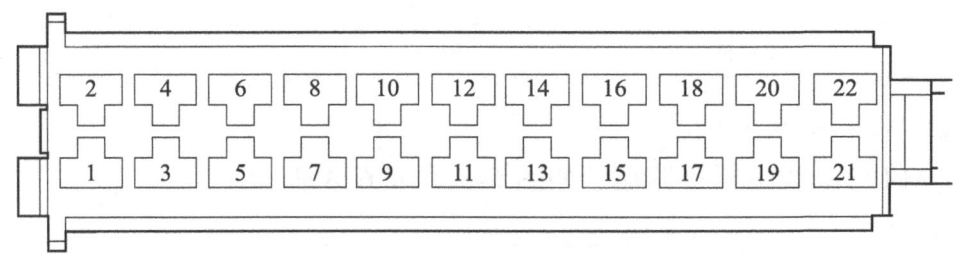

图 6-8　IP22a 线束插接器端子图

表 6-5　IP22a 线束插接器部分端子定义

端子号	端子定义	颜色	端子状态	规定条件（电压、电流、波形）
1	KL30 INTERNAL LIGHT	R/Y		
2	前刮水器洗涤电机电源 POWER	G/W		
3	KL30 EXTERNAL LIGHT	B/O		
8	后刮水器洗涤 GND			

（4）BCM 线束插接器 4

BCM IP23 线束插接器端子如图 6-9 和表 6-6 所示。

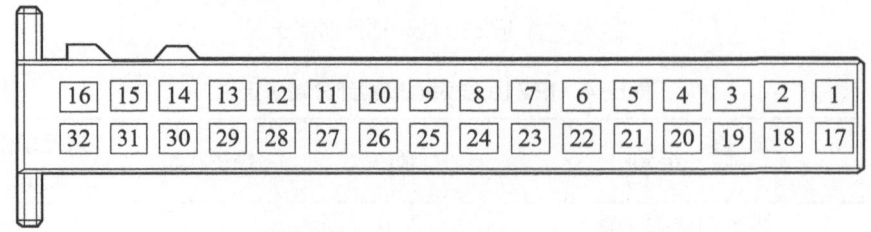

图 6-9　IP23 线束插接器端子图

表 6-6　IP23 线束插接器部分端子定义

端子号	端子定义	颜色	端子状态	规定条件（电压、电流、波形）
1	LKI5 2 Relay FB			
2	左前门门把手按钮开关			
29	KL50 ReLay HSD 启动继续电器（高端）			
31	KL15 2 ReLay			

（5）BCM 线束插接器 5

BCM IP24 线束插接器端子如图 6-10 和表 6-7 所示。

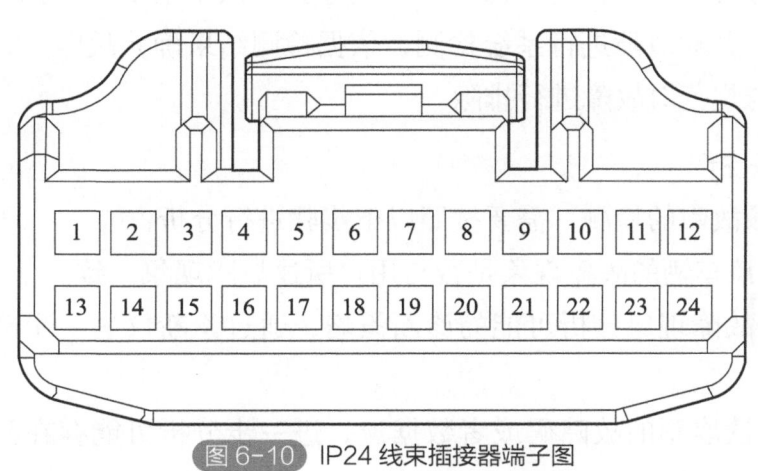

图 6-10　IP24 线束插接器端子图

表 6-7　IP24 线束插接器部分端子定义

端子号	端子定义	颜色	端子状态	规定条件（电压、电流、波形）
1	驾驶人侧闭锁器解锁状态	BL/O		
2	驾驶人侧闭锁器闭锁状态	V/G		
16	乘客侧车窗禁止功能输出	B/G		
21	内部 2 号天线 +	BL/B		

典型工作任务

任务 01　BCM 元件及其电路故障诊断与排除

一、任务导入

1. 任务描述

一辆吉利帝豪 EV450，启动时，仪表黑屏，故障指示灯跳动，不能上电，READY 灯不亮，仪表仅出现小汽车图标，防盗警告喇叭响。初步判定为中央集控器及其电路故障。作为维修技师，请你分析该车型中央集控器的特点、组成、电路图，并对故障进行系统检测，依据检测结果确认故障点，按照维修手册中的标准与规范对故障进行排除。

2. 任务分析

要实现该故障的检测，需要按照以下步骤进行分析：

1）确认该车辆的故障现象是否与用户所述故障现象一致。

2）根据故障现象分析可能的诊断策略，通过诊断仪进一步确定可能的故障原因。

3）依据读取到的故障码或者数据流，进一步分析可能存在问题的模块并查阅对应的电路图。

4）分析电路图，进一步分析可能的故障原因，比如模块的供电、搭铁、通信、自身损坏等。

5）实施检测与诊断，确定故障范围。

6）实现对上述故障的修复，并验证诊断结果。

二、任务资讯

中央集控器的主要功能在于电动门窗控制、中央门锁控制、遥控防盗、灯光系统控制、电动后视镜加热控制、仪表背光调节、通过 CAN 总线与 VCU 实时通信等。

三、任务组织

1. 实施准备

1）所需的各种防护用品准备：工位、隔离带、安全警告标志牌、车轮挡块、灭火器、绝缘杆、绝缘垫、绝缘工作台、棉线手套、绝缘手套、防静电手套、护目镜、安全帽、车外三件套、车内四件套、吸油纸、洗手液、急救包、除颤仪。

2）常用工具：万用表、故障诊断仪、万用接线盒、绝缘工具套装。

3）资料准备：维修手册、电路图、其他资料。

2. 制订计划

依据任务要求、人物分析，结合实施准备，小组内相互讨论，制订工作计划，将工作计划步骤、选择该步骤的理由写在表6-8相应位置，并选派代表进行汇报展示。

表6-8 计划表（一）

1. 作业计划			
序号	作业项目	操作要点	注意事项
1			
2			
3			
4			
5			
6			
7			
2. 设备清单			
序号	设备名称	用途	规格型号	数量
1				
2				
3				
4				
5				
6				
7				

（续）

3. 其他材料清单				
序号	材料名称	用途	规格型号	数量
1				
2				
3				
4				
审核	小组审核意见： 组长签字：　　年　月　日 教师审核意见： 教师签字：　　年　月　日			

四、任务实施

在做好个人安全防护、维修场地安全检查后，按照维修诊断的准备流程，做好诊断前的各项准备工作。

1. 故障诊断流程

（1）车辆故障现象确认

启动车辆时，车辆不能正常上电，仪表黑屏，仅有小汽车图标，READY 指示灯不亮，故障指示灯跳动，防盗警告喇叭响，如图 6-11 所示。

（2）故障分析

由于车辆黑屏，故障指示灯跳动，不能正常上电，结合中央集控器的功能，初步判定是 BCM 或仪表模块及相关电路出现故障，同时难以确定其他模块的工作状况，需结合故障诊断仪进一步缩小故障范围。

（3）模块通信状态及故障码检查

车辆下电，连接故障诊断仪，读取相应故障码，依据故障码或数据流确定可能的故

图 6-11　故障车辆仪表现象

障原因。

1）读取故障码，SRS、AVAS、IPU、DMS 等模块不能通信，如图 6-12 所示，BCM 模块报故障码 U012287、B128229、B128329、C161531。

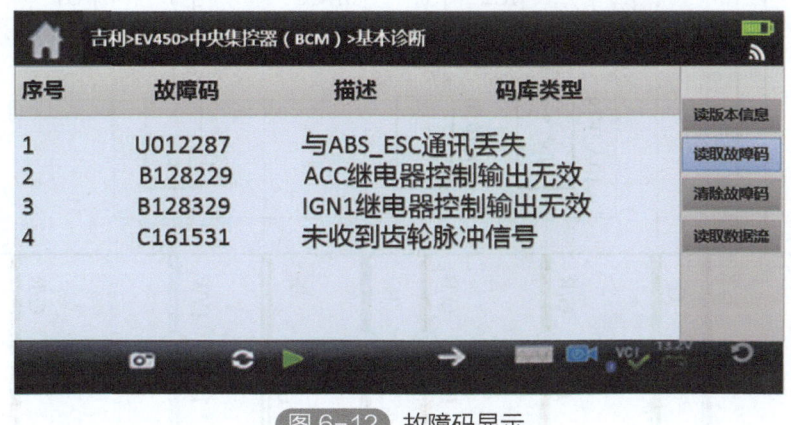

图 6-12　故障码显示

2）故障诊断仪显示相关数据流：无。

（4）确认故障范围

故障范围包括 IF01 熔丝及相关电路、BCM 元件及相关电路、ACC、IG1 继电器供电线路。

（5）检测分析

具体相关元件及线束如图 6-13 和图 6-14 所示，电源经过 IF01 熔丝给 BCM 供电，同时 BCM 接收 ACC、IG1 继电器的反馈信号才能正常工作。

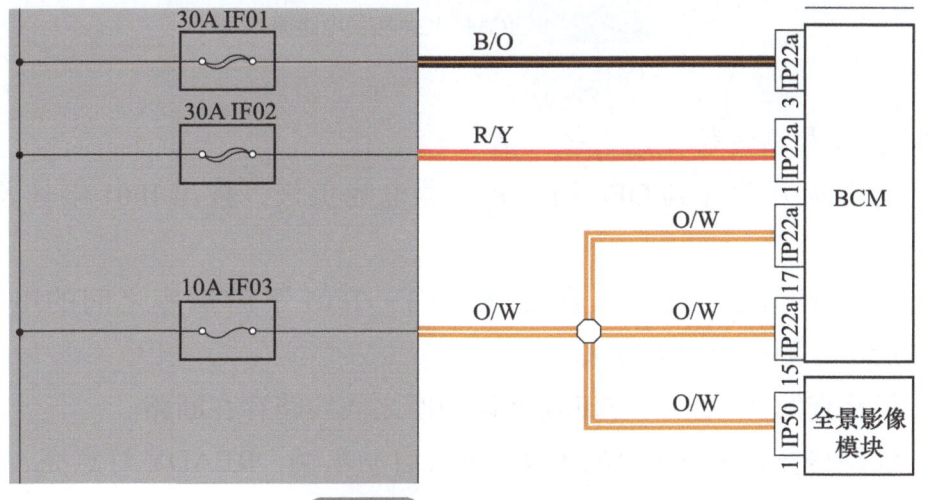

图 6-13　BCM 相关电路图

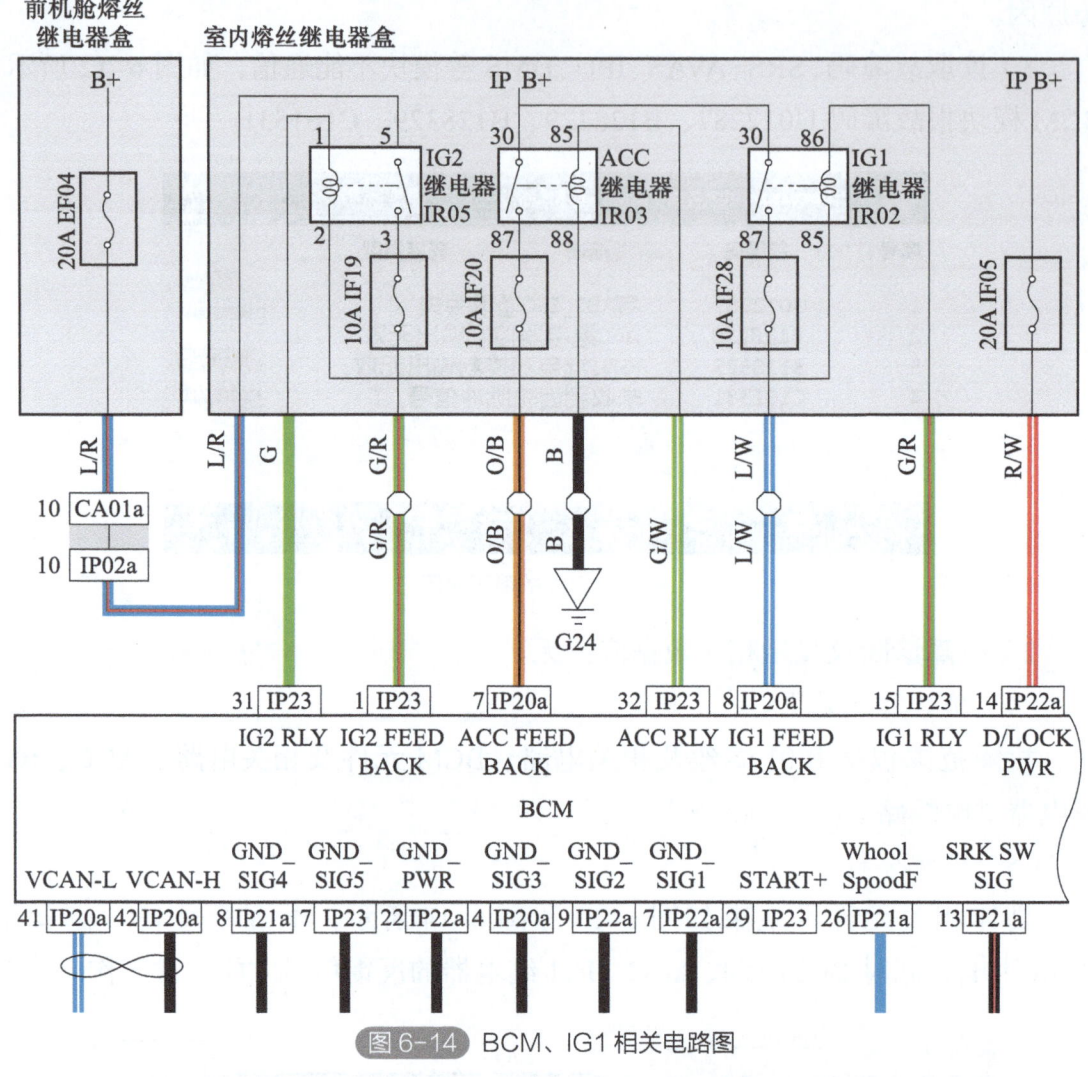

图 6-14　BCM、IG1 相关电路图

（6）具体检测过程

1）将点火开关开到 OFF 档，断开蓄电池负极，拔出 IF01 熔丝及 IP22a 插头。

2）万用表调至电阻档，测量 IP22a/3—IF01 下游插座之间的电阻，如图 6-15 所示。测量值为无穷大，异常。

3）经检查发现 P22a/3—IF01 下游插座之间线路存在断路。

4）线路修复，如图 6-16 所示，再次启动车辆，READY 灯点亮，故障已排除。

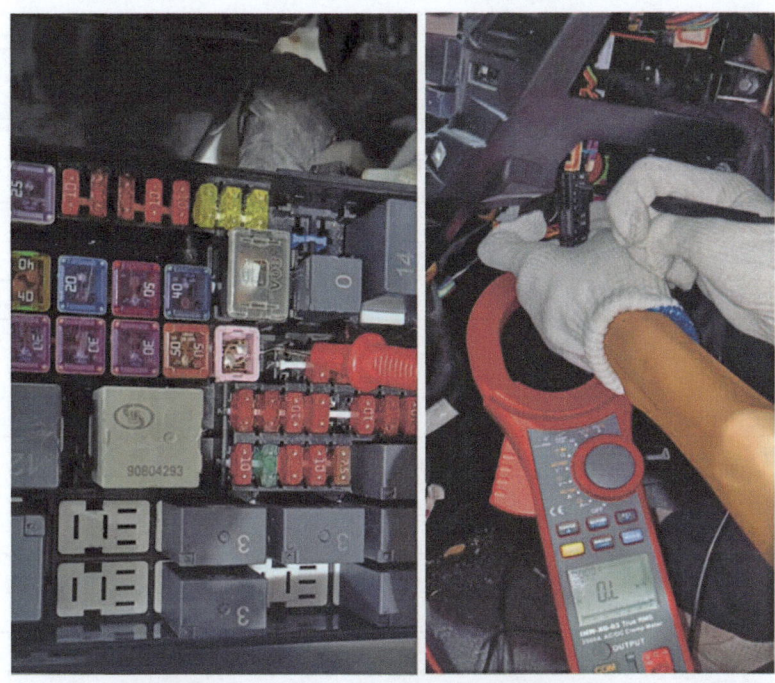

图 6-15 测量 IP22a/3—IF01 下游插座之间的电阻

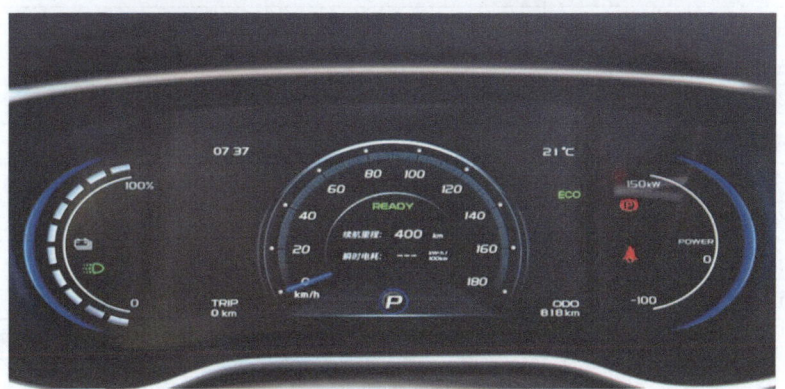

图 6-16 修复后车辆仪表显示

2. 记录任务工单（表6-9）

表6-9 任务工单（一）

任务工单	BCM元件及其电路故障诊断与排除	班级：
		姓名：

（1）车辆信息记录

品牌		整车型号		生产年月	
车辆识别代码					

（2）车辆基本检查

检查项目	检查情况		
安全防护		□是	□否
辅助蓄电池电压		□正常	□异常
高压部件安装及插接器连接情况		□正常	□异常
储液罐液位		□正常	□异常

（3）故障现象

诊断项目	诊断内容
确认故障现象	

（4）读取相关故障码

诊断项目	诊断内容
相关故障码描述	

（5）记录相关主要数据流

诊断项目	诊断内容
相关数据流描述	

（6）故障范围分析

诊断项目	诊断内容
初步诊断故障范围	

（7）故障诊断过程

步骤	检测项目	测量结果	结果分析
①			
②			
③			
④			
⑤			
⑥			
⑦			

（8）故障诊断结论

确认故障部位	
故障机理描述	

（9）维修处理方法

维修建议	元件/线束　　□维修　　□更换
维修工时	

任 务 评 价

BCM 元件及其电路故障诊断与排除		姓名：	
日期：	班级：	学号：	
自我评价：□熟练 □不熟练	组长评价：□熟练 □不熟练	教师签名：	
教师评价：□优秀 □良好 □合格 □不合格			

BCM 元件及其电路故障诊断与排除【评分细则】

序号	评分项	得分条件	分值	评分要求	自我评价	组长评价	教师评价
1	安全/7S/态度	□1. 能接受任务并完成任务 □2. 能进行设备和工具安全检查 □3. 能进行车辆安全防护操作 □4. 能进行人员高压安全防护操作 □5. 能进行三不落地操作 □6. 能进行团队合作作业 □7. 能进行工位 7S 操作 □8. 能进行有效沟通	20	未完成1项扣3分，扣分不得超过20分	□能做到 □做不到	□能做到 □做不到	□优秀 □良好 □合格 □不合格
2	专业技能	□1. 能正确检查车辆基本状态 □2. 能正确检查 BCM 元件及其电路故障现象 □3. 能正确读取故障码及数据流信息 □4. 能正确分析故障原因 □5. 能正确制订诊断检测流程 □6. 能正确使用检测设备 □7. 能正确找到故障点 □8. 能正确分析故障机理 □9. 能合理提出维修建议	40	未完成1项扣5分，扣分不得超过40分	□熟练 □不熟练	□熟练 □不熟练	□优秀 □良好 □合格 □不合格
3	工具及设备使用能力	□1. 能正确使用维修工具 □2. 能正确使用充电装置 □3. 能正确使用万用表、诊断仪、示波器等诊断设备 □4. 能正确使用专用工具	5	未完成1项扣3分，扣分不得超过5分	□熟练 □不熟练	□熟练 □不熟练	□优秀 □良好 □合格 □不合格

（续）

序号	评分项	得分条件	分值	评分要求	自我评价	组长评价	教师评价
4	资料、信息查询能力	□ 1. 能正确查询车辆信息 □ 2. 能正确使用维修手册查询资料 □ 3. 能正确记录所查询资料的章节及页码 □ 4. 能正确记录检查状态信息	10	未完成1项扣3分，扣分不得超过10分	□熟练 □不熟练	□熟练 □不熟练	□优秀 □良好 □合格 □不合格
5	数据判断和分析能力	□ 1. 能判断BCM元件及其电路故障仪表状态 □ 2. 能判断仪表指示灯状态 □ 3. 能判断故障码 □ 4. 能判断数据流 □ 5. 能分析诊断仪器检测结果	10	未完成1项扣2分，扣分不得超过10分	□能做到 □做不到	□能做到 □做不到	□优秀 □良好 □合格 □不合格
6	表单填写及撰写能力	□ 1. 字迹清晰 □ 2. 语句通顺 □ 3. 无错别字 □ 4. 无涂改 □ 5. 无抄袭	5	未完成1项扣1分，扣分不得超过5分	□熟练 □不熟练	□熟练 □不熟练	□优秀 □良好 □合格 □不合格
7	素养	□ 1. 注重团队合作 □ 2. 注意安全防护 □ 3. 注意保护实训设备 □ 4. 做到三不伤害 □ 5. 保护环境	10	未完成1项扣2分，扣分不得超过10分	□能做到 □做不到	□能做到 □做不到	□优秀 □良好 □合格 □不合格

任务 02　VCU 元件及其电路故障诊断与排除

一、任务导入

1. 任务描述

一辆吉利帝豪 EV450，车辆能够正常启动，READY 灯能正常点亮，仪表报 ESP 故障灯，无法挂档行驶，且制动灯常亮。初步判定为 VCU 及相关电路故障。作为维修技师，请你分析该车型整车控制器的特点、组成、电路图，并对故障进行系统检测，依据检测结果确认故障点，按照维修手册中的标准与规范对故障进行排除。

2. 任务分析

要实现该故障的检测，需要按照以下步骤进行分析：

1）确认该车辆的故障现象是否与用户所述故障现象一致。

2）根据故障现象分析可能的诊断策略，通过诊断仪进一步确定可能的故障原因。

3）依据读取到的故障码或者数据流，进一步分析可能存在问题的模块并查阅对应的电路图。

4）分析电路图，进一步分析可能的故障原因，比如模块的供电、搭铁、通信、自身损坏等。

5）实施检测与诊断，确定故障范围。

6）实现对上述故障的修复，并验证诊断结果。

二、任务资讯

VCU 根据制动踏板开度、加速踏板开度等各种传感器及控制器反馈的信息，判断当前车辆所处运行状态，合理控制整车行为，协调控制动力系统、底盘系统、高低压能源系统、热管理系统等，具有车辆行驶控制、充电控制、高压上下电、通信、故障处理等功能。

三、任务组织

1. 实施准备

1）所需的各种防护用品准备：工位、隔离带、安全警告标志牌、车轮挡块、灭火器、绝缘杆、绝缘垫、绝缘工作台、棉线手套、绝缘手套、防静电手套、护目镜、安全帽、车外三件套、车内四件套、吸油纸、洗手液、急救包、除颤仪。

2）常用工具：万用表、故障诊断仪、万用接线盒、绝缘工具套装。

3）资料准备：维修手册、电路图、其他资料。

2. 制订计划

依据任务要求、人物分析，结合实施准备，小组内相互讨论，制订工作计划，将工作计划步骤、选择该步骤的理由写在表6-10相应位置，并选派代表进行汇报展示。

表6-10 计划表（二）

1. 作业计划			
序号	作业项目	操作要点	注意事项
1			
2			
3			
4			
5			
6			
7			

2. 设备清单			
序号	设备名称	用途	规格型号	数量
1				
2				
3				
4				
5				
6				
7				

（续）

3. 其他材料清单				
序号	材料名称	用途	规格型号	数量
1				
2				
3				
4				
审核	小组审核意见： 　　　　　　　　　　　　　组长签字：　　　年　　月　　日 教师审核意见： 　　　　　　　　　　　　　教师签字：　　　年　　月　　日			

四、任务实施

在做好个人安全防护、维修场地安全检查后，按照维修诊断的准备流程，做好诊断前的各项准备工作。

1. 故障诊断流程

（1）车辆故障现象确认

启动车辆时，车辆能够正常启动，READY 灯能正常点亮，但仪表报 ESP 故障灯，无法挂档行驶，且制动灯常亮，如图 6-17 所示。

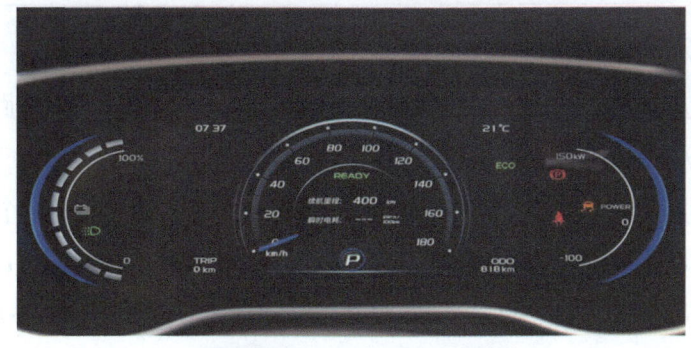

图 6-17　故障车辆仪表现象

（2）故障分析

由于车辆能够正常上电，说明动力蓄电池及管理模块、电机控制器、BCM 等模块自检都能够通过，因此排除各模块故障。但不能挂档行驶，且制动灯常亮，说明车辆的制动系统、VCU 元件及线路、加速踏板信号等出现故障。为进一步缩小故障范围，借助车辆故障诊断仪进行辅助检测。

（3）模块通信状态及故障码检查

车辆下电，连接故障诊断仪，读取故障码及数据流，如图 6-18 所示，依据故障码或数据流确定可能的故障原因。

1）整车控制器（VCU）报 P1C3E01 和 P1C3C96 故障码。

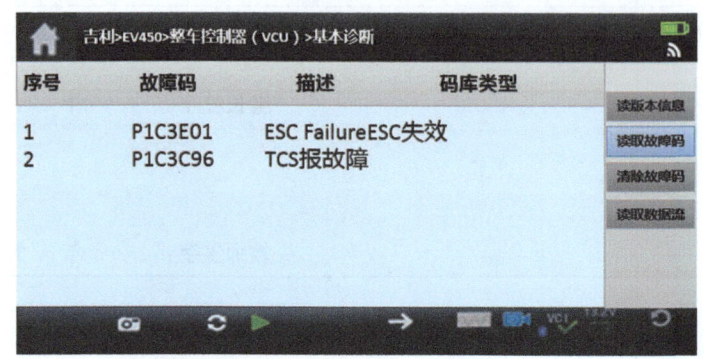

图 6-18　故障码 P1C3E01 和 P1C3C96

2）故障诊断仪显示的相关数据流记录见表 6-11。

表 6-11　VCU 相关数据流

项目	数值	单位	判断
VCU：制动踏板 1 信号	不踩踏板：未请求 踩下踏板：请求		异常
VCU：制动踏板 2 信号	不踩踏板：未请求 踩下踏板：请求		异常

（4）确认故障范围

故障范围包括制动灯开关及相关电路、VCU 元件及相关线路。

（5）检测分析

如图 6-19 所示，吉利帝豪 EV450 高压制动灯有两个：一个常开，另一个常闭，二者通过 CA44b 线束插接器的 1、4 号端子与 VCU 的 CA67 线束插接器的 96、86 号端子连接。制动踏板未被踩下时，VCU 中的制动开关 1 号端子为 0V，制动开关 2 号端子为 12V。制动踏板逐渐被踩下时，1 号电压逐渐增大至 12V，2 号电压逐渐减小至 0V，并且制动踏板信号均由未请求向请求切换。本故障车辆中，VCU 显示制动踏板数据异常，着重检测制动灯开关与 VCU 之间的线束连接有无异常。

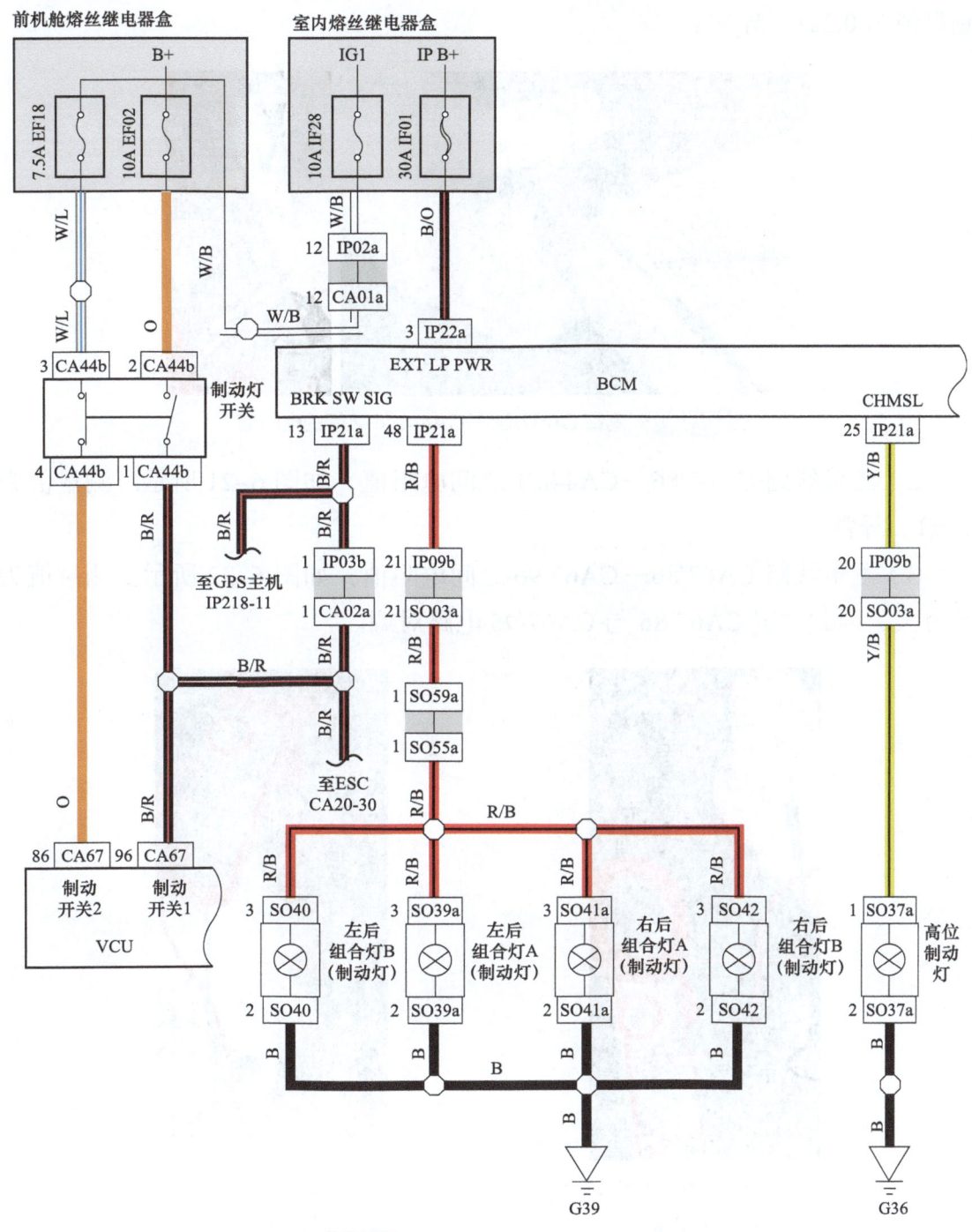

图 6-19 制动灯及 VCU 相关电路图

（6）具体检测过程

1）关闭点火开关，断开蓄电池负极，拔下 CA67 线束插接器，断开 CA44 线束插接器，测量线路 CA67/96—CA44b/4 之间的电阻值，如图 6-20 所示。

测量值为 0.2Ω，异常。

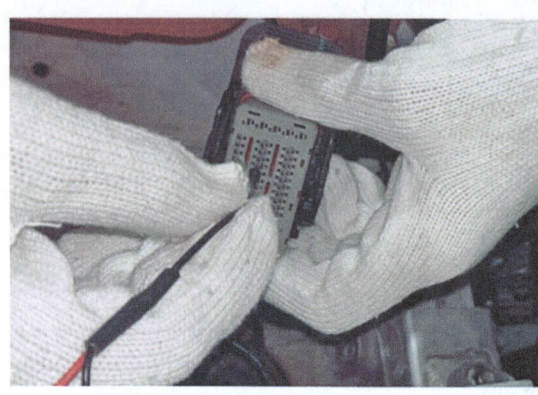

图 6-20 测量 CA67/96—CA44b/4 之间的电阻值

2）测量线路 CA67/86—CA44b/1 之间电阻值，如图 6-21 所示。测量值为 0.1Ω，异常。

3）测量线路 CA67/86—CA67/96 之间电阻值，如图 6-22 所示。测量值为无穷大，因此判定 CA67/86 与 CA67/96 电路对调。

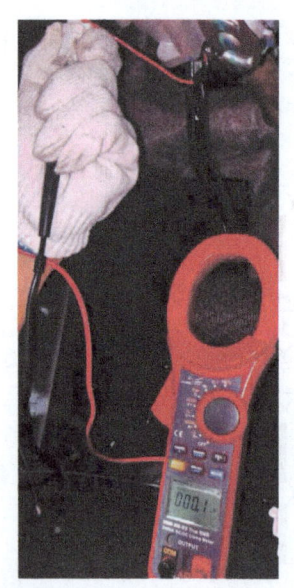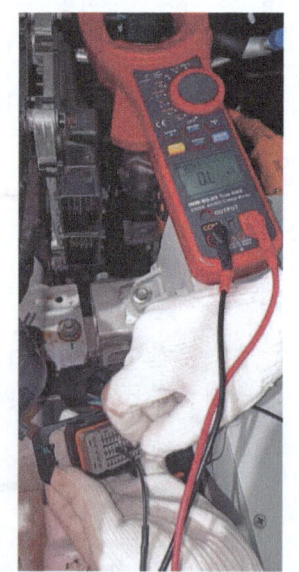

图 6-21 测量 CA67/86—CA44b/1 之间电阻值　　图 6-22 测量 CA67/86—CA67/96 之间电阻值

4）经检查确定故障确有存在，修复后重新读取故障码，无故障码显示，故障排除，车辆可以正常启动。

2. 记录任务工单（表 6-12）

表 6-12　任务工单（二）

任务工单	VCU 元件及其电路故障诊断与排除	班级：		
		姓名：		

（1）车辆信息记录

品牌		整车型号		生产年月	
车辆识别代码					

（2）车辆基本检查

检查项目	检查情况		
安全防护		□是	□否
辅助蓄电池电压		□正常	□异常
高压部件安装及插接器连接情况		□正常	□异常
储液罐液位		□正常	□异常

（3）故障现象

诊断项目	诊断内容
确认故障现象	

（4）读取相关故障码

诊断项目	诊断内容
相关故障码描述	

（5）记录相关主要数据流

诊断项目	诊断内容
相关数据流描述	

（6）故障范围分析

诊断项目	诊断内容
初步诊断故障范围	

（7）故障诊断过程

步骤	检测项目	测量结果	结果分析
①			
②			
③			
④			
⑤			
⑥			
⑦			

（8）故障诊断结论

确认故障部位	
故障机理描述	

（9）维修处理方法

维修建议	元件 / 线束　□维修　□更换
维修工时	

任 务 评 价

VCU 元件及其电路故障诊断与排除		姓名：	
日期：	班级：	学号：	
自我评价：□熟练 　　　　　□不熟练	组长评价：□熟练　□不熟练		教师签名：
教师评价：□优秀　□良好　□合格　□不合格			

VCU 元件及其电路故障诊断与排除【评分细则】

序号	评分项	得分条件	分值	评分要求	自我评价	组长评价	教师评价
1	安全/ 7S/ 态度	□1. 能接受任务并完成任务 □2. 能进行设备和工具安全检查 □3. 能进行车辆安全防护操作 □4. 能进行人员高压安全防护操作 □5. 能进行三不落地操作 □6. 能进行团队合作作业 □7. 能进行工位 7S 操作 □8. 能进行有效沟通	20	未完成 1 项扣 3 分，扣分不得超过 20 分	□能做到 □做不到	□能做到 □做不到	□优秀 □良好 □合格 □不合格
2	专业技能	□1. 能正确检查车辆基本状态 □2. 能正确检查 VCU 元件及其电路故障现象 □3. 能正确读取故障码及数据流信息 □4. 能正确分析故障原因 □5. 能正确制订诊断检测流程 □6. 能正确使用检测设备 □7. 能正确找到故障点 □8. 能正确分析故障机理 □9. 能合理提出维修建议	40	未完成 1 项扣 5 分，扣分不得超过 40 分	□熟练 □不熟练	□熟练 □不熟练	□优秀 □良好 □合格 □不合格
3	工具及设备使用能力	□1. 能正确使用维修工具 □2. 能正确使用充电装置 □3. 能正确使用万用表、诊断仪、示波器等诊断设备 □4. 能正确使用专用工具	5	未完成 1 项扣 3 分，扣分不得超过 5 分	□熟练 □不熟练	□熟练 □不熟练	□优秀 □良好 □合格 □不合格

（续）

序号	评分项	得分条件	分值	评分要求	自我评价	组长评价	教师评价
4	资料、信息查询能力	☐ 1. 能正确查询车辆信息 ☐ 2. 能正确使用维修手册查询资料 ☐ 3. 能正确记录所查询资料的章节及页码 ☐ 4. 能正确记录检查状态信息	10	未完成1项扣3分，扣分不得超过10分	☐熟练 ☐不熟练	☐熟练 ☐不熟练	☐优秀 ☐良好 ☐合格 ☐不合格
5	数据判断和分析能力	☐ 1. 能判断VCU元件及其电路故障仪表状态 ☐ 2. 能判断仪表指示灯状态 ☐ 3. 能判断故障码 ☐ 4. 能判断数据流 ☐ 5. 能分析诊断仪器检测结果	10	未完成1项扣2分，扣分不得超过10分	☐能做到 ☐做不到	☐能做到 ☐做不到	☐优秀 ☐良好 ☐合格 ☐不合格
6	表单填写及撰写能力	☐ 1. 字迹清晰 ☐ 2. 语句通顺 ☐ 3. 无错别字 ☐ 4. 无涂改 ☐ 5. 无抄袭	5	未完成1项扣1分，扣分不得超过5分	☐熟练 ☐不熟练	☐熟练 ☐不熟练	☐优秀 ☐良好 ☐合格 ☐不合格
7	素养	☐ 1. 注重团队合作 ☐ 2. 注意安全防护 ☐ 3. 注意保护实训设备 ☐ 4. 做到三不伤害 ☐ 5. 保护环境	10	未完成1项扣2分，扣分不得超过10分	☐能做到 ☐做不到	☐能做到 ☐做不到	☐优秀 ☐良好 ☐合格 ☐不合格

能力模块七
交直流充电桩装调与检修

充电桩之于新能源汽车的功能类似于给传统燃油车加油的加油机，可以固定在地面或墙壁，安装于楼宇、商场、公共停车场、居民小区停车场或充电站内，可以根据不同的电压等级为各种型号的电动汽车充电。

本模块主要介绍充电桩的分类、组成、功能以及原理。

能力目标

- 了解充电桩的结构及作用。
- 理解充电桩的基本工作原理。
- 懂得充电桩典型故障排除方法。

知识准备

一、充电设备分类

1) 按充电设备输入特性，电动汽车供电设备根据与其连接的供电系统分类，可分为电动汽车供电设备连接交流充电网（电源）以及电动汽车供电设备连接直流充电网（电源）。

2) 按供电设备输出特性，电动汽车供电设备根据其输出的电流种类可分为交流供电设备、直流供电设备、交流/直流供电设备。

3）按照使用环境，电动汽车供电设备可分为室内使用、室外使用以及特殊环境使用。

4）按供电设备输出电压，电动汽车供电设备可分为交流单相220V，三相380V以及直流200~500V、350~700V和500~950V。其中，直流充电电流优选值：80A、100A、125A、160A、200A、250A。高于950V的供电设备由车辆制造商和供电设备制造商协商决定。

5）按照安装方式，电动汽车供电设备可分为固定式（壁挂式：在墙上、立杆或其他等同位置安装；落地式：地面安装）、移动式（如可移动的充电设备）、便携式。

6）按电击防护，电动汽车供电设备可分为Ⅰ类供电设备和Ⅱ类供电设备。Ⅰ类供电设备是指采用基本绝缘作为基本防护措施，采用保护联结作为故障防护措施。另外，Ⅱ类供电设备指的是采用基本绝缘作为基本防护措施，采用附加绝缘作为故障防护措施，或采用能提供基本防护和故障防护功能的加强绝缘。Ⅰ类和Ⅱ类定义见 GB/T 17045—2008。

7）按照充电模式

①模式1充电系统使用标准的插接器，能量传输过程中应采用单相交流供电，且不允许超过8A和250V。在电源侧应使用符合GB 20991和GB 1002要求的插接器，在电源侧使用了相线、中性线和保护接地导体，并且在电源侧使用了剩余电流保护装置。从标准插座到电动汽车应提供保护接地导体。

②模式2充电系统使用标准插座，能量传输过程中应采用单相交流供电。电源侧使用符合GB 2099.1和GB 1002要求的16A插接器时，输出不能超过13A；电源侧使用符合GB 20991和GB 1002要求的10A插接器时，输出不能超过8A。在电源侧使用了相线、中性线和保护接地导体，并且采用缆上控制与保护装置（IC-CPD）连接电源与电动汽车。从标准插座到电动汽车应提供保护接地导体。且应具备剩余电流保护和过电流保护功能。

③模式3应用于连接到交流电网的供电设备将电动汽车与交流电网连接起来的情况，并且在电动汽车供电设备上安装了专用保护装置。电动汽车供电设备具有一个及一个以上可同时使用的模式3连接点（供电插座）时，每一个连接点应具有专用保护装置，并确保控制导引功能可独立运行。

④模式4用于电动汽车连接到直流供电设备的情况，应用于永久连接在电网（电源）的设备和通过电缆与电网（电源）连接为其供电的设备。模式4可

直接连接至交流电网或直流电网。

二、电动汽车供电设备性能要求

1. 概述

电动汽车供电设备应能在额定电压及最大输出功率和电流的情况下正常使用。当供电设备设计为适用于额定电压的某个范围值时，应使用最大额定电压。

2. 接触电流（表 7-1）

表 7-1　接触电流限值

接触位置	Ⅰ类供电设备	Ⅱ类供电设备
任一交流相线和彼此相连的可触及金属部分之间，以及和覆盖在绝缘外部材料上的金属箔之间	3.5mA	0.25mA
任一交流相线和通常为非活性的金属不可触及部分之间（双重绝缘）	不适用	3.5mA
彼此相连的不可触及和可触及的部分和覆盖在绝缘外部材料上的金属箔之间（附加绝缘）	不适用	0.5mA

3. 绝缘电阻

在供电设备非电气连接的各带电回路之间、各独立带电回路与地（金属外壳）之间按表 7-2 规定施加直流电压，绝缘电阻应不小于 10MΩ。

表 7-2　绝缘试验的试验电压

额定绝缘电压 U_1/V	绝缘电阻测试仪器的电压 /V	介电强度试验电压 /V	冲击耐压试验电压 /kV
$U_1 \leqslant 60$	250	1000（1400）	1
$60 < U_1 \leqslant 300$	500	2000（2800）	±2.5
$300 < U_1 \leqslant 700$	1000	2400（3360）	±6
$700 < U_1 \leqslant 950$	1000	$2U_1+1000$（$2.8U_1+1400$）	±6

4. 介电强度

在供电设备非电气连接的各带电回路之间、各独立带电回路与地（金属外壳）之间按表 7-2 规定施加 1min 工频交流电压（也可采用直流电压，试验电压为交流电压有效值的 1.4 倍）。试验过程中，试验部位不应出现绝缘击穿或闪络现象。

5. 冲击耐压

在供电设备非电气连接的各带电回路之间、各独立带电回路与地（金属外壳）之间按表 7-2 规定施加标准雷电冲击的短时冲击电压。试验过程中，试验部位不应出现击穿放电。

6. 允许表面温度

1）在额定电流和环境温度 40℃ 条件下，手握可接触的表面最高允许温度为：

—50℃ 金属部分；

—60℃ 非金属部分。

2）同样条件下，用户可能触及但是不能手握的表面最高允许温度为：

—60℃ 金属部分；

—85℃ 非金属部分。

3）供电设备应设计为：

—接触部分不超过特定温度；

—组件、部分、绝缘体和塑料材料不超过在设施寿命周期内正常使用时可能降低电气、机械或其他性能的温度。

三、充电桩的基本组成

以 C-GY01 和 C-GZ02 型号为例进行说明。

充电桩主要用于电动汽车直流快速充电、交流慢充充电，集功率变换、充电控制、人机交互控制、通信、计费计量等于一体，主要由人机交互触摸屏、读卡器、电能计量模块、充电模块、通信模块、充电接口、控制模块和桩体组成。

1. 人机交互界面

在人机交互界面可进行充电模式选择以及充电状态显示。

设备有三种状态指示灯，分别是黄、绿、红灯，如图 7-1 所示。

黄灯：为电源指示灯，设备上电后，黄灯常亮。

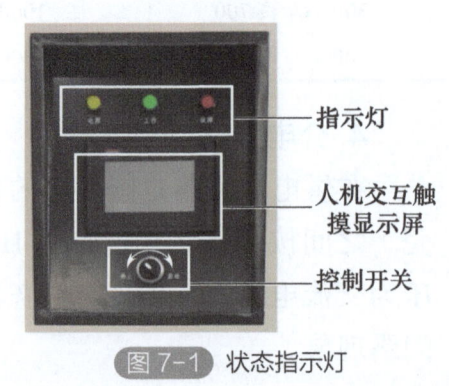

图 7-1 状态指示灯

绿灯：为工作指示灯，正在充电时，绿灯亮；充电停止时，绿灯灭。

红灯：为故障指示灯，设备出现故障时，红灯亮；设备故障消除时，红灯灭。

2. 交直流充电枪

交直流充电枪实物图如图 7-2 所示。

3. 急停开关

如果机器发生漏电，应立即按下急停开关。如果发生起火、触电等异常状况，应立即按下急停开关。桩体发生故障，如果无法停止充电，内部线路短路等异常状况，应立即按下急停开关。非充电状态按下急停开关时，故障灯亮，液晶显示屏跳转到故障界面。当危急状况解除时，应旋转急停开关，否则无法继续进行充电。

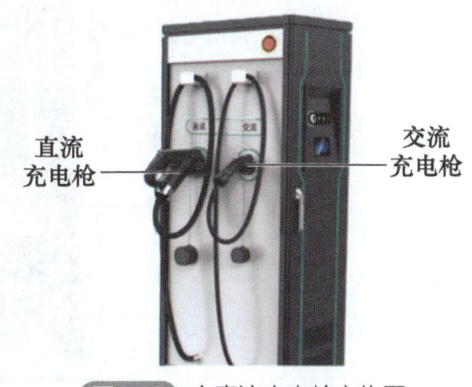

图 7-2 交直流充电枪实物图

4. 交流充电桩

交流充电桩的主要组成部件如图 7-3 所示。

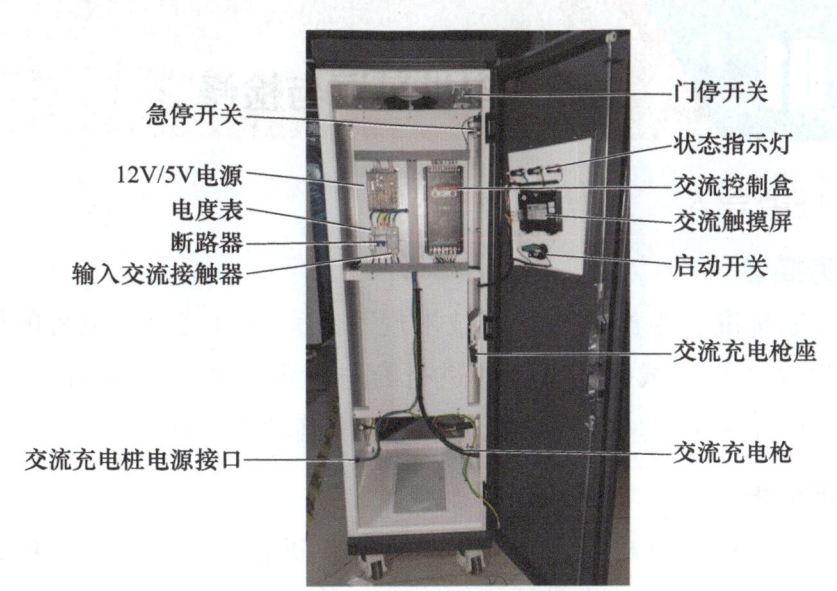

图 7-3 交流充电桩的主要组成部件

5. 直流充电桩

直流充电桩的主要组成部件如图 7-4 所示。

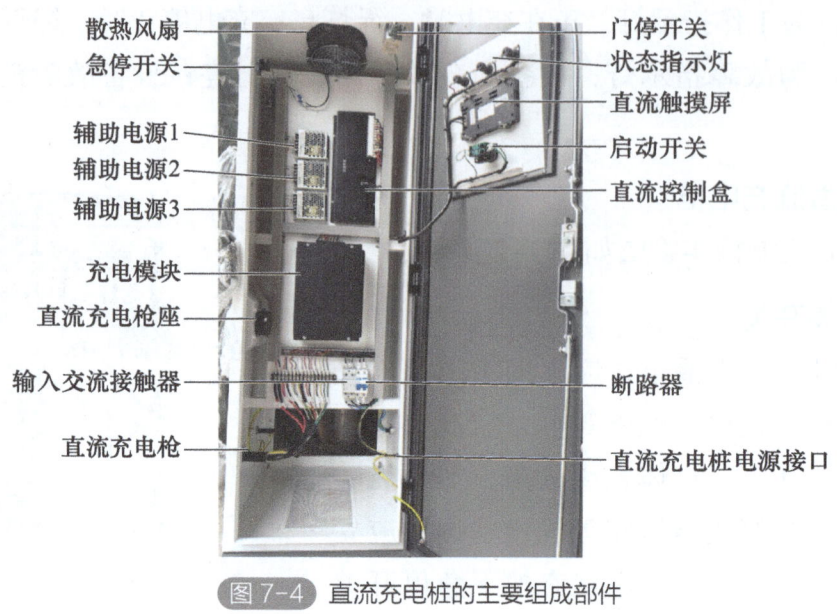

图 7-4 直流充电桩的主要组成部件

典型工作任务

任务 01 交流充电桩装调与检修

一、任务导入

1. 任务描述

按照国家标准、生产制造厂家技术规范,完成对交流充电桩的性能检测、拆装、排除故障及调试等任务,并进行充电验证。要求作业规范、务实、安全、环保,正确使用工量具及仪器,并完整准确填写工单。

2. 任务分析

重点考核操作规范流程,按要求对各部件进行分离、清洁、检查与装配,并进行供电环境检查、电路元件检测、充电信号检测、充电参数初始化设置、交流充电验证和调试等,要求较熟练地查阅设备使用手册,正确地使用工量具和仪器设备,准确测量技术参数,按照要求在记录表上记录作业过程和测试数据,做到安全文明作业。

二、任务资讯

充电设备包括电源、控制板、接触器、断路器、电表、指示灯、触摸控制屏、充电枪、高低压线束等。

三、任务组织

1. 实施准备

1）所需的各种防护用品准备：工位、隔离带、安全警告标志牌、车轮挡块、灭火器、绝缘杆、绝缘垫、绝缘工作台、棉线手套、绝缘手套、防静电手套、护目镜、安全帽、车内四件套、吸油纸、洗手液、急救包、除颤仪。

2）常用工具：万用表、万用接线盒、绝缘工具套装。

3）资料准备：维修手册、电路图、其他资料。

2. 制订计划

依据任务要求、人物分析，结合实施准备，小组内相互讨论，制订工作计划，将工作计划步骤、选择该步骤的理由写在表 7-3 相应位置，并选派代表进行汇报展示。

表 7-3 计划表（一）

1. 作业计划			
序号	作业项目	操作要点	注意事项
1			
2			
3			
4			
5			
6			
7			
2. 设备清单			
序号	设备名称	用途	规格型号	数量
1				
2				
3				
4				

（续）

序号	设备名称	用途	规格型号	数量
5				
6				
7				

3. 其他材料清单

序号	材料名称	用途	规格型号	数量
1				
2				
3				
4				

审核	小组审核意见： 　　　　　　　　　　　　　　　　组长签字：　　　年　　月　　日 教师审核意见： 　　　　　　　　　　　　　　　　教师签字：　　　年　　月　　日

四、任务实施

1）任务实施指导，按照图 7-5、图 7-6 及计划表，完成交流充电桩的装调与检修。

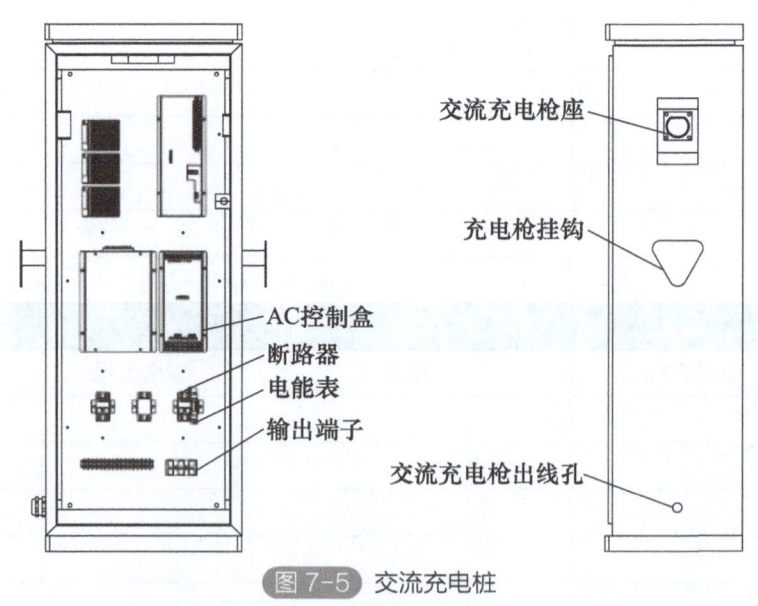

图 7-5　交流充电桩

能力模块七 交直流充电桩装调与检修

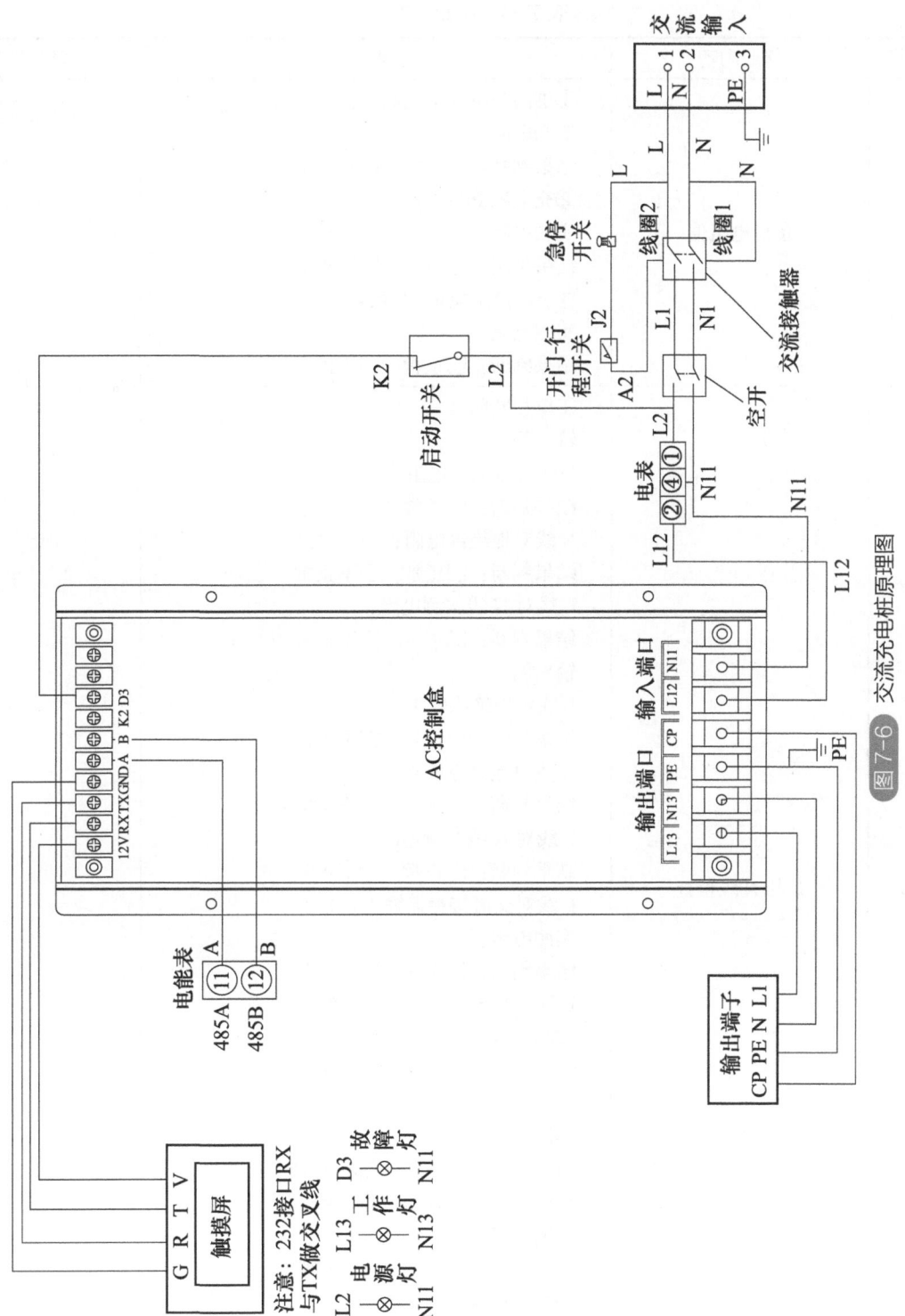

图7-6 交流充电桩原理图

2)记录任务工单(表 7-4)。

表 7-4 作业工单(一)

序号	作业内容	记录内容	备注
1	接地电阻值	①桩门与桩体 PE 接点 实测电阻: 结果判断:□正常　□不正常 ②充电枪 PE 接点 实测电阻: 结果判断:□正常　□不正常 ③AC 控制模块 PE 接点 实测电阻: 结果判断:□正常　□不正常	
2	L 与 N 线检查	①单相断路器 输入侧 L 线对地绝缘电阻: 结果判断:□正常　□不正常 N 线对地绝缘电阻: 结果判断:□正常　□不正常 L 线对 N 线实测电阻: 结果判断:□正常　□不正常 输出侧 L 线对地绝缘电阻: 结果判断:□正常　□不正常 N 线对地绝缘电阻: 结果判断:□正常　□不正常 L 线对 N 线实测电阻: 结果判断:□正常　□不正常 L 线对交流接触器输入侧 L 线 实测电阻: 结果判断:□正常　□不正常 L 线对交流接触器线圈 L 线 实测电阻: 结果判断:□正常　□不正常 N 线对交流接触器输入侧 N 线 实测电阻: 结果判断:□正常　□不正常 N 线对交流接触器线圈 N 线 实测电阻: 结果判断:□正常　□不正常 ②交流接触器输出侧 L 线对地绝缘电阻: 结果判断:□正常　□不正常	

（续）

序号	作业内容	记录内容	备注
2	L 与 N 线检查	N 线对地绝缘电阻： 结果判断：□正常 □不正常 L 线对 N 线实测电阻： 结果判断：□正常 □不正常 L 线对智能电表输入侧 L 线 实测电阻： 结果判断：□正常 □不正常 L 线对辅助电源输入侧 L 线 实测电阻： 结果判断：□正常 □不正常 N 线对辅助电源输入侧 N 线 实测电阻： 结果判断：□正常 □不正常 N 线对 AC 控制模块输入侧 N 线 实测电阻： 结果判断：□正常 □不正常 ③智能电表输出侧 L 线对地绝缘电阻： 结果判断：□正常 □不正常 L 线对 AC 控制模块输入侧 L 线 实测电阻： 结果判断：□正常 □不正常 ④ AC 控制模块输出端 L 线对地绝缘电阻： 结果判断：□正常 □不正常 N 线对地绝缘电阻： 结果判断：□正常 □不正常 L 线对 N 线实测电阻： 结果判断：□正常 □不正常 L 线对充电枪 L 线实测电阻： 结果判断：□正常 □不正常 N 线对充电枪 N 线实测电阻： 结果判断：□正常 □不正常	
3	12V 电源短路检查	①辅助电源模块 电源线对地实测电阻： 结果判断：□正常 □不正常 ② AC 控制模块 电源线对地实测电阻： 结果判断：□正常 □不正常	

（续）

序号	作业内容	记录内容	备注
3	12V 电源短路检查	③显示器 电源线对地实测电阻： 结果判断：□正常　□不正常	
4	12V 电源电路反接检查	①辅助电源模块 电源线正负接线是否正常： 结果判断：□正常　□不正常 ② AC 控制模块 电源线正负接线是否正常： 结果判断：□正常　□不正常 ③显示器 电源线正负接线是否正常： 结果判断：□正常　□不正常	
5	负载箱检查	负载电源开关检查： 结果判断：□正常　□不正常 负载档位开关检查： 结果判断：□正常　□不正常	
6	检测供电环境	供电导线标准线径： □ 2.5mm²　□ 4mm²　□ 6mm² 实测供电电压：	
7	汇报接线情况	裁判（根据接线检查结果）指示： □同意供电　□不同意供电	
8	未合闸时电源电压检查	单相断路器输入侧： L 线对 N 线实测电压： 结果判断：□正常　□不正常 输出侧： L 线对 N 线实测电压： 结果判断：□正常　□不正常	
9	指示灯通电检查	□电源指示灯点亮 □工作指示灯点亮 □故障指示灯点亮	
10	12V 电源电压检查	①辅助电源模块 电源线对地实测电压： 结果判断：□正常　□不正常 ②显示器 电源线对地实测电压： 结果判断：□正常　□不正常 ③ AC 控制模块 电源线对地实测电压： 结果判断：□正常　□不正常	

（续）

序号	作业内容	记录内容	备注
11	显示屏通电检查	□屏幕点亮	
12	紧急停机检查	□电源灯熄灭	
13	故障状态查看	□查看故障状态记录	
14	参数设置	费率设置：无需填写 操作要求：将对应模式的数据设置在机器上，尖电价为1.50、峰电价为1.20、平电价为1.00、谷电价为0.80 时段设置：无需填写 操作要求：尖时为19：00—22：00； 峰时为8：00—11：00、15：00—19：00； 平段为7：00—8：00、11：00—15：00、22：00—23：00； 谷段为23：00—次日7：00	
15	时间设置	当天	
16	按要求设置负载	负载功率：	
17	普通充电测试 （重启刷卡3次）	充电电压： 充电电流： 已充电能： 消费金额： 负载端CP电压： 负载端CP占空比： 负载端CC连接电阻： 充电桩额定充电功率：	
18	按时间充电测试 （1min）	充电电压： 充电电流： 已充电能： 消费金额：	
19	按金额充电测试 （0.02元）	充电电压： 充电电流： 已充电能： 消费金额：	
20	按电量充电测试 （0.01度）	充电电压： 充电电流： 已充电能： 消费金额：	
21	恢复工位	无需填写	

任 务 评 价

作业内容		评分要点	依据
作业准备 —场地准备		未检查设置隔离栏、安全警示牌扣 0.25 分； 未检查灭火器压力值（水基、干粉）扣 0.25 分	
作业准备 —检查防护套装		未检查绝缘手套密封性或检查时未密封扣 0.25 分； 未检查绝缘防护手套的耐压等级扣 0.25 分； 未检查防电池电解液酸碱性手套、护目镜、安全帽外观损伤和生产日期的各扣 0.25 分； 未穿戴绝缘鞋（进入工位前提前穿戴好）扣 0.25 分	
作业准备 —检查工具套装		未进行数字绝缘测试仪开路检测并确认电阻无穷大扣 0.25 分； 未进行数字绝缘测试仪短路检测并确认电阻 <1Ω 扣 0.25 分； 未确认数字绝缘测试仪上"TEST"功能正常扣 0.25 分； 未选择四点检测绝缘垫绝缘性且佩戴绝缘手套与护目镜的扣 0.25 分； 未进行接地电阻测试仪开路检测并确认电阻无穷大扣 0.25 分； 未进行接地电阻测试仪短路检测并确认电阻 <1Ω 扣 0.25 分； 未确认接地电阻测试仪上"TEST"功能正常扣 0.25 分； 未检查数字万用表的电阻量程（校零）扣 0.25 分	
检查作业	直流充电侧检查	未调整桩体支架，扣 0.25 分	
		未检查直流充电桩侧外观有无刮花（大小）、掉漆（程度）、砂眼、孔洞、杂色、变形等，桩体内外是否干净整洁扣 0.25 分； 上述如有异常未报告扣 0.25 分	
		未检查直流充电枪外观完整、无破损刮伤、枪盖无裂纹扣 0.25 分； 如有异常且未报告扣 0.25 分	
		未检查直流充电桩侧门轴、门锁是否牢固、灵活，无歪斜、锈蚀现象扣 0.25 分； 如有异常且未报告扣 0.25 分	
		未检查直流充电桩侧 DC 控制模块、非车载充电机控制模块、辅助电源模块、交流接触器模块、单相断路器模块、显示屏、指示灯等外观好坏，每项扣 0.25 分； 如有异常且未报告扣 0.25 分	
		未检查直流充电桩侧接线排及端子等连接处、螺母螺钉是否变形/松动，每处扣 0.25 分，共 1 分； 如有异常且未报告扣 0.25 分	
		检验过程中未正确佩戴静电环扣 1 分	
	交流充电桩检查	未检查交流充电桩侧外观有无刮花（大小）、掉漆（程度）、砂眼、孔洞、杂色、变形等，桩体内外是否干净整洁，扣 0.25 分； 上述如有异常且未报告扣 0.25 分	
		未检查交流充电枪外观是否完整，是否无破损刮伤，枪盖是否无裂纹，扣 0.25 分； 如有异常且未报告扣 0.25 分	

（续）

作业内容		评分要点	依据
检查作业	交流充电桩检查	未检查交流充电桩侧门轴、门锁，是否牢固、灵活、无歪斜、无锈蚀现象，扣 0.25 分； 如有异常且未报告扣 0.25 分	
		未检查交流充电桩侧 AC 控制模块、辅助电源模块、交流接触器模块、智能电表模块、单相断路器模块、显示屏、指示灯等外观好坏，每项扣 0.25 分，共 3 分； 如有异常且未报告扣 0.25 分	
		未检查交流充电桩侧接线排及端子等连接处、螺母螺钉是否变形/松动，每处扣 0.25 分，共 1 分； 如有异常且未报告扣 0.25 分	
		检验过程中未正确佩戴静电环扣 1 分	
	负载检查	未检查充电桩专用测试负载外观有无刮花（大小）、掉漆（程度）、砂眼、孔洞、杂色、变形、露铜等，未检查是否干净整洁，扣 0.25 分； 未检查充电桩专用测试负载开关状况、供电插头、充电口外观有无烧蚀/异物等状况扣 0.25 分； 如有异常且未报告扣 0.25 分	
		检验过程中未正确佩戴静电环扣 1 分	
安全作业		通电后未佩戴护目镜、绝缘手套、安全帽进行上电和检测作业扣 1 分，裁判提醒佩戴	
调试作业—供电环境		未正确使用万用表（交流电压档）测量墙壁插座供电电压扣 0.5 分； （只需测量一次）	
		未向裁判汇报接线情况，直接通电（暂停时间，裁判复检电路），扣 1 分；复检线路，裁判确认电路无误后示意可以正常通电； 未摆放"禁止合闸"高压警示标识的，扣 0.5 分； 单相断路器合闸前未正确使用万用表（交流电压档）检测单相断路器输入侧 L 线对 N 线实测电压，扣 0.5 分； 单相断路器合闸前未正确使用万用表（交流电压档），检测单相断路器负载端 L 线对 N 线实测电压，扣 0.5 分； 未报告裁判单相断路器合闸请求，直接通电，扣 1 分； 合闸后未锁门检查指示灯通电状况，扣 0.5 分； 未按下门禁开关（此小项不得分）正确使用万用表（直流电压档）检测辅助电源模块、AC 控制模块、显示屏电源线对地电压，每项扣 0.5 分； 未遵守"单手原则"测量单相断路器输入侧供电电压，扣 1 分	
调试作业—模块通电测试		显示屏未点亮，显示不正常，扣 0.25 分； 通电测试未能通过，扣 1 分； 电源指示灯未点亮，扣 0.25 分； 按下急停开关，电源灯未熄灭，扣 0.25 分； 未进入交流充电桩"系统信息"查看故障状态，每项扣 0.25 分	

任务 02　直流充电桩装调与检修

一、任务导入

1. 任务描述

按照国家标准、生产制造厂家技术规范，完成对直流充电桩的性能检测、拆装、排除故障及调试等任务，并进行充电验证。要求作业规范、务实、安全、环保，正确使用工量具及仪器，并完整准确填写工单。

2. 任务分析

重点考核操作规范流程，按要求对各部件进行分离、清洁、检查与装配，并进行供电环境检查、电路元件检测、充电信号检测、充电参数初始化设置、直流充电验证和调试等，要求较熟练地查阅设备使用手册，正确地使用工量具和仪器设备，准确测量技术参数，按照要求在记录表上记录作业过程和测试数据，做到安全文明作业。

二、任务资讯

充电设备包括电源、充电模块、散热风扇、辅助电源、急停开关、控制板、接触器、断路器、电表、指示灯、触摸控制屏、充电枪、高低压线束等。

三、任务组织

1. 实施准备

1）所需的各种防护用品准备：工位、隔离带、安全警告标志牌、车轮挡块、灭火器、绝缘杆、绝缘垫、绝缘工作台、棉线手套、绝缘手套、防静电手套、护目镜、安全帽、车内四件套、吸油纸、洗手液、急救包、除颤仪。

2）常用工具：万用表、万用接线盒、绝缘工具套装。

3）资料准备：维修手册、电路图、其他资料。

2. 制订计划

依据任务要求、人物分析，结合实施准备，小组内相互讨论，制订工作计划，将工作计划步骤、选择该步骤的理由写在表 7-5 相应位置，并选派代表进行汇报展示。

表 7-5 计划表（二）

1. 作业计划

序号	作业项目	操作要点	注意事项
1			
2			
3			
4			
5			
6			
7			

2. 设备清单

序号	设备名称	用途	规格型号	数量
1				
2				
3				
4				
5				
6				
7				

3. 其他材料清单

序号	材料名称	用途	规格型号	数量
1				
2				
3				
4				

审核	小组审核意见： 　　　　　　　　　　　　　　组长签字：　　　年　月　日 教师审核意见： 　　　　　　　　　　　　　　教师签字：　　　年　月　日

四、任务实施

1）任务实施指导，按照图7-7、图7-8及计划表，完成直流充电桩的装调与检修。

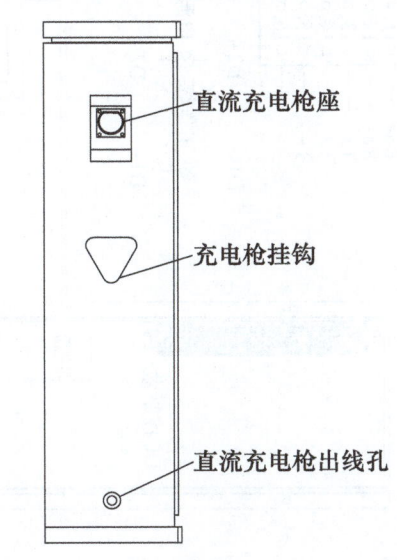

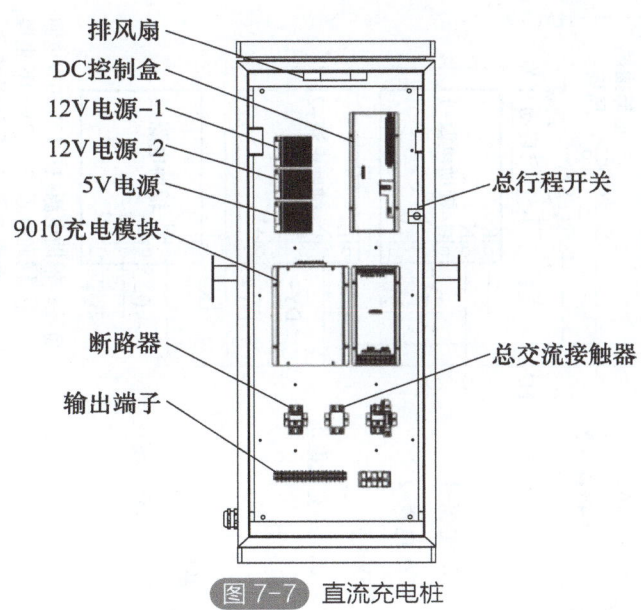

图 7-7 直流充电桩

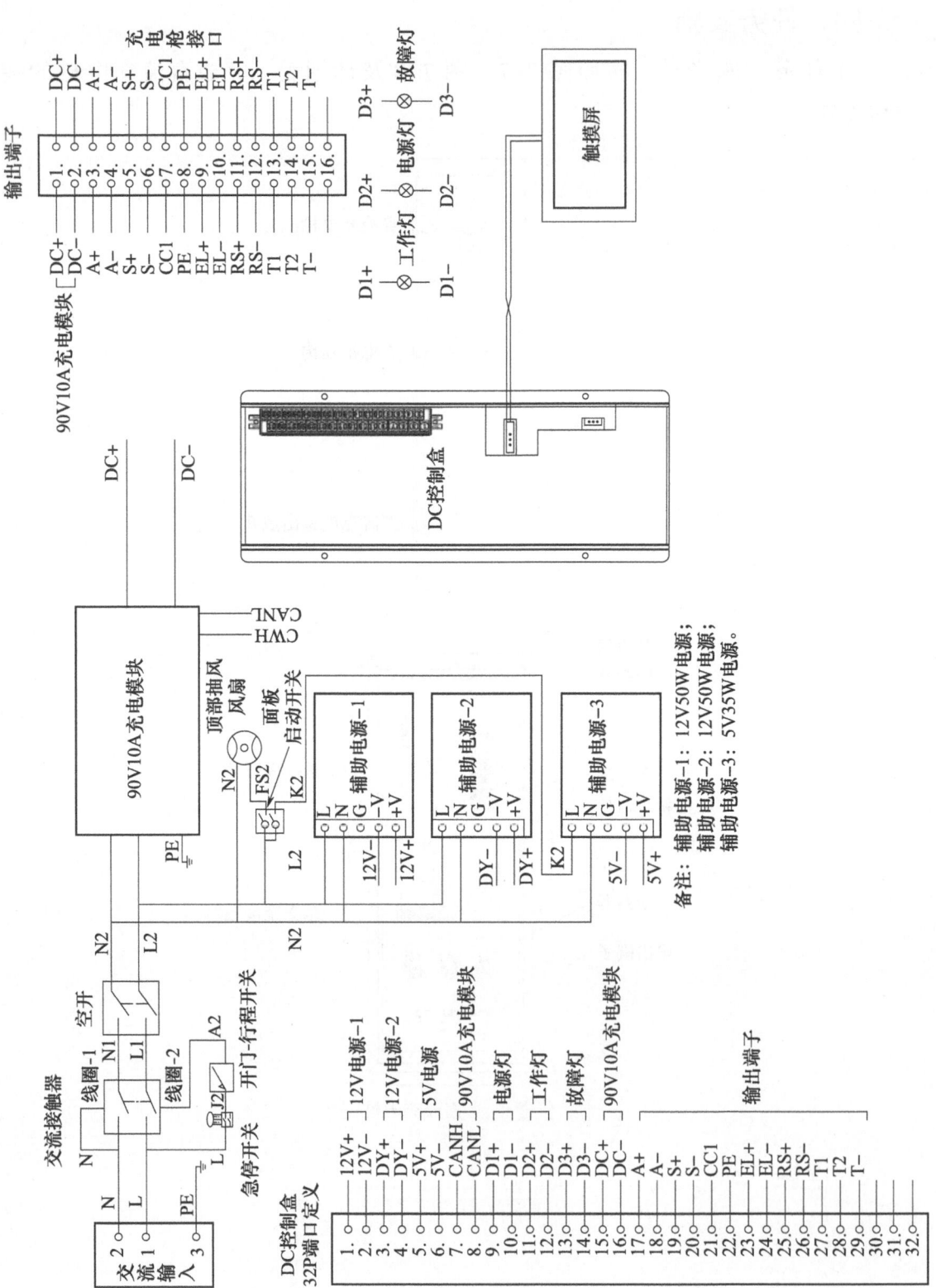

图 7-8 直流充电桩原理图

2）完成作业工单（表7-6）。

表7-6 作业工单（二）

序号	作业内容	记录内容	备注
1	接地电阻值	①桩门与桩体 PE 接地点 实测电阻： 结果判断：□正常　□不正常 ②充电枪 PE 接地点 实测电阻： 结果判断：□正常　□不正常 ③非车载充电机控制模块 PE 接地点实 实测电阻： 结果判断：□正常　□不正常	
2	L 与 N 线检查	①单相断路器 输入侧 L 线对地绝缘电阻： 结果判断：□正常　□不正常 N 线对地绝缘电阻： 结果判断：□正常　□不正常 L 线对 N 线实测电阻： 结果判断：□正常　□不正常 输出侧 L 线对地绝缘电阻： 结果判断：□正常　□不正常 N 线对地绝缘电阻： 结果判断：□正常　□不正常 L 线对 N 线实测电阻： 结果判断：□正常　□不正常 L 线对交流接触器 L 线 实测电阻： 结果判断：□正常　□不正常 N 线对交流接触器输入侧 N 线 实测电阻： 结果判断：□正常　□不正常 L 线对交流接触器线圈 L 线 实测电阻： 结果判断：□正常　□不正常 N 线对交流接触器线圈输入侧 N 线实测电阻： 结果判断：□正常　□不正常 ②交流接触器 输出侧 L 线对地绝缘电阻： 结果判断：□正常　□不正常	

（续）

序号	作业内容	记录内容	备注
2	L 与 N 线检查	N 线对地绝缘电阻： 结果判断：□正常　□不正常 L 线对 N 线实测电阻： 结果判断：□正常　□不正常 L 线对辅助电源 1 输入侧 L 线 实测电阻： 结果判断：□正常　□不正常 L 线对辅助电源 2 输入侧 L 线 实测电阻： 结果判断：□正常　□不正常 L 线对辅助电源 3 输入侧 L（K2）线 实测电阻： 结果判断：□正常　□不正常 L 线对非车载充电机输入侧 L 线 实测电阻： 结果判断：□正常　□不正常 N 线对辅助电源 1 输入侧 N 线 实测电阻： 结果判断：□正常　□不正常 N 线对辅助电源 2 输入侧 N 线 实测电阻： 结果判断：□正常　□不正常 N 线对辅助电源 3 输入侧 N 线 实测电阻： 结果判断：□正常　□不正常 N 线对顶部风扇 N 线 实测电阻： 结果判断：□正常　□不正常 N 线对非车载充电机输入侧 N 线 实测电阻： 结果判断：□正常　□不正常	
3	DC+ 与 DC− 线检查	非车载充电机输出侧 DC+ 线对地绝缘电阻： 结果判断：□正常　□不正常 DC− 线对地绝缘电阻： 结果判断：□正常　□不正常 DC+ 线对 DC− 线实测电阻： 结果判断：□正常　□不正常 DC+ 线对充电枪侧 DC+ 线 实测电阻： 结果判断：□正常　□不正常 DC− 线对充电枪侧 DC− 线 实测电阻： 结果判断：□正常　□不正常	

（续）

序号	作业内容	记录内容	备注
4	12V/5V 电源线短路检查	①辅助电源 1 模块 12V 电源线对地实测电阻： 结果判断：□正常　□不正常 ②辅助电源 2 模块 12V 电源线对地实测电阻： 结果判断：□正常　□不正常 ③辅助电源 3 模块 5V 电源线对地实测电阻： 结果判断：□正常　□不正常 ④DC 控制模块 12V 电源线对地实测电阻： 结果判断：□正常　□不正常 ⑤指示灯 12V 电源线对地实测电阻（3 个）： 结果判断：□正常　□不正常 ⑥显示器 5V 电源线对地实测电阻： 结果判断：□正常　□不正常	
5	线路反接检查	①辅助电源模块（3 个） 电源线正负接线是否正常： 结果判断：□正常　□不正常 ②DC 控制模块 电源线正负接线是否正常： 结果判断：□正常　□不正常 ③显示器 电源线正负接线是否正常： 结果判断：□正常　□不正常 ④指示灯（3 个） 电源线正负接线是否正常： 结果判断：□正常　□不正常 ⑤充电枪插头输入侧 A+ 与 A- 接线是否正常： 结果判断：□正常　□不正常 S+ 与 S- 接线是否正常： 结果判断：□正常　□不正常	
6	充电枪信号线路检查	①S+ 信号线路检查 充电枪 S+ 信号线与非车载充电机控制模块 S+ 信号实测电阻： 结果判断：□正常　□不正常 ②S- 信号线路检查 充电枪 S- 信号线与非车载充电机控制模块 S- 信号实测电阻： 结果判断：□正常　□不正常	

（续）

序号	作业内容	记录内容	备注
6	充电枪信号线路检查	③充电枪 S+ 信号线与 S- 信号 实测电阻： 结果判断：□正常　□不正常 ④ CC1 线路检查 充电枪 CC1 信号线与非车载充电机控制 模块 CC1 信号实测电阻： 结果判断：□正常　□不正常 ⑤ A+ 信号线路检查 充电枪 A+ 信号线与非车载充电机控制模块 A+ 信号实测电阻： 结果判断：□正常　□不正常 ⑥ A- 信号线路检查 充电枪 A- 信号线与非车载充电机控制模块 A- 信号实测电阻： 结果判断：□正常　□不正常 ⑦充电枪 A+ 信号线与 A- 信号 实测电阻： 结果判断：□正常　□不正常 ⑧充电枪 CC1 信号线与 PE 实测电阻： 结果判断：□正常　□不正常	
7	负载箱检查	①直流充电负载端检查 充电枪插座侧 DC+ 线对 DC- 线 实测电阻： 结果判断：□正常　□不正常 充电枪插座侧 DC+ 线对 PE 端 实测电阻： 结果判断：□正常　□不正常 充电枪插座侧 DC- 线对 PE 端 实测电阻： 结果判断：□正常　□不正常 ②负载电源开关检查 结果判断：□正常　□不正常 ③负载档位开关检查 结果判断：□正常　□不正常	
8	检测供电环境	供电导线标准线径： □ 2.5mm^2　□ 4mm^2　□ 6mm^2	
9	汇报接线情况，申请供电	裁判（根据接线检查结果）指示： □同意供电　□不同意供电	

（续）

序号	作业内容	记录内容	备注
10	未合闸时电源电压检查	单相断路器输入侧： L 线对 N 线实测电压： 结果判断：□正常 □不正常 输出侧： L 线对 N 线实测电压： 结果判断：□正常 □不正常	
11	指示灯通电检查	□电源指示灯点亮 □工作指示灯点亮 □故障指示灯点亮	
12	12V/5V 电源电压检查	①辅助电源 1 模块 电源线对地实测电压： 结果判断：□正常 □不正常 ②辅助电源 2 模块 电源线对地实测电压： 结果判断：□正常 □不正常 ③辅助电源 3 模块 电源线对地实测电压： 结果判断：□正常 □不正常 ④DC 控制模块 电源线对地实测电压： 结果判断：□正常 □不正常 ⑤指示灯 电源线对地实测电压（3 个）： 结果判断：□正常 □不正常 ⑥显示器 电源线对地实测电压： 结果判断：□正常 □不正常	
13	显示屏通电检查	□屏幕点亮	
14	紧急停机检查	□电源灯熄灭	
15	按要求设置负载	负载功率：	
16	自动充电检查	输出电压： 输出电流： 充电阶段： CC1 电压： 输出功率： DC+ 温度：	

（续）

序号	作业内容	记录内容	备注
17	按时间充电测试（1min）	输出电压： 输出电流： 已充电量： 已充金额：	
18	按金额充电测试（0.02元）	输出电压： 输出电流： 已充电量： 已充金额：	
19	按电量充电测试（0.01度）	输出电压： 输出电流： 已充电量： 已充金额：	
20	工位恢复	无需填写	

任 务 评 价

作业内容		评分要点	依据
充电桩通电测试		测试前未报告裁判直接通电的，扣 0.5 分	
安全作业		在进行绝缘性检测时未全程佩戴绝缘手套、护目镜的扣 1 分，裁判提示佩戴；断开桩体接地螺栓，未对接地线绝缘保护的扣 1 分	
接地电阻测试		未正确使用接地电阻仪（按下"TEST"）分别检测桩体交流输入 PE 接点、桩门与桩体、充电枪和非车载充电机控制模块 PE 与桩体接地点的接地电阻，每项扣 0.25 分	
L 与 N 线检查	单相断路器	未正确使用绝缘测试仪（按下"TEST"）分别检测单相断路器输入侧 L、N 线对地绝缘电阻；万用表（电阻档）测 L 线对 N 线实测电阻，每项扣 0.5 分； 未断开桩体接地螺栓（此小项不得分），未正确使用绝缘测试仪（按下"TEST"）检测单相断路器输出端 L、N 线对地绝缘电阻，未正确使用万用表（电阻档）测 L 线对 N 线电阻，每项扣 0.5 分	
	交流接触器输入侧	未断开桩体接地螺栓（此小项不得分），未正确使用绝缘测试仪（按下"TEST"）检测交流接触器输出端 L、N 线对地绝缘电阻，未正确使用万用表（电阻档）测 L 线对 N 线电阻，每项扣 0.5 分	
DC+ 与 DC− 线检查		未断开桩体接地螺栓（此小项不得分），未正确使用绝缘测试仪（按下"TEST"）检测非车载充电机输出侧 DC+、DC− 线对地绝缘电阻，未正确使用万用表（电阻档）测 DC+ 线对 DC− 线电阻，每项扣 0.25 分，共 0.75 分； 未正确使用万用表（电阻档）检测非车载充电机输出侧 DC+、DC− 线对充电枪 DC+、DC− 线电阻，每项扣 0.1 分	
12V/5V 电源线短路检查		未拔下 12V、5V 电源线（V+）（此小项不得分），未正确使用万用表（电阻档）测量辅助电源模块 1、辅助电源模块 2、辅助电源模块 3、DC 主控模块、显示器、指示灯电源线对地电阻，每项扣 0.25 分，共 0.75 分	
充电枪信号线路检查		未正确使用万用表（电阻档）检测充电枪 S+、S− 信号线与 DC 控制模块 S+、S− 信号电阻，每项扣 0.25 分； 未正确使用万用表（电阻档）检测充电枪 S+ 信号线与 S− 信号、充电枪 CC1 信号线与 DC 控制模块 CC1 信号之间的电阻，每项扣 0.25 分； 未正确使用万用表（电阻档）检测充电枪 A+、A− 信号线与 DC 控制模块 A+、A− 信号间电阻，每项扣 0.25 分； 未正确使用万用表（电阻档）检测充电枪 A+ 信号线与 A− 信号线之间的电阻，扣 0.25 分； 未正确使用万用表（电阻档）检测充电枪 CC1 信号线与 PE 信号之间的电阻，扣 0.25 分	

（续）

作业内容	评分要点	依据
负载端直流充电插座检查	未正确检测直流充电负载端充电枪插座侧 DC+ 线对 DC- 线、DC+ 线对 PE 端、DC- 线对 PE 端间电阻，每项扣 0.25 分	
安全作业	通电后未佩戴护目镜、绝缘手套、安全帽进行上电和检测作业扣 1 分，裁判提醒佩戴	
调试作业 —供电环境	未正确使用万用表（交流电压档）测量墙壁插座供电电压扣 0.5 分（只需做 1 次）； 未向裁判汇报接线情况，直接通电（暂停时间，裁判复检电路）扣 1 分；复检线路，裁判确认电路无误后示意可以正常通电； 未摆放"禁止合闸"高压警示标识，扣 0.5 分； 单相断路器合闸前未正确使用万用表（交流电压档）检测单相断路器输入侧 L 线对 N 线电压，扣 0.5 分； 单相断路器合闸前未正确使用万用表（交流电压档）检测单相断路器负载端 L 线对 N 线电压，扣 0.5 分； 未报告裁判单相断路器合闸请求，直接通电，扣 1 分； 合闸后未锁门检查指示灯通电状况，扣 0.5 分； 未按下门禁、启动开关，未正确使用万用表（直流电压档）检测辅助电源模块 1、2、3 以及 DC 控制模块、电源灯、显示屏电源线对地电压，每项扣 0.5 分； 未遵守"单手原则"测量单相断路器输入侧供电电压，扣 1 分	
调试作业 —模块通电测试	显示屏未点亮，显示不正常，扣 0.25 分； 通电测试未能通过，扣 2 分； 电源指示灯未点亮，扣 0.25 分； 按下急停开关屏幕熄灭，但急停开关不能锁止的，扣 0.5 分	
负载测试	未按要求调整充电桩专用测试负载电流，扣 0.25 分； 未正确检查负载电源开关、负载档位开关是否正常，扣 0.25 分	
充电测试 —自动充电测试	设备不能对负载进行充电，此项不得分	
充电测试 —按时间充电测试	未正确设置充电时间，扣 0.25 分； 充电时间未到达 1min，扣 0.25 分	
充电测试 —按金额充电测试	未正确设置充电金额，扣 0.25 分； 设备不能计费，扣 0.25 分	
充电测试 —按电量充电测试	未正确设置充电电量，扣 0.25 分； 设备不能计费，扣 0.25 分	

（续）

作业内容	评分要点	依据
充电结束拔枪	未停止充电直接拔枪，扣1分； 未切断电源直接拔枪，扣1分； 断电时，未佩戴安全防护用品，扣1分，裁判提醒佩戴	
故障点恢复	故障点少恢复1个，扣1分； 未拆卸故障线束或元器件，直接安装新线束或元器件的，此项不得分	
团队合作配合分工	作业时两名选手未互相配合，分工不合理，扣2分； 未在规定时间内完成全部作业，扣2分； 选手身体发生碰撞、争执的，每发现一次扣0.25分，上限1分	
安全与5S管理	由于选手粗暴操作导致线路损坏的，每条线路扣0.25分，上限1分； 由于选手粗暴操作导致安装螺纹滑丝的，每颗扣0.25分，上限1分； 未清洁整理工量具、设备、场地的，每项扣1分，上限3分	
安全事故	未按正确安全操作程序，损伤、损毁车辆或竞赛设备，视情节扣2~20分，造成特别严重安全事故的，终止比赛，成绩记0分； 未按正确安全操作程序造成人员伤害，视情节扣2~20分，造成特别严重安全事故的，终止比赛，成绩记0分	

参 考 文 献

［1］徐嘉炯. 纯电动汽车综合故障诊断［M］. 天津：天津科学技术出版社，2021.
［2］蔡晓兵，樊永强. 电动汽车维修从入门到精通［M］. 北京：化学工业出版社，2021.
［3］田晋跃，郭荣. 新能源汽车整车控制系统诊断［M］. 北京：人民邮电出版社，2021.